21世纪高职高专会计类专业课程改革规划教材

税收实务

主　编　吴海霞　钮进生

中国人民大学出版社
·北京·

前　言

高等职业教育作为培养高技能型职业人才的教育模式，应当以培养学生的实际动手能力为核心。为了使学生具备实际动手能力，对于学习的重要载体　　教材来说，必须改变原有的传统模式，突出实用性、可操作性和可读性，使学生爱读、读得懂、学得会。但在长期的教学工作中，我们常常感到许多教材偏重于理论知识的介绍，缺少实际操作训练，老师用起来不得心应手，学生读起来也兴味索然。因此非常需要一本适合高职高专学生使用，能将理论与实际结合起来的教材。

另一方面，随着市场经济的发展，税收日益受到国家、居民、企事业单位的重视，为适应市场的需求，税务专业诞生并蓬勃发展起来，但是税务专业教材建设难以满足专业蓬勃发展的需要。

对于税收专业教材来说，应该具有这样的基本特点：第一，重视识别、计算、税收管理的技能型设计，充分模拟真实的财会税收环境，让学生能够获得真实的职业体验和接触。第二，重视税收优惠、申报的知识型设计，预留更高层次的知识型接口，进行相关知识的延伸启发和准备，为谋求深造的学子提供知识型的充足储备，形成与税收筹划等课程的衔接。第三，重视知识型与技能型的均衡，技能依赖于知识的储备，知识的储备促进税收申报等实务的提升，达到相互促进、互有补充的目的。现在一些税务专业教材未能及时、充分体现国家税收法规、制度的最新变化，因此需要及时编写反映国家税收法规、制度最新变化的教材。

税收管理是财政、税收、税务代理等专业的一门非常重要的专业课。但目前这方面的教材大部分偏重于税务条文的罗列和理论方面的讲解，结合实际较少。我们组织了长期在教学一线的中、高级教师与实习指导教师编写了此教材。本教材除对税收管理的一些规定进行深入浅出的解释外，还提供了大量的案例及分析，试图通过这样一种方式将理论和实际有机地结合，使学生更容易接受、理解与掌握。

特别是，在税务专业的教学中，我们倡导并践行着“围绕能力培养目标，设计课程内容模块”、“改革教学方法，使学生学会学习”的指导思想，为使这些教学指导思想落到实处，我们注重模拟实验室、校外实训基地的建设，紧密结合高职高专的教学特点、学生的学习特点进行编写——围绕企业实务工作介绍税务知识，对于理论知识的介绍以够用为度，不做长篇大论，而且对理论问题的阐述力求简洁、生动。

与同类教材相比，本书具有以下特色：

第一，形式新颖，生动活泼，可读性强。本书突破了传统教材按部就班进行理论介绍的套路，而是尝试一种较为新颖、活泼的形式。在每一章的开头都以一个小案例加以导入，使读者产生兴趣，带着疑问，一步步去寻找答案。在法律条文的介绍中穿插着案例，不但能帮助读者更好地理解法律条文，而且也使内容有生机、不枯燥。

第二，以案说法。本教材的核心内容是税收管理，由于主要要介绍一些理论知识，容易使人产生抽象、枯燥的感觉，所以这类教材切忌条文的罗列。本书在对相关规定进行深入浅出的解释的基础上给出了大量的案例，并对其加以分析。这样不但能帮助读者通过案例理解、掌握法律规定，而且也能帮助他们学会分析案例。可谓是理论知识为案例做注脚，案例为理论知识增灵性，两者相得益彰。

第三，结构合理、脉络清晰。本书以税收管理为核心，以税收管理的整个过程为脉络，围绕税收管理的整个过程进行展开。内容完整，层次分明，各部分内容层层递进，具有较强的逻辑性。

第四，适用性强。由于本书是对税收管理的整个过程加以介绍，不同的人可以站在不同的角度去学习，所以适用面广，不仅适用于税务管理人员，也适用于企业管理人员、财会人员以及会计师事务所、税务师事务所的人员。所以本书虽以教材的形式出现，但并不仅仅限于学生使用，可以对社会各方面人士都有帮助。

总之，本书既不是单纯的理论介绍，也不是纯粹的操作指南，而是将两者有机地结合起来，能满足高职高专学生既要有一定的理论知识，又要有较强动手操作能力的要求。

我国经济的快速发展将对高职人才形成很大的需求，这既是对高职教育提出的要求，又能极大推动高职教育的发展。作为从事高职教育的工作者，希望能够通过我们的努力尽微薄之力。随着社会政策的更新，税收政策的变化和调整是与时俱进的，因此，需要立足于税收理论基础、关注政策微调、牢牢把握技能。

本书由吴海燕、钮进生主编，陈晓蓓、李彬、王磊、王琦、胡伟、贾琳琳等参与编写或资料收集、习题编制等工作。限于水平，不足之处在所难免，恳请读者批评指正，我们将不胜感激！

目　录

项目一　税收概论

项目综述

中国的《宪法》规定，依法纳税是每一个公民应尽的义务。随着经济的发展，民众经济意识的提高，人们已经从被动纳税转换成主动进行纳税筹划。到底什么是税收？税收有哪些特征和作用？如何对种类繁多的税收进行分类？征纳双方如何遵守税法？税法的分类和构成要素有哪些？这些都是我们在本项目中将要学习的重要内容。

关键概念

税收　　税收的特征　　税收的作用　　税收的分类　　税法　　税法的分类　　税法的构成要素

本项目重点与难点提示

本项目阐述了税收的基本理论问题。学习本项目，要求着重理解什么是税收，掌握税收的含义、特征、作用、分类等，以及税法的含义、分类及构成要素等。在对税收和税法基本知识了解的基础上，明确两者之间的相互关系。通过本项目的学习，目的在于提高对税收及税法的认识，理清本书各项目之间的关系。

本项目的重点是税收的定义、特征、作用、分类及税法的定义、分类、构成要素。

本项目的难点是对税收不同分类标准的理解、对税收与税法之间关系的理解以及对税法 11 项构成要素的理解。

学习导航

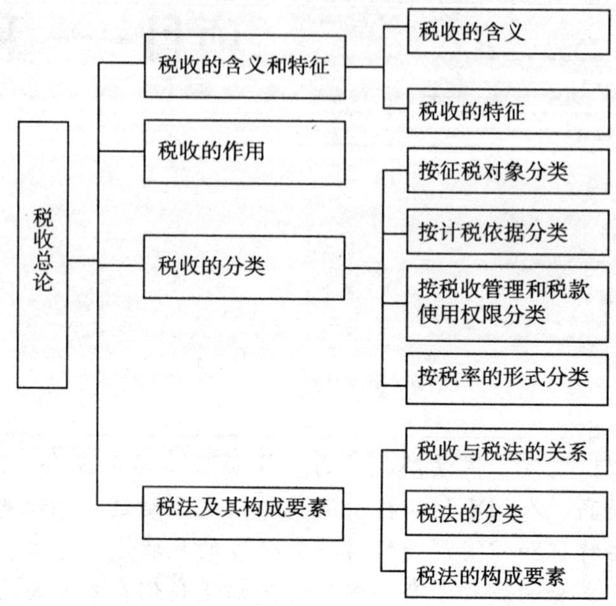

学习目标

通过学习本项目，你会明白以下问题：

- 税收的含义、特征等；
- 税收的作用；
- 税收的不同分类；
- 税法的概念、分类等；
- 税法的构成要素。

任务一　税收的含义与特征

一、税收的含义

税收是政府为了满足社会公共需要，凭借政治权力，强制、无偿地取得财政收入的一种形式。国家取得财政收入的手段多种多样，如税收、发行货币、发行国债、收费、罚没等，而税收则由政府征收，取之于民、用之于民，是国家最主要的一种财政收入形式。

二、税收的特征

税收具有无偿性、强制性和固定性的形式特征。税收“三性”是一个完整的统一体，它们相辅相成、缺一不可。

（一）无偿性

税收的无偿性是指国家不向纳税人支付任何报酬或代价，纳税人的一部分收入转归国家所有。无偿性体现在两个方面：一方面是指政府获得税收收入后无须向纳税人直接支付任何报酬；另一方面是指政府征得的税收收入不再直接返还给纳税人。税收的无偿性是税收的本质体现，是区分税收收入和其他财政收入形式的重要特征。

（二）强制性

税收的强制性是指税收是国家以政治权力为依托，通过颁布法律或政令来进行强制征收。在国家税法规定的限度内，纳税人必须依法纳税，这是税收具有法律地位的体现。强制性特征体现在两个方面：一方面是指税收分配关系的建立具有强制性，即税收征收完全是凭借国家拥有的政治权力；另一方面是指税收的征收过程具有强制性，即如果出现了税务违法行为，国家可以依法进行处罚。

（三）固定性

税收的固定性是指税收是按照国家法令规定的标准征收的，即纳税人、课税对象、税目、税率、计税办法和期限等，都是以法律的形式预先规定了的。对于税收预先规定的标准，征税和纳税双方都必须共同遵守。

想一想：税收收入和其他财政收入的区别是什么？

任务二　税收的作用

税收的作用是税收职能本质的具体体现。一般来说，税收具有以下几种重要的基本作用：

（1）税收是国家组织财政收入的主要形式。

税收是政府凭借国家强制力参与社会分配、集中一部分剩余产品（不论是货币形式还是实物形式）的一种分配形式，能保证收入的稳定；同时，税收的征收范围十分广泛，能从多方面筹集国家财政收入。

（2）税收是国家调节社会经济的重要手段。

政府凭借国家强制力参与社会分配，通过税种的设置以及在税日、税率、减免税等方面的规定，可以调节社会生产、交换、分配和消费，促进社会经济的健康发展。

（3）税收能监督经济活动的方向。

国家在征收取得收入的过程中，必然要建立在日常深入细致的税务管理基础上，具体掌握税源，了解情况，发现问题，监督纳税人依法纳税，并同违反税收法令的行为进行斗争，从而监督社会经济活动方向，维护社会生活秩序。

任务三 税收的分类

税收的分类是从一定的目的和要求出发，按照一定的标准，对各不同税种的类别所做的一种划分。我国的税种种类繁多，具体分类也很多。

一、按征税对象分类

按征税对象分类，可将税收分为流转税、所得税、财产税、资源税和行为税五种类型。

（一）流转税

流转税是以商品生产流转额和非生产流转额为课税对象征收的一类税。流转税在我国税制结构中一直处于主导地位，是政府税收收入、财政收入的主要来源。目前包括增值税、消费税、营业税和关税等税种。流转税的计税依据是商品销售额和营业收入额，一般采用比例税率。纳税人取得收入后就要缴纳税款，不受成本费用的影响。

（二）所得税

所得税亦称收益税，是指以各种所得额为课税对象的一类税。所得额也称为收益额，是指自然人、法人和其他经济组织从事生产、经营等各项活动所获得的收入，减去相应的成本费用之后的余额。所得税是我国税制结构中的主体税，受成本、费用、利润的影响较大。目前包括企业所得税、个人所得税等税种。

（三）财产税

财产税是指以纳税人所拥有或支配的财产为课税对象的一类税。财产税的课税对象是财产的收益或财产所有人的收入，包括房产税、车船税和契税等。财产税既可以调节社会成员的财产及收入水平，又可以为地方财政提供稳定的收入来源。

（四）资源税

资源税是指对在我国境内从事资源开发的单位和个人征收的一类税。我国现行税制中资源税、土地增值税、耕地占用税和城镇土地使用税都属于资源税。资源税的税源比较广泛，开征资源税，既有利于财政收入的稳定增长，也有利于合理开发和利用国家的自然资源和某些社会资源。

（五）行为税

行为税是指以纳税人的某些特定行为为课税对象的一类税。行为税是为了贯彻国家某项政策的需要而开征的，我国现行税制中的城市维护建设税、教育费附加、印花税、车辆购置税和筵席税都属于行为税。

二、按计税依据分类

按计税依据分类，可将税收分为从量税、从价税和复合税三种。

（一）从量税

从量税是指以课税对象的数量、重量、面积、件数等为计税依据，按固定税额计征的一类税。从量税实行定额税率，具有计算简便等优点。如我国现行的资源税、车船税和城镇土地使用税等。

（二）从价税

从价税是指以课税对象的价格为依据，按一定的比例计征的一类税。从价税实行比例税率和累进税率，税收负担比较合理。如我国现行的增值税、营业税、关税和各种所得税等税种。

（三）复合税

复合税又称为混合税，是对某一货物或物品既征收从价税，又征收从量税，即同时征收从价税和从量税的一种方法。复合税可以分为以从价税为主以及以从量税为主两类，我国对卷烟和白酒征收的消费税就属于复合税。

三、按税收管理和税款使用权限分类

按税收管理和税款使用权限分类，可将税收分为中央税、地方税和中央与地方共享税三种。

（一）中央税

中央税是指由中央政府征收和管理使用或由地方政府征收后全部划归中央政府所有并支配使用的一类税。如我国现行的关税、消费税和中央企业所得税等都属于中央税；增值税的75%归中央支配，使中央政府集中的税收收入占全部税收收入的60%以上。

（二）地方税

地方税是指由地方政府征收和管理使用的一类税。如我国现行的个人所得税、屠宰税和筵席税等（严格来讲，我国的地方税目前只有屠宰税和筵席税）。这类税一般收入稳定，并与地方经济利益关系密切。

（三）中央与地方共享税

中央与地方共享税是指税收的管理权和使用权由中央政府和地方政府共同拥有的一类税。如我国现行的增值税和资源税等。这类税直接涉及中央与地方的共同利益，具有调节中央与地方财政收支平衡的功能。

四、按税率的形式分类

按税率的形式分类，可将税收分为比例税和累进税两种。

（一）比例税

比例税是指对同一课税对象，不论数额多少，均按同一比例征税的税种。

（二）累进税

累进税是指随着课税对象数额的增加而逐级提高税率的税种。包括全额累进税率、超额累进税率、超率累进税率。

综上，税收的分类如表1—1所示。

表 1—1 税收分类表

不同的分类标准	具体分类	含义	所包含的税种
1. 按照征税对象分类	(1) 流转税	是以商品生产、商品流通和劳动服务的流转额为征税对象的一类税收	增值税、消费税、营业税、关税等
	(2) 所得税	也称收益税，是以纳税人的各种收益额为征税对象的一类税收	企业所得税、个人所得税等
	(3) 财产税	是以纳税人拥有的财产数量或财产价值为征税对象的一类税收	房产税、车船税、城镇土地使用税等
	(4) 资源税	是以自然资源和某些社会资源为征税对象的一类税收	资源税
	(5) 行为税	是国家为了实现某种特定目的，以纳税人的某些特定行为为征税对象的一类税收	印花税、车辆购置税、城市维护建设税、契税、耕地占用税等
2. 按照计税依据分类	(1) 从量税	是指以征税对象的实物量作为计税依据征收的一种税，一般采用定额税率	资源税、耕地占用税等
	(2) 从价税	是指以征税对象的价值或价格为计税依据征收的一种税，一般采用比例税率和累进税率	增值税、营业税等
	(3) 复合税	是指对征税对象采用从价和从量相结合的复合计税方法征收的一种税	对卷烟、白酒征收的消费税
3. 按照税收管理和税款使用权限分类	(1) 中央税	是指由中央立法、收入划归中央并由中央政府征收管理的税收	关税，海关代征的进口环节消费税和增值税，消费税，铁道总公司、各银行总行、各保险总公司集中缴纳的营业税和城市维护建设税等
	(2) 地方税	是指由中央统一立法或授权立法、收入划归地方并由地方负责征收管理的税收	营业税、城市维护建设税、房产税、车船税、契税、土地增值税等
	(3) 中央与地方共享税	是指税收收入由中央和地方按比例或法定方式支配与分享的税收	增值税、企业所得税、资源税、对证券（股票）交易征收的印花税等
4. 按照税率的形式分类	(1) 比例税	是指对同一课税对象，不论数额多少，均按同一比例征税的税种	
	(2) 累进税	是指随着课税对象数额的增加而逐级提高税率的税种。包括全额累进税率、超额累进税率、超率累进税率	

知识链接

价内税和价外税

1. 价内税是由销售方承担税款，销售方取得的货款就是其销售款，而税款由销售款来承担并从中扣除。因此，税款等于销售款乘以税率。如营业税、消费税等。

2. 价外税是由购买方承担税款，销售方取得的货款包括销售款和税款两部分。由于税款等于销售款乘以税率，而销售款等于货款（即含税价格）减去税款，即不含税价格。如增值税等。

任务四 税法及其构成要素

税法，即税收法律制度，是国家制定的用以调整国家与纳税人之间在征纳税方面的权利及义务关系的法律规范的总称，是国家法律的重要组成部分。

一、税收与税法的关系

税收是税法产生、存在和发展的基础，是决定税法性质和内容的主要因素。税收自产生以来的历史表明，有税收必有税法，它们是一对“孪生兄弟”。税收与税法之间的关系，是一种经济内容与法律形式内在结合的关系。税收作为社会经济关系，是税法的实质内容；税法作为特殊的行为规范，是税收的法律形式。税收作为经济活动，属于经济基础范畴；而税法则是一种法律制度，属于上层建筑范畴。

二、税法的分类

从法学的角度，税法可以作如下分类。

（一）按税法的内容分类

按照税法内容的不同，可以将税法分为税收实体法和税收程序法。

（1）税收实体法。

税收实体法是规定税收法律关系主体的权利、义务的法律规范的总称。其主要内容包括纳税主体、征税客体、计税依据、税目、税率、减免税等，是国家向纳税人行使征税权和纳税人承担纳税义务的要件，只有具备这些要件时，纳税人才负有纳税义务，国家才能向纳税人征税。税收实体法直接影响到国家与纳税人之间权利与义务的分配，是税法的核心部分，没有税收实体法，税法体系就不能成立。

（2）税收程序法。

税收程序法是税收实体法的对称，是指以国家税收活动中所发生的程序关系为调整对象的税法，是规定国家征税权行使程序和纳税人纳税义务履行程序的法律规范的总称。其内容主要包括税收确定程序、税收征收程序、税收检查程序和税务争议的解决程序。税收程序法是指如何具体实施税法的规定，是税法体系的基本组成部分。

《中华人民共和国税收征收管理法》即属于税收程序法。

（二）按税法效力分类

按照税法效力的不同，可以将税法分为税收法律、税收法规和税收规章。

（1）税收法律。

税收法律是指享有国家立法权的国家最高权力机关，依照法定程序制定的规范性税收文件。我国税收法律是由全国人民代表大会及其常务委员会制定的，其法律地位和法律效力仅次于宪法而高于税收法规、规章。我国现行税法体系中，只有《中华人民共和国个人所得税法》、《中华人民共和国外商投资企业和外国企业所得税法》和《中华人民共和国税收征收管理法》属于税收法律。

（2）税收法规。

税收法规是指国家最高行政机关、地方立法机关根据其职权或国家最高权力机关的授权，依据宪法和税收法律，通过法律程序制定的规范性税收文件。我国目前税法体系的主要组成部分即税收法规，由国务院制定的税收行政法规和由地方立法机关制定的地方税收法规两部分构成，其具体形式主要是“条例”或“暂行条例”。税收法规的效力低于宪法、税收法律，高于税收规章。

（3）税收规章。

税收规章是指国家税收管理职能部门、地方政府根据其职权和国家最高行政机关的授权，依据有关法律、法规制定的规范性税收文件。

（三）按税收管辖的范围分类

按照税收管辖的范围不同，可以将税法分为国内税法与国际税法。

（1）国内税法。

国内税法是指一国在其税收管辖权范围内调整税收分配过程中形成的权利与义务关系的法律规范的总称，是由国家最高权力机关和经由授权或依法律规定的国家行政机关制定的税收法律、法规、规章等规范性文件。其效力范围在地域上以国家税收管辖权所能达到的管辖范围为准。我们通常所说的税法就是指国内税法。

（2）国际税法。

国际税法是指调整国家与国家之间税权及权益分配的法律规范的总称。它包括政府间的双边或多边税收协定、关税互惠公约及国际税收惯例等。其内容涉及税收管辖权的确定、税收抵免以及无差别待遇、最惠国待遇等。国际税法是国际法的特殊组成部分，一旦得到一国政府和立法机关的法律承认，国际税法的效力高于国内税法。

三、税法的构成要素

税法具体规定了各税种的征税人、纳税义务人、征税对象、税目、税率、纳税期限、纳税地点等。

（一）征税人

征税人是指法律、行政法规规定的代表国家行使征税权的征税机关，包括税务机关、财政机关和海关。

（二）纳税义务人

纳税义务人又称纳税人、纳税主体，是指法律规定的直接负有纳税义务的单位和个人。

纳税人不同于负税人。负税人是最终负担国家征收税款的单位和个人，通常情况下，纳税人同时也是负税人，即税收负担最终由纳税人承担，如所得税的负税人就是纳税人。但有些税种的纳税人与负税人并不一致，如流转税的税款虽由生产销售商品或提供劳务的纳税人缴纳，但税收负担是由商品或服务的最终消费者承担的。

纳税人也不同于扣缴义务人。扣缴义务人是法律规定的，在其经营活动中负有代扣税款并向国库缴纳税款义务的单位和个人。如个人所得税就是由支付所得的单位和个人代扣代缴。

（三）征税对象

征税对象又称课税对象、征税客体，是指对何种客体征税，即征税的标的物。如消费税的征税对象就是消费品（如烟、酒等）；房产税的征税对象就是房屋。征税对象是税法的最基本要素，是区分不同税种的主要标志。

（四）税目

税目是征税对象的具体化，是税法中对征税对象分类规定的具体征税品种和项目。如消费税就设有烟、酒和酒精、化妆品等税目。

税目的制定一般有以下两种方法：

(1) 列举法。

列举法是具体列举征税对象来确定对什么征税、对什么不征税的方法。

(2) 概括法。

概括法是按照商品大类或行业设计税目。概括法适用于品种类别繁杂、界限不宜划清的征税对象。

（五）税率

税率是指应纳税额与征税对象数额之间的比例。税率是计算应纳税额的尺度，反映税负水平的高低。我国现行税率分为下述三种。

1. 比例税率

比例税率是指按照固定比例确定的税率，即不论征税对象数额大小，只按一个固定比例征税。如增值税、营业税、企业所得税等均实行比例税率。

比例税率包括以下三种类型：

(1) 单一比例税率。

单一比例税率即对同一征税对象的不同纳税人都适用同一比例征税。

(2) 差别比例税率。

差别比例税率即对同一征税对象的不同纳税人适用不同的比例征税。根据我国现行税法，差别比例税率又分为产品差别比例税率、行业差别比例税率和地区差别比例税率。

(3) 幅度比例税率。

幅度比例税率是指税法只规定一个具有上下限的幅度税率，具体税率授权地方政府根据本地实际情况在该幅度内予以确定。

2. 定额税率

定额税率又称固定税率，是指按单位征税对象规定固定纳税额的税率。如在消费税中，每升无铅汽油征税 0.20 元，每升含铅汽油征税 0.28 元。定额税率的优点是计算简便，税负不受物价波动的影响。

3. 累进税率

累进税率是指根据征税对象的数额大小而确定不同等级的税率。征税对象的数额越大，税率越高；反之，征税对象的数额越小，税率越低。我国现行税法体系采用累进税率形式的只有超额累进税率和超率累进税率。

（1）超额累进税率。

超额累进税率是指把征税对象按税额的大小分成若干等级，每一个等级规定一个税率，税率依次提高，但每一个纳税人的征税对象则依据所属等级同时适用几个税率分别计算，将计算结果相加后得出应纳税款，如个人所得税。

（2）超率累进税率。

超率累进税率是指以征税对象数额的相对率划分若干级距，分别规定相应的差别税率，相对率每超过一个级距的，对超过的部分就按高一级的税率计算征税。目前，我国采用这种税率形式的是土地增值税。

（六）计税依据

计税依据又称税基，是计算应纳税额所依据的标准，解决的是在确定了征税对象之后如何计量的问题。

（1）从价计征。

从价计征的税款是以征税对象的价值量（如销售额、营业额）为计税依据。

（2）从量计征。

从量计征的税款是以征税的自然实物量（如体积、面积、数量和重量等）为计税依据。

（3）复合计征。

复合计征是实行从量定额和从价定率相结合的办法计算应纳税额。在消费税中，对卷烟、白酒实行复合计征办法，其计税依据为销售额和销售量。

（七）纳税环节

纳税环节是指征税对象在流转过程中，按税法规定应当纳税的环节。如商品从生产到消费一般要经过制造、批发和零售三个环节，纳税环节解决的就是征一道税，或是征两道税，还是道道征税以及确定在哪个环节征税的问题。

（八）纳税期限

纳税期限是指税法规定的纳税人缴纳税款的法定期限。纳税期限有两个方面的含义：一是结算应纳税款的期限，一般由税务机关依法确定；二是缴纳税款的期限，即在纳税期限届满后，向税务机关缴纳税款的期限。如增值税的纳税期限由主管税务机关根据纳税人应纳增值税税额的大小，分别核定为 1 日、3 日、5 日、10 日、15 日、1 个月或者一个季度。纳税人以 1 个月为一期缴纳增值税的，应当从期满之日起 15 日以内申报纳税；以 1 日、3 日、5 日、10 日或者 15 日为一期纳税的，应当从期满之日起 5 日以内预缴税款，于次月 1 日起 15 日以内申报纳税，并结清上月应纳税款。

我国的纳税期限有三种方式：按期缴纳；按次缴纳；按年计征、分期预缴。

（九）纳税地点

纳税地点是指法律、行政法规规定的纳税人申报缴纳税款的地方。一般实行属地原则管辖，一般情况下，纳税地点为纳税人的所在地。

（十）减免税

减免税是指税法减少或免除税负的规定。减税是指对应纳税额减征一部分税款；免税是指对应纳税额全部免征。

需要注意的是，减免税不同于税法中规定的起征点和免征额。

（1）起征点。

起征点是指对征税对象征税的起点数额。征税对象未达到起征点的，不征税；达到或超过起征点的，就其全部数额征税。

（2）免征额。

免征额是指对征税对象免于征税的数额。对免征额部分不征税，只对超过免征额的部分征税。即征税对象未达到起征点的，不征税；达到或超过起征点的，就其差额征税。如个人所得税中对工资薪金的征税，免征额为 3500 元。

（十一）法律责任

法律责任是指税收法律关系的主体因违反税收法律规范所应承担的法律后果，主要包括以下两种：

（1）纳税主体因违法行为和违法的不作为而应承担的法律责任。

（2）作为征税的国家机关因违法行为和违法的不作为而应承担的法律责任。

综上，税法的构成要素如表 1—2 所示。

表 1—2　税法的构成要素表

构成要素	具体内容	备注
征税人	是指代表国家行使税收征管的各级税务机关和其他征税机关。	税种不同，征税人不同。例如：增值税的征税人是税务机关，关税的征税人是海关。
纳税义务人	法律规定的直接负有纳税义务的单位和个人。	纳税义务人是税收制度中区别不同税种的重要标志之一。
征税对象	是指对什么征税，是税收法律关系中权利与义务所指的对象。	是区别不同税种的重要标志。如对流转额征税、对所得额征税、对财产征税、对资源征税、对特定行为征税等。
税目	是指税法中规定的征税对象的具体项目，是征税的具体根据，它规定了征税对象的具体范围。	税目的制定有两种方法，即列举法和概括法。
税率	是指应纳税额与征税对象的比例或征收额度，是计算税额的尺度。	税率是税法的核心要素。我国现行税率有比例税率、定额税率和累进税率。

续前表

构成要素	具体内容	备注
计税依据	是指计算应纳税额的依据或标准，即根据什么来计算纳税人应缴纳的税额。	征税对象规定对什么征税，计税依据则在确定征税对象之后解决如何计量的问题。具体分为从价计征、从量计征和复合计征。
纳税环节	是指税法规定的征税对象在从生产到消费的流转过程中应当缴纳税款的环节。	
纳税期限	是指纳税人发生纳税义务后，应依法缴纳税款的期限。	具体分为：按期纳税（1 日、3 日、5 日、10 日、15 日、1 个月、1 个季度）；按次纳税；按年计征、分次预缴。
纳税地点	是指纳税人依据税法规定向征税机关申报纳税的具体地点。	主要是机构所在地、经济活动发生地、财产所在地、报关地等。
减免税	是指国家对某些纳税人和征税对象给予鼓励和照顾的一种特殊规定。	包括三方面：减税和免税；起征点；免征额。
法律责任	是指对违反国家规定的行为人采取的处罚措施。	包括违法行为和因违法而应承担的法律责任。违法行为的主体包括纳税主体和征税主体；违法行为的形式包括违法的不作为和违法的作为。

知识拓展

民众税负引例

近些年来，我国国民收入水平增长相对缓慢，远远达不到财政收入的增长速度。同时，我国财政收入的增长速度也远远高于 GDP 增速。

财政收入主要来自税收，远高于国民收入增长水平与 GDP 增速，是体现我国税负水平的一个指标。

民众对税负高低的切身感受，更多的来自日常生活所需的消费。

如人们购买小汽车，除了需要缴纳 17%的增值税之外，消费者还需缴纳 10%的车辆购置税，另外还要缴纳消费税，按年度缴纳车船税。而在小汽车使用环节，除汽油价格中已经含有燃油税之外，车主还需另外缴纳各种过桥、过路费。据媒体报道，目前在我国，各种税费占了购车总费用的 40%，一辆车从出厂、购买、保有到使用环节，缴纳的税种和税金总额在全世界数一数二。

如个人所得税。据统计，2009 年，国内 65%的个人所得税来自工薪阶层。反观新加坡，同期，占人口总数 20%的新加坡富人，贡献了 93%的个人所得税。这就是说，本应负担重税的中国富人没有足额负担，而是让工薪阶层负担，中国个税成了名副其实的工资税。

此外，买房也是民众的一个刚性需求，除了高昂的地价推动了房价的高升，各种税收也起到了推波助澜的作用。随着经济的发展，应该逐步完善税收制度，使两者完美匹配。

项目小结

人们的日常生产生活中，接触到很多种税，如个人所得税、车辆购置税、关税、增值税等。这些税是我国税收体系的有机组成部分，起着促进经济发展、增加国家财政收入等作用。通过学习本项目，我们需要重点掌握税收的定义、特征、作用和分类等，以及税法的定义、分类和构成要素等内容。

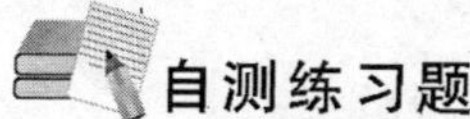

自测练习题

一、单项选择题（在备选答案中只有一个是正确的，将其选出并把它的标号写在题干的括号内）

1. 税收是以（　　）为主体。

A. 国家　　B. 企业　　C. 团体　　D. 单位

2. 属于按照税率标准分类的是（　　）。

A. 价外税　　B. 比例税　　C. 财产税　　D. 中央税

3. 下列各项中，不属于税收特征的是（　　）。

A. 强制性　　B. 灵活性　　C. 无偿性　　D. 固定性

4. 我国的税法要素中，用来明确征税的具体范围，确定征税对象适用不同的要素的是（　　）。

A. 税率　　B. 计税依据　　C. 征税对象　　D. 税目

5. 在税负完全转嫁的情况下，纳税人与负税人（　　）。

A. 完全一致　　B. 不一致　　C. 有时一致　　D. 二者无关

6. 按税收的管理和使用权限为标准分类，税收可以分为（　　）。

A. 比例税和累进税

B. 从量税、从价税和复合税

C. 流转税类、所得税类、财产税类、资源税类和行为税类

D. 中央税、地方税和中央与地方共享税

7. 在其他要素不变的情况下，税率越高，税收负担（　　）。

A. 越高　　B. 越低

C. 不变　　D. 二者没有关系

8. 下列不属于税收作用的选项是（　　）。

A. 税收是国家组织财政收入的主要形式

B. 税收是国家调节社会经济的重要手段

C. 税收能监督经济活动的方向

D. 税收能促进商品流通

9. 税法规定征税的目的物为（　　），它是区分不同税种的重要标志。

A. 纳税义务人　　B. 征税对象
C. 税目　　D. 税率

10. 税收的权利主体是（　　）。
A. 税务机关　　B. 纳税义务人
C. 征纳税双方　　D. 税务总局

11.《中华人民共和国增值税暂行条例》属于（　　）。
A. 税收法律　　B. 税收部门规章
C. 税收行政法规　　D. 税收地方性法规

12. 下列各项中，属于纳税人权利的是（　　）。
A. 依法办理税务登记　　B. 自觉接受税务检查
C. 申请减免税　　D. 追回纳税人欠缴的税款

13. 在税制构成要素中，衡量税负轻重与否的要素是（　　）。
A. 税目　　B. 税率　　C. 征税对象　　D. 纳税人

14. 下列各项中，属于税务机关义务的是（　　）。
A. 依法征税　　B. 进行税务检查
C. 宣传税法并辅导纳税人　　D. 对违章者进行处罚

15. 法律、行政法规规定负有（　　）单位和个人为纳税人。
A. 代扣代缴税款　　B. 代收代缴税款
C. 纳税义务　　D. 代征税款

16.《中华人民共和国企业所得税法》属于（　　）。
A. 税收法律　　B. 税收法规
C. 税收规章　　D. 行政文件

17.（　　）是政府取得财政收入的最佳、最有效形式。
A. 财政预算　　B. 发行国家债
C. 银行借款　　D. 税收

18. 税收制度的中心环节是（　　）。
A. 纳税人　　B. 征税对象
C. 税率　　D. 纳税期限

19. 税收由国家征收，行使征收权的主体是（　　）。
A. 财政部　　B. 全国人民代表大会
C. 税务局　　D. 国家

20.（　　）税款不随商品价格的增减而变动，单位商品税额固定不变。
A. 从价税　　B. 从量税　　C. 直接税　　D. 间接税

二、多项选择题（在备选答案中有 2～5 个是正确的，将其全部选出并把它的标号写在题干的括号内）

1. 下列各项中，属于税收特征的有（　　）。
A. 强制性　　B. 灵活性　　C. 无偿性　　D. 固定性

2. 下列各项中，属于按照税法内容的不同分类的是（　　）。

A. 税收实体法　　B. 税收程序法

C. 国内法　　D. 国际法

3. 按照征税对象划分，税收可分为（　　）。

A. 流转税　　B. 所得税　　C. 财产税

D. 资源税　　E. 行为税

4. 国际税收的含义是（　　）。

A. 一种独立的税种　　B. 对各国共同征收的一种税

C. 国家间的税收分配关系　　D. 由国际权威组织征收

5. 下列各项中，不属于税法的构成要素的有（　　）。

A. 纳税义务人　　B. 扣缴义务人

C. 税务代理机构　　D. 征税人

6. 下列各项中属于中央税的有（　　）。

A. 消费税　　B. 增值税

C. 关税　　D. 中央企业所得税

E. 资源税

7. 纳税期限是税法的构成要素之一，是纳税人依法缴纳税款的期限，目前我国采用的纳税期限形式有（　　）。

A. 按月申报，年终汇缴　　B. 按年计征，分期预缴

C. 按期纳税　　D. 按次纳税

8. 下列项目中，属于纳税义务人权利的有（　　）。

A. 依法办理税务登记　　B. 多缴税款申请退还

C. 申请延期纳税　　D. 申请复议和提起诉讼

9. 下列选项中，属于税收的作用的有（　　）。

A. 税收是国家组织财政收入的主要形式

B. 税收是国家调控经济运行的重要手段

C. 税收能监督经济活动的方向

D. 税收是国际经济交往中维护国家利益的可靠保障

10. 下列各项中，属于税目制定方法的是（　　）。

A. 画表法　　B. 归纳法

C. 列举法　　D. 概括法

三、名词解释题

1. 税收

2. 扣缴义务人

3. 累进税

4. 计税依据

5. 征税对象

6. 税法
7. 税目
8. 差别比例税率

四、判断题（请在题后的括号内正确的画“√”，错误的画“×”）

1. 国家征税凭借的是政治权利，征税的主体是企业。（　　）
2. 税收是国家凭借政治权利，运用法律手段，对一部分社会产品进行强制性分配并无偿取得的一种形式。即国家凭借政治权利参与国民收入分配和再分配的一种特定分配关系。（　　）
3. 税收的基本特征是强制性、无偿性、自愿性和固定性。（　　）
4. 税收制度的构成要素主要有征税人、税率、税目、纳税环节、纳税地点、纳税期限、减免税和违章处理等。（　　）
5. 减免税是国家对某些纳税人和征税对象给予鼓励和照顾的一种特殊规定。（　　）
6. 在税收的分类中，按照计税标准不同进行分类，可分为流转税、所得税、财产税、资源税、行为税。（　　）
7. 我国现行的税率主要有比例税率、定额税率和超率累进税率。（　　）
8. 税收是国家取得财政收入的一种重要工具，其本质是一种分配关系。（　　）
9. 免征额就是征税对象达到一定数额后就开始全额征税。（　　）
10. 纳税环节主要是指税法规定的征税对象在从生产到消费的流转过程中应当缴纳税款的环节。（　　）
11. 增值税是价内税，消费税是价外税。（　　）
12. 房产税、契税、车船税和车辆购置税都属于财产税。（　　）
13. 税收的无偿性是指国家取得税收不需要偿还，但有时需要向纳税人支付一定的代价。（　　）
14. 税收属于经济学概念，而税法则属于法学概念。（　　）
15. 现行个人所得税对工资薪金的征税，免征额为 3 500 元。（　　）

五、简答题

1. 如何理解税收的作用？
2. 简述税收与税法的关系。
3. 税收的特征有哪些？
4. 税法按照内容的不同，可分为哪几种？

六、论述题

1. 如何理解税法的构成要素？
2. 可对税收进行哪些分类？

项目二　增值税

项目综述

从企业购进原材料，投产变成半成品、成品，直至生产完毕，完工入库成为库存商品，再销售出去，在整个过程中，产品一直在增值，从理论上讲，任何一个增值环节都是增值税征收的范围。在实务操作中，增值税实行购进抵扣法。如何计算增值税应纳税额？如何计算抵扣的税额？如何区分增值税一般纳税人和小规模纳税人？如何进行增值税的纳税申报？这些都是我们在本项目中将要学习的重要内容。

关键概念

增值税　有形动产　一般纳税人　小规模纳税人　应纳税额　销项税额　进项税额　增值税专用发票

本项目重点与难点提示

本项目阐述了增值税的基本理论和计算。学习本项目，要求着重理解什么是增值税，掌握增值税的纳税义务人、征税范围、税率和征收率、应纳税额的计算、专用发票的管理、税收优惠以及税收征管等。在对增值税基本知识了解的基础上，明确一般纳税人和小规模纳税人之间的相互关系，掌握各自的税额计算和纳税申报。通过本项目的学习，目的在于对增值税有一个全面的认识，包括理论、计算和实务操作等。

本项目的重点是增值税的含义、征税范围、税率及应纳税额的计算。

本项目的难点是对一般纳税人和小规模纳税人的区分与理解、对增值税进项税额抵扣和转出的理解和处理。

学习导航

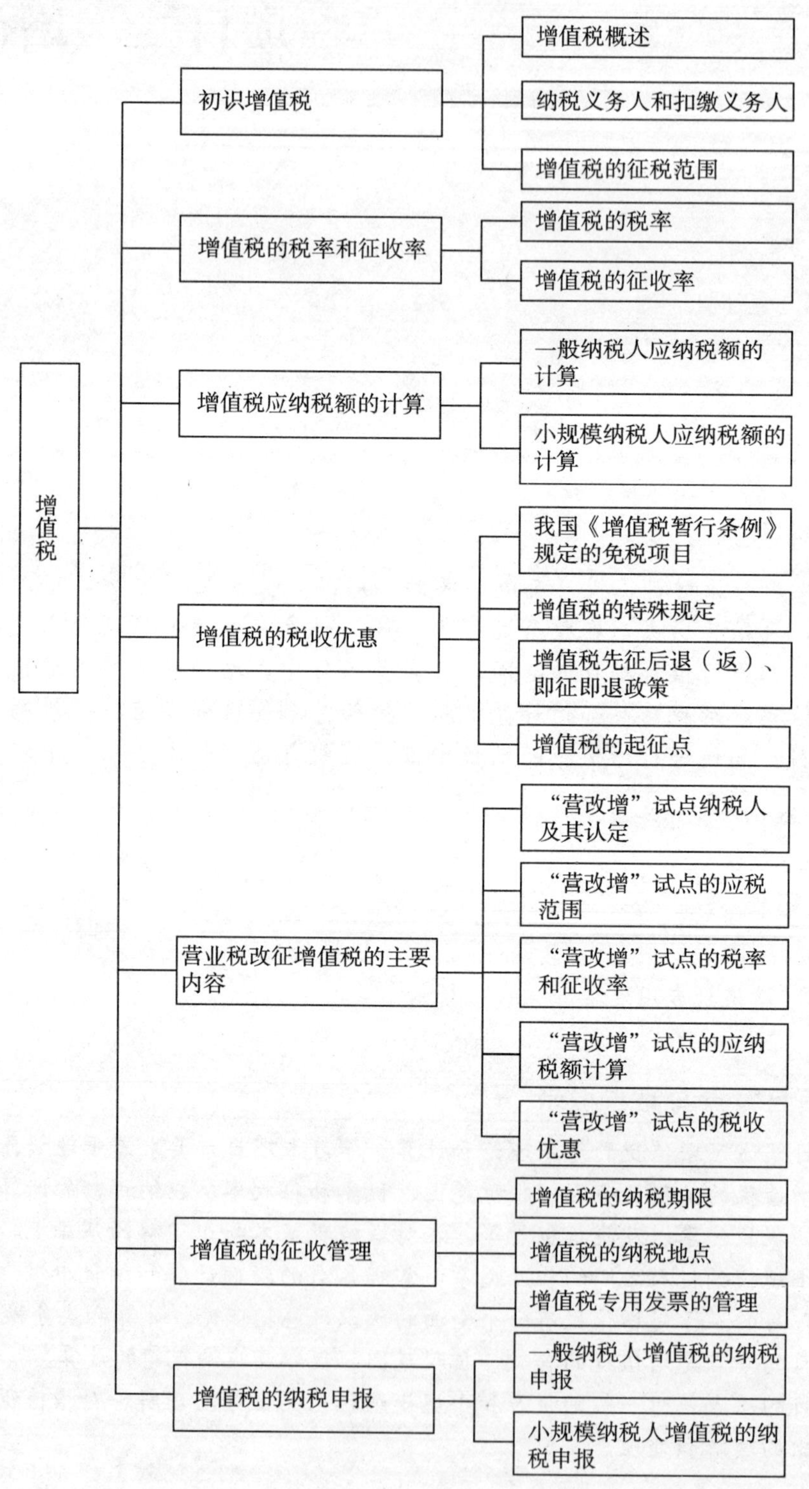
增值税
初识增值税
增值税概述
纳税义务人和扣缴义务人
增值税的征税范围
增值税的税率和征收率
增值税的税率
增值税的征收率
增值税应纳税额的计算
一般纳税人应纳税额的计算
小规模纳税人应纳税额的计算
增值税的税收优惠
我国《增值税暂行条例》规定的免税项目
增值税的特殊规定
增值税先征后退（返）、即征即退政策
增值税的起征点
营业税改征增值税的主要内容
“营改增”试点纳税人及其认定
“营改增”试点的应税范围
“营改增”试点的税率和征收率
“营改增”试点的应纳税额计算
“营改增”试点的税收优惠
增值税的征收管理
增值税的纳税期限
增值税的纳税地点
增值税专用发票的管理
增值税的纳税申报
一般纳税人增值税的纳税申报
小规模纳税人增值税的纳税申报

学习目标

通过学习本项目，你会明白以下问题：

- 增值税的含义、范围、税率等；
- 增值税一般纳税人与小规模纳税人的区别；
- 增值税销项税额、进项税额和应纳税额的计算；
- 增值税的税收优惠和征管；
- “营改增”的主要内容；
- 增值税的纳税申报。

任务一　初识增值税

一、增值税概述

增值税是以商品（含应税劳务）在流转过程中产生的增值额作为计税依据而征收的一种流转税。按照我国增值税法的规定，增值税是指对在中华人民共和国境内销售货物或者提供加工、修理修配劳务以及进口货物的企业单位和个人取得的增值额为计税依据征收的一种流转税。

增值税可以分为不同的类型，按照对购入固定资产已纳税款的处理方式不同，可以将增值税分为生产型增值税、收入型增值税和消费型增值税。

（1）生产型增值税。生产型增值税是以纳税人的销售收入（或劳务收入）减去用于生产、经营的外购原材料、燃料、动力等物质资料价值后的余额作为法定的增值额，其购入的固定资产及其折旧均不予扣除。

（2）收入型增值税。收入型增值税允许纳税人在计算增值税时，将外购固定资产的折旧部分扣除，未计提折旧部分不得计入扣除项目金额。

（3）消费型增值税。消费型增值税允许纳税人在计算增值税时，将外购固定资产的价值一次性扣除，可以彻底消除重复征税问题，有利于促进技术进步。这样，就整个社会而言，生产资料都排除在征税范围之外。该类型增值税的征税对象仅相当于社会消费资料的价值，因此称为消费型增值税。

我国的增值税一直为生产型增值税，从2009年1月1日起，在全国所有地区实施消费型增值税，允许纳税人抵扣固定资产的进项税额，实现了增值税由生产型向消费型的转换。

想一想：消费型增值税的优点是什么？

二、纳税义务人和扣缴义务人

（一）纳税义务人

根据我国《增值税暂行条例》的规定，凡在中华人民共和国境内销售或者进口货物、提供应税劳务和应税服务的单位和个人都是增值税的纳税义务人。

单位，是指国有企业、集体企业、私有企业、股份制企业、其他企业和行政单位、事业单位、军事单位、社会团体及其他单位。

个人，是指个体经营者及其他个人。

（二）扣缴义务人

中华人民共和国境外的单位或者个人在境内提供应税劳务和应税服务，在境内未设有经营机构的，以其境内代理人为扣缴义务人；在境内设有代理人的，以购买方为扣缴义务人。

（三）增值税纳税人的分类与认定

按照增值税纳税人的生产经营规模及财务核算健全程度，增值税纳税人可分为一般纳税人和小规模纳税人。

1. 一般纳税人

一般纳税人是指年应税销售额达到规定标准的企业和企业性单位。

一般纳税人的年应税销售额认定条件为：

（1）从事货物生产或提供应税劳务的纳税人以及以从事货物生产或提供应税劳务为主，兼营货物批发或零售的纳税人，年应税销售额在50万元以上的。

（2）从事货物批发或零售的纳税人，年应税销售额在80万元以上的。

（3）从事“营改增”应税服务的纳税人，年应税销售额在500万元以上的。

对于虽然符合上述标准，但属于下列情形之一的，不得认定为一般纳税人：会计核算不健全（不能准确核算销项税额和进项税额）；个人（除个体经营者以外）；不经常发生增值税应税行为的企业和非企业性单位；全部销售免税货物的企业。

2. 小规模纳税人

小规模纳税人是指年应税销售额在规定标准以下且会计核算不健全的纳税人。但对年应税销售额超过小规模纳税人标准的个人、非企业性单位、不经常发生增值税应税行为的企业，视同小规模纳税人；对能够认真履行纳税义务的小规模纳税人，经县（市）税务局批准，可在一定期限内由其主管税务所代开增值税专用发票。

三、增值税的征税范围

根据我国《增值税暂行条例》的规定，增值税的征税范围可分为一般规定范围和具体规定范围。

（一）一般规定范围

增值税征税范围的一般规定包括：

（1）销售或进口货物。

货物是指有形动产，包括电力、热力、气体在内。销售货物是指有偿转让货物的所有权。

（2）提供加工及修理修配劳务。

加工是指受托加工货物的业务，即委托方提供原料、主要材料，受托方按照委托方的要求，制造货物并收取加工费的业务。修理修配是指受托对损伤和丧失功能的货物进行修复，使其恢复原状及功能的业务。

（3）提供应税服务。

应税服务，是指陆路运输服务、水路运输服务、航空运输服务、管道运输服务、邮政普遍服务、邮政特殊服务、其他邮政服务、研发和技术服务、信息技术服务、文化创意服务、物流辅助服务、有形动产租赁服务、鉴证咨询服务、广播影视服务。

（二）具体规定范围

增值税的征税范围除了上述的一般规定以外，对于实务中某些特殊项目或行为，还需要做出具体规定。

1. 特殊项目

（1）货物期货（包括商品期货和贵金属期货），应当征收增值税，在实物交割环节纳税。

（2）银行销售金银的业务。

（3）典当业销售死当物品业务。

（4）寄售业销售委托人寄售物品的业务。

（5）集邮商品的生产、调拨及邮政部门以外的其他单位和个人销售集邮商品的业务。

2. 特殊行为

（1）视同销售。以下八种行为在增值税法中被视同销售货物，均要征收增值税：

1）将货物交由他人代销；

2）代他人销售货物；

3）设有两个以上机构并实行统一核算的纳税人，将货物从一个机构移送至其他机构用于销售，但相关机构设在同一县（市）的除外；

4）将自产或委托加工的货物用于非应税项目；

5）将自产、委托加工或购买的货物作为对其他单位的投资；

6）将自产、委托加工或购买的货物分配给股东或投资者；

7）将自产、委托加工的货物用于职工福利或个人消费；

8）将自产、委托加工或购买的货物无偿赠送他人。

（2）混合销售。在实际工作中，一项销售行为常常会既涉及货物销售又涉及提供非增值税应税劳务。这种销售行为即混合销售。如装饰公司以包工包料方式为用户进行房屋装修，其中既提供装饰公司劳务，又有墙纸（布）、地板等装饰材料的销售。一般的税务处理是，工业、商业等的混合销售行为缴纳增值税，其他单位的混合销售行为缴纳营业税，不分别计税。

想一想：增值税的征税范围除了销售有形动产外，还有哪些货物？

任务二　增值税的税率和征收率

一、增值税的税率

我国增值税是采用比例税率，按照一定的比例征收。为了发挥增值税的中性作用，原则上增值税的税率应该对不同行业、不同企业实行单一税率，称为基本税率。实践中，为照顾一些特殊行业或产品，增设了一档低税率，对出口产品实行零税率。由于将增值税纳税人分成了两类，对这两类不同的纳税人又采用了不同的税率。

（一）基本税率

增值税一般纳税人销售或者进口货物，提供加工、修理修配劳务，除低税率等税率外，税率一律为17%。这就是通常所说的基本税率。

“营改增”试点地区租赁有形动产等适用17%的税率。

（二）低税率

我国《增值税暂行条例》规定纳税人销售或进口下列货物，适用13%的税率：

（1）粮食、食用植物油。

（2）自来水、暖气、冷气、热水、煤气、石油液化气、天然气、沼气、居民用煤炭制品。

（3）图书、报纸、杂志。

（4）饲料、化肥、农药、农机、农膜。

《财政部、国家税务总局关于部分货物适用增值税低税率和简易办法征收增值税政策的通知》中规定销售下列货物适用13%的低税率：

（1）农产品。

（2）音像制品。

（3）电子出版物。

（4）二甲醚。

（三）适用11%税率

“营改增”试点地区提供交通运输业服务、邮政业服务以及电信业中的基础电信服务适用11%的税率。

（四）适用6%税率

“营改增”试点地区涉及的提供部分现代服务业的服务（有形动产租赁服务除外）以及电信业中的增值电信服务适用6%的税率。

二、增值税的征收率

根据我国税法的规定，会计制度不健全，难以按照上述税率计算和适用增值税专用发票抵扣进项税款的增值税小规模纳税人，按照简易方法计算增值税。小规模纳税人适用的增值税征收率为3%。

增值税的税率和征收率如表2—1所示。

表2—1 增值税的税率和征收率

税率	适用对象	适用范围
17%	一般纳税人	1. 销售或者进口货物，使用低税率和零税率的除外； 2. 提供加工、修理修配劳务； 3. "营改增"试点地区有形动产租赁。
13%	纳税人	1. 粮食、食用植物油； 2. 自来水、暖气、冷气、热水、煤气、石油液化气、天然气、沼气、居民用煤炭制品； 3. 图书、报纸、杂志； 4. 饲料、化肥、农药、农机、农膜； 5. 国务院规定的其他货物：农产品、音像制品、电子出版物、二甲醚。
11%	纳税人	"营改增"试点地区的交通运输业、邮政业、电信业中的基础电信服务。
6%	纳税人	"营改增"试点地区的部分现代服务业以及电信业中的增值电信服务。
3%	小规模纳税人	小规模纳税人按3%的征收率及简易方法计算增值税，不得抵扣进项税额。

任务三 增值税应纳税额的计算

一、一般纳税人应纳税额的计算

目前，我国对增值税一般纳税人采用的计税方法是国际上通行的购进扣税法，即一般纳税人销售货物或者提供应税劳务和应税服务的应纳税额，应该等于当期销项税额抵扣当期进项税额后的余额。具体步骤如下：

首先，按当期销售额和适用税率计算出销项税额。

其次，对当期购进项目已经缴纳的税款（所含税款）进行汇总，计算出可以依法抵扣的增值税进项税额。

最后，销项税额减去可以抵扣的进项税额，即为当期应纳税额。其计算公式如下：

当期应纳税额＝当期销项税额－当期进项税额

＝当期销售额×适用税率－当期进项税额

（一）销项税额的计算

销项税额是指纳税人销售货物或者提供应税劳务和应税服务，按照销售额或提供应税劳务和应税服务取得的收入和规定的税率计算并向购买方收取的增值税额。其计算公式为：

销项税额＝(不含税)销售额×增值税税率

从销项税额的定义和公式中我们可以知道，销项税额的计算取决于销售额和适用的增值税税率两个因素。在税率既定的前提下，销项税额的大小主要取决于销售额的大小。一般纳税人的增值税税率是比较简单的，因而销项税额计算的关键是如何准确地确定销售额。

1. 销售额时间的确定

不同的销售方式和结算方式会影响销售收入（销售额）时间的确定。

(1) 采取直接收款方式销售货物的，不论货物是否发出，均为收到销售款或者取得索取销售款凭据的当天；对于纳税人生产经营活动中采取直接收款方式销售货物，已将货物移送对方并暂估销售收入入账，但既未取得销售款或取得索取销售款凭据又未开具销售发票的，其增值税纳税义务发生时间为取得销售款或取得索取销售款凭据的当天；先开具发票的，为开具发票的当天。

(2) 采取托收承付和委托银行收款方式销售货物的，为发出货物并办妥托收手续的当天。

(3) 采取赊销和分期收款方式销售货物的，为书面合同约定的收款日期的当天，无书面合同的或者书面合同没有约定收款日期的，为货物发出的当天。

(4) 采取预收货款方式销售货物的，为货物发出的当天，但生产销售生产工期超过 12 个月的大型机械设备、船舶、飞机等货物，为收到预收款或者书面合同约定的收款日期的当天。

(5) 委托其他纳税人代销货物的，为收到代销单位的代销清单或者收到全部或者部分货款的当天。未收到代销清单及货款的，为发出代销货物满 180 天的当天。

(6) 销售应税劳务，为提供劳务的同时收讫销售款或者取得索取销售款凭据的当天。

(7) 纳税人发生我国《增值税暂行条例实施细则》中规定的视同销售货物行为的，为货物移送的当天。

2. 一般销售方式下销售额的确定

计算增值税的销售额为纳税人销售货物或者提供应税劳务和应税服务向购买方收取的全部价款和价外费用，但不包括销项税额。特别需要强调的是，尽管销项税额也是销售方向购买方收取的，但是增值税用不含税价格作为计税依据，因而销售额中不包括向购买方收取的销项税额。

价外费用一般是指在价款外向购买方收取的手续费、补贴、基金、集资费、返还利润、奖励费、违约金（延期付款利息）、赔偿金、包装费、包装物租金、代收款项、代垫款项、储备费、运输装卸费以及其他各种性质的价外收费。价外费用均为含税销售额，无论在会计上如何核算，均应并入销售额计算应纳的增值税，但下列项目不包括在内：

（1）受托加工应征消费税的消费品所代收代缴的消费税。

（2）承运部门的运输费发票开具给购买方的，并由纳税人将该项发票转交给购买方的代垫运费。

（3）同时符合以下条件代为收取的政府性基金或者行政事业性收费：

1）由国务院或者财政部批准设立的政府性基金，由国务院或者省级人民政府及其财政、价格主管部门批准设立的行政事业性收费；

2）收取时开具省级以上财政部门印制的财政票据；

3）所收款项全额上缴财政。

（4）销售货物的同时代办保险等而向购买方收取的保险费，以及向购买方收取的代购买方缴纳的车辆购置税、车辆牌照费。

对销售额相关内容的总结如表 2—2 所示。

表 2—2　　　　销售额相关内容汇总表

销售额包含的项目	销售额中不包含的项目
1. 向购买方收取的全部价款。 2. 向购买方收取的价外费用。 3. 消费税等价内税金。	1. 向购买方收取的销项税额。 2. 受托加工应征消费税的消费品所代收代缴的消费税。 3. 符合以下条件的代垫运输费用： （1）承运部门的运输费用发票开具给购买方的； （2）纳税人将该项发票转交给购买方的。 4. 符合条件代为收取的政府性基金和行政事业性收费。 5. 销售货物的同时代办保险收取的保险费、代购买方缴纳的车辆购置税、车辆牌照费。

3. 特殊销售方式下销售额的确定

激烈的商业竞争导致企业采取多样化的销售方式，在不同的销售方式下销售者取得的销售额会有所不同。

（1）折扣方式销售。

折扣方式销售即商业折扣，是指购货方在销售货物或提供应税劳务和应税服务时，因购货方购货数量较大等原因，为促进销售而给予购货方的价格优惠。如购买 100 件，可按销售价格优惠 10%；购买 200 件，价格优惠 20%等。

商业折扣的实质是销货方在销售货物或应税劳务和应税服务时给予购货方的价格优惠，是仅限于货物价格的商业折扣。这种方式往往是相对短期的、有特殊条件和临时性的。比如批量折扣、一次性清仓折扣等。由于商业折扣在交易成立及实际付款之前要予以扣除，因此，对应收账款和营业收入均不产生影响，会计上只按商业定价扣除商业折扣后的净额处理。

依据国家税务总局印发的《增值税若干具体问题的规定》，纳税人采取折扣方式销售货物，如果销售额和折扣额在同一张发票上分别注明的，可按折扣后的销售额征收增值税；如果将折扣额另开发票，不论其在财务上如何处理，均不得从销售额中减除折扣额。

(2) 以旧换新方式销售。

以旧换新方式销售是指纳税人在销售货物时，有偿向购买方回收旧货物的行为。即消费者在购买新商品时，如果能把同类旧商品交给商店，就能抵扣一定的价款，旧商品起着折价券的作用；如果消费者不能提交旧商品，新商品就只能以原价售出。

税法规定，纳税人采取以旧换新方式销售货物的，应按新货物的同期销售价格确定销售额，不得冲减旧货物的收购价格。销售货物与有偿收购旧货是两项不同的业务活动，销售额与收购额不能相互抵减。

(3) 还本方式销售。

还本方式销售是指纳税人在销售货物后，到一定期限由销售方一次或分次退还给购货方全部或部分价款。这种方式实际上是一种筹资，是以货物换取资金的使用价值，到期还本不付息的方法。

税法规定，采取还本销售方式销售货物，其销售额就是货物的销售价格，不得从销售额中减除还本支出。

(4) 以物易物方式销售。

以物易物是一种较为特殊的购销活动，是指购销双方不是以货币结算，而是以同等价款的货物相互结算，实现货物购销的一种方式。以物易物的双方都应作购销处理，以各自发出的货物核算销售额并计算销项税额，以各自收到的货物按规定核算购货额并计算进项税额。应注意，在以物易物活动中，应取得相应的增值税专用发票或其他合法票据。

(5) 对视同销售货物行为的销售额的确定。

增值税的征税范围中已列明了单位和个体经营者 8 种视同销售货物的行为，如：将货物交付他人代销，将自产、委托加工或购买的货物无偿赠送他人等。这 8 种视同销售行为中，某些行为不是以资金的形式反映出来的，会出现无销售额的现象。因此，税法规定对视同销售征税而无销售额的情况按下列顺序确定销售额：

1) 按纳税人当月同类货物的平均销售价格确定。

2) 按纳税人最近时期同类货物的平均销售价格确定。

3) 按组成计税价格确定。组成计税价格的公式为：

组成计税价格＝成本×(1＋成本利润率)

征收增值税的货物，同时又征收消费税的，其组成计税价格中应加计消费税额。其公式为：

组成计税价格＝成本×(1＋成本利润率)＋消费税额

或

组成计税价格＝成本×(1＋成本利润率)÷(1－消费税税率)

公式中的成本，销售自产货物的，为实际生产成本；销售外购货物的，为实际采购成本。公式中的成本利润率按 1993 年 12 月 28 日国家税务总局颁发的《增值税若干具体问题的规定》确定，一般按 10%计算。但属于应从价定率征收消费税的货物，其组成计税价格公式中的成本利润率，为《消费税若干具体问题的规定》中规定的成本利润率。

4. 含税销售额的换算

为了符合增值税作为价外税的要求，纳税人在填写进销货及纳税凭证、进行账务处理时，应分项记录不含税销售额、销项税额和进项税额，以正确计算应纳增值税额。然而，在实际工作中，常常会出现一般纳税人将销售货物或者提供应税劳务和应税服务采用销售额和销项税额合并定价收取的方法。这样，就会形成含税销售额。在计算应纳税额时，如果不将含税销售额换算为不含税销售额，就会导致增值税计税环节出现重复纳税的现象，甚至会出现物价非正常上涨的局面。因此，在计算一般纳税人销售货物或者提供应税劳务取得的含税销售额的销项税额时，必须将其换算为不含税的销售额。其计算公式为：

不含税销售额＝含税销售额÷(1＋税率)

（二）进项税额的计算

进项税额是指纳税人购进货物或者接受加工修理修配劳务和应税服务，支付或者负担的增值税额。它主要体现在从销售方取得的增值税专用发票或海关进口的专用缴款书上。

1. 准予抵扣的进项税额

根据我国《增值税暂行条例》的规定，准予从销项税额中抵扣的进项税额，限于下列增值税扣税凭证上注明的增值税额和按规定的扣除率计算的进项税额：

（1）从销售方取得的增值税专用发票上注明的增值税额。

（2）从海关取得的海关进口增值税专用缴款书上注明的增值税额，即一般纳税人销售进口货物时，可以从销项税额中抵扣的进项税额，为从海关取得的海关进口增值税专用缴款书上注明的增值税额。

（3）购进农产品，除取得增值税专用发票或者海关进口增值税专用缴款书外，按照农产品收购发票或者销售发票上注明的农产品买价和13%的扣除率计算的进项税额也可以扣除。进项税额的计算公式为：

进项税额＝买价×扣除率

在购进农产品时，由于农民等销售者无法提供增值税专用发票，因此，采用买价乘以13%的扣除率的方法来计算进项税额。

因此，增值税进项税额扣税凭证，包括增值税专用发票、海关进口增值税专用缴款书、农产品收购发票、农产品销售发票。

2. 进项税额的抵扣时限

自2003年起，国家税务总局逐步对增值税专用发票等扣税凭证实行90日申报抵扣期限的管理措施。但鉴于实践中出现的90日申报抵扣期限较短、部分纳税人因扣税凭证逾期申报导致进项税额无法抵扣等实际问题，国家税务总局决定自2010年1月1日起调整增值税扣税凭证的抵扣期限。具体规定如下：

（1）增值税一般纳税人取得2010年1月1日以后开具的增值税专用发票、公路内河货物运输业统一发票和机动车销售统一发票（现为货物运输业增值税专用发票），应在开具之日起 180 日内到税务机关办理认证，并在认证通过的次月申报期内，向主管税务机关申报抵扣进项税额。

（2）海关进口增值税专用缴款书（以下简称海关缴款书）实行“先比对后抵扣”管理办法。增值税一般纳税人取得 2010 年 1 月 1 日以后开具的海关缴款书，应在开具之日起 180 日内向主管税务机关报送《海关完税凭证抵扣清单》（包括纸质资料和电子数据），并申请稽核比对。

（3）未实行海关缴款书“先比对后抵扣”管理办法的增值税一般纳税人取得 2010 年 1 月 1 日以后开具的海关缴款书，应在开具之日起 180 日后的第一个纳税申报期结束以前，向主管税务机关申报抵扣进项税额。

（4）增值税一般纳税人取得 2010 年 1 月 1 日以后开具的增值税专用发票、公路内河货物运输业统一发票、机动车销售统一发票（现为货物运输业增值税专用发票）以及海关缴款书，未在规定期限内到税务机关办理认证、申报抵扣或者申请稽核比对的，不得作为合法的增值税扣税凭证，不得计算、抵扣进项税额。

3. 当期进项税额的抵扣

为了保证计算增值税应纳税额的合理性、准确性，增值税一般纳税人必须严格把握当期进项税额从当期销项税额中抵扣这个要点。“当期”是个重要的时间限定，具体是指税务机关依照税法的规定对一般纳税人确定的纳税期限，只有在纳税期限内实际发生的增值税，才是法定的当期销项税额或当期进项税额。一般纳税人购进货物或提供应税劳务，其进项税额申报抵扣的时间限定，国家税务总局已经对其做出了明确规定，具体有以下三点：

（1）工业生产企业购进货物（包括外购货物所支付的运输费用），必须在购进的货物已经验收入库后，才能申报抵扣进项税额，对货物尚未到达企业或尚未验收入库的，其进项税额不得作为当期进项税额予以抵扣。

【例 2—1】 2014 年 1 月，某工业企业（增值税一般纳税人）购入设备一台用于生产，增值税专用发票上注明的不含税价款为 5 000 000 元，增值税率为 17%，已取得发票联和抵扣联，设备款项已用银行转账方式付讫，但设备尚未到货验收。

在此项经济业务中，虽然货款已经支付，发票也已收到，但是由于该设备尚未到达企业，因此其进项税额不得作为当期进项税额予以抵扣。

（2）商业企业购进货物（包括外购货物所支付的运输费用），必须在购进的货物付款后（包括采用分期付款方式的，应在所有款项支付完毕后）才能申报抵扣进项税额，尚未付款或未开出商业承兑汇票或分期付款、所有款项未支付完毕的，其进项税额不得作为当期进项税额予以抵扣。

商业企业以物易物、以物抵债以及接受捐赠、投资或分配的货物，应以收到增值税专用发票的时间为申报抵扣进项税额的时限；申报抵扣时，应一并提供捐赠、投资、分配货物的合同或证明材料。

【例 2—2】 2014 年 1 月，某百货商场（增值税一般纳税人）购入服装一批，取得的增值税专用发票上注明的不含税价款为 600 000 元，增值税率为 17%，已支付 50%

的货款。合同规定，余下的50%货款应在第一季度付清。

在此项经济业务中，商品已经收到但货款尚未付清，1月份可暂不作会计处理，待3月份付清全部货款后再按正常购进业务处理，同时，进项税额才可作为当期可抵扣进项税额予以抵扣。

(3) 一般纳税人购进应税劳务，必须在劳务费用支付后，才能申报抵扣进项税额，对接受应税劳务，但尚未支付款项的，其进项税额不得作为当期进项税额予以抵扣。

但是，有些纳税人为了达到提前抵扣少纳税的目的，把不是当期实现的进项税额（上期结转的进项税额除外）充作当期进项税额，以加大抵扣税额，少纳税甚至不纳税，这是违反税法规定的行为。

需要注意的是，并不是纳税人支付的所有进项税额都可以从销项税额中抵扣。当纳税人购进的货物或接受的应税劳务不是用于增值税应税项目，而是用于非应税项目、免税项目或用于集体福利、个人消费等情况时，其支付的进项税额就不能从销项税额中抵扣。

税法对不能抵扣进项税额的项目作了严格的规定，如果违反税法的规定，随意抵扣进项税额，将以偷税论处。因此，严格把握哪些进项税额可以抵扣，哪些进项税额不能抵扣是十分重要的，需要纳税人在纳税实务中给予足够重视。

(三) 应纳税额的计算

一般纳税人在计算出销项税额和进项税额后，就可以得出实际应纳税额。为了正确计算增值税的应纳税额，在实际操作中需要掌握以下几个重要规定：

(1) 计算应纳税额时进项税额不足抵扣的处理。由于增值税实行购进扣税法，有时企业当期购进的货物很多，在计算应纳税额时会出现当期销项税额小于当期进项税额不足抵扣的情况。根据税法的规定，当期进项税额不足抵扣的部分可以结转下期继续抵扣。

(2) 扣减发生期进项税额的规定。由于增值税实行以当期销项税额抵扣当期进项税额的购进扣税法，当期购进的货物或应税劳务和应税服务如果事先并未确定将用于非生产经营项目，其进项税额会在当期销项税额中予以抵扣。但已抵扣进项税额的购进货物或应税劳务和应税服务如果事后改变用途，即用于非应税项目、用于免税项目、用于集体福利或者个人消费、购进货物发生非正常损失、在产品或产成品发生非正常损失等，根据税法的规定，应将该项购进货物或应税劳务的进项税额从当期发生的进项税额中扣减，无法准确确定该项进项税额的，按当期实际成本计算应扣减的进项税额。

这里需要注意的是，“从当期发生的进项税额中扣减”是指已抵扣进项税额的购进货物或应税劳务和应税服务是在哪一个时期发生上述几种情况的，就从这个发生期内纳税人的进项税额中扣减，而无须追溯到这些购进货物或应税劳务和应税服务抵扣进项税额的那个时期。另外，对无法准确确定该项进项税额的，“按当期实际成本计算应扣减的进项税额”是指其扣减进项税额的计算依据不是按该货物或应税劳务和应税服务的原进价，而是按发生上述情况的当期该货物或应税劳务和应税服务的实际成本，即“进价＋运费＋保险费＋其他有关费用”，按征税时该货物或应税劳务和应税服务适用的税率计算应扣减的进项税额。

前述实际成本的计算公式，进口货物是完全适用的；如果是国内购进的货物，主要包括进价和运费两大部分。

(3) 销货退回或折让的税务处理。纳税人在货物购销活动中，因货物质量、规格等原因常会发生销货退回或销售折让的情况。由于销货退回或销售折让不仅涉及销货价款或折让价款的退回，还涉及增值税的退回，这样，销货方和购货方应相应地对当期的销项税额或进项税额进行调整。为此，税法规定，一般纳税人因销货退回或销售折让而退还给购买方的增值税额，应从发生销货退回或销售折让当期的销项税额中扣减；因进货退出或折让而收回的增值税额，应从发生进货退出或折让当期的进项税额中扣减。

目前，一些企业在发生进货退出或折让并收回价款和增值税额时，没有相应减少当期进项税额，造成进项税额虚增、减少纳税的情况。这是税法所不能允许的。对于纳税人进货退出或折让而不扣减当期进项税额，造成不纳税或少纳税的情况，都将被认定为是偷税行为，并按偷税予以处罚。

【例2—3】 2014年1月，某增值税一般纳税人以送货上门方式销售家电一批，开出的增值税专用发票上注明的价款为80 000元、税额13 600元，另开具普通发票收取运输费555元、包装费234元。计算该笔业务的不含税销售额。

不含税销售额＝含税销售额÷(1＋适用税率)

＝80 000＋234÷(1＋17%)＋555÷(1＋11%)

＝80 000＋200＋500＝80 700(元)

【例2—4】 某企业为增值税一般纳税人，2014年1月销售给消费者日用品一批，收取全部货款58 500元，当月购进货物时取得的增值税专用发票上注明的价款为30 000元。分别计算该企业1月份的销项税额、进项税额、应纳税额。

销项税额＝不含税销售额×17%＝58 500÷(1＋17%)×17%＝8 500(元)

进项税额＝30 000×17%＝5 100(元)

应纳税额＝销项税额－进项税额＝8 500－5 100＝3 400(元)

【例2—5】 2014年1月，某百货大楼销售某型号空调的零售价为2 340元/台（含增值税），若顾客交还同品牌旧空调，则可作价585元，交差价1 755元就可换回新空调。当月采用此种方式销售该型号空调55台，适用的增值税税率为17%。计算该百货大楼1月份的销项税额。

销项税额＝不含税销售额×17%＝2 340÷(1＋17%)×17%×55＝340×55

＝18 700(元)

【例2—6】 某企业为增值税一般纳税人，主要通过销售农机产品获得收入。2014年1月，该企业向各地销售农机产品，开具的增值税专用发票上注明的金额为1 000 000元；向农机修配站销售农机零配件，取得含税收入100 000元；当月取得的增值税进项税额为57 000元，取得的货物运输业发票为增值税专用发票，不含税运费为30 000元，取得的发票均已在当月通过主管税务机关的认证或比对。计算该企业当月应纳的增值税额。

销项税额＝不含税销售额×税率＝1 000 000×13％＋100 000×17％

＝130 000＋17 000＝147 000(元)

进项税额＝57 000＋30 000×11％＝60 300(元)

应纳税额＝销项税额－进项税额＝147 000－60 300＝86 700(元)

二、小规模纳税人应纳税额的计算

(一) 应纳税额的计算

小规模纳税人销售货物或提供应税劳务，按照销售额和征收率计算应纳税额，不得抵扣进项税额。其应纳税额的计算公式是：

应纳税额＝销售额×征收率

第一，小规模纳税人取得的销售额与本项目一般纳税人取得的销售额所包含的内容是一致的，都是指不含税的销售额。不过，由于税率不同，小规模纳税人的销售额是指不包括按 3％的征收率收取的增值税额的销售额。

第二，小规模纳税人不得抵扣进项税额。因为，小规模纳税人会计核算不健全，不能准确核算进项税额。

(二) 含税销售额的换算

增值税专用发票只能由一般纳税人开具，所以小规模纳税人在销售货物或提供应税劳务和应税服务时一般只能开具普通发票，取得的销售收入均为含税销售额。在计算应纳税额时，小规模纳税人须将含税销售额换算为不含税销售额。

不含税销售额＝含税销售额÷(1＋征收率)

应纳税额＝不含税销售额×征收率

【例 2—7】 某企业为小规模纳税人，于 2014 年 1 月销售给消费者日用品一批，开具的普通发票上注明的金额为 30 900 元。计算该小规模纳税人 1 月份的应纳税额。

不含税销售额＝含税销售额÷(1＋征收率)＝30 900÷(1＋3％)＝30 000(元)

应纳税额＝不含税销售额×征收率＝30 000×3％＝900(元)

【例 2—8】 某企业提供加工劳务，2014 年 1 月开具的普通发票上注明的金额为 5 150 元，全部为加工收入，该企业为小规模纳税人，计算该企业 1 月份的应纳税额。

不含税销售额＝含税销售额÷(1＋征收率)＝5 150÷(1＋3％)＝5 000(元)

应纳税额＝不含税销售额×征收率＝5 000×3％＝150(元)

想一想： 一般纳税人和小规模纳税人如何划分？请分析各自的税收负担情况。

案例讨论

案例一：

某企业是小规模纳税人，主要从事家具的生产和销售，该企业年销售额达到 120 万元，该企业认为自己已经符合增值税一般纳税人的标准，因此，应属于一般纳税人。

问题 1：该企业的理解是否正确？

问题 2：符合小规模纳税人标准的企业能否申请成为一般纳税人？

案例二：

某企业是从事家具生产和销售的企业，该企业年销售额（含税）达到 120 万元，该企业认为自己没有申请认定为增值税一般纳税人，因此属于小规模纳税人，按照小规模纳税人的简易征收办法计算应纳税额（使用 3%的征收率）。

问题 1：该企业的处理是否正确？

问题 2：正确的应纳税额应该如何计算？

任务四　增值税的税收优惠

一、我国《增值税暂行条例》规定的免税项目

为了实现不同的政策目标，我国在很多不同的领域都规定了较多的减免优惠。我国《增值税暂行条例》规定的免税项目分为以下 7 项：

（1）农业生产者销售的自产农产品。农业生产者，包括从事农业生产的单位和个人。农产品，是指直接从事植物的种植、收割和动物的饲养、捕捞的单位和个人销售的自产农产品。对上述单位和个人销售的外购农产品以及单位和个人外购农产品生产、加工后销售的农产品，不属于免税的范围，应当按照规定的税率征收增值税。

（2）避孕药品和用具。

（3）古旧图书，指向社会收购的古书和旧书。

（4）直接用于科学研究、科学试验和教学的进口仪器、设备。

（5）外国政府、国际组织无偿援助的进口物资和设备。

（6）由残疾人组织直接进口供残疾人专用的物品。

（7）自己使用过的物品，指销售其他自己使用过的物品。

除上述规定外，增值税的免税、减税项目由国务院规定，任何地区、部门均不得规定免税、减税项目。

二、增值税的特殊规定

（1）一般纳税人销售自己使用过的固定资产，按简易征收办法依 4%征收率减半征收增值税。

（2）小规模纳税人销售自己使用过的固定资产，减按 2%征收率征收增值税。

（3）一般纳税人销售自产的下列货物，可按照简易征收办法依照 6%征收率计算缴纳增值税：

1）县级及县级以下小型水力发电单位生产的电力。小型水力发电单位，是指各类投资主体建设的装机容量为 5 万千瓦以下（含 5 万千瓦）的小型水力发电单位。

2）建筑用和生产建筑材料所用的砂、土、石料。

3）以自己采掘的砂、土、石料或其他矿物连续生产的砖、瓦、石灰（不含黏土实心砖、瓦）。

4）用微生物、微生物代谢产物、动物毒素、人或动物的血液或组织制成的生物制品。

5）自来水。

6）商品混凝土（仅限于以水泥为原料生产的水泥混凝土）。

一般纳税人选择简易征收办法计算缴纳增值税后，36个月内不得变更。

（4）一般纳税人销售以下物品，按4%征收率计算缴纳增值税：

1）寄售商店代销寄售物品（包括居民个人寄售的物品在内）；

2）典当业销售死当物品。

三、增值税先征后退（返）、即征即退政策

（1）安置残疾人就业的单位（包括福利企业、盲人按摩机构、医疗机构和其他单位）同时符合以下条件并经有关部门的认定后，可享受按实际安置的残疾人人数、限额即征即退增值税的税收优惠。限额按本地最低工资标准的6倍确定，最高不得超过每人每年3.5万元。

1）依法与安置的每位残疾人签订1年以上（含1年）的劳动合同或服务协议。并且安置的每位残疾人实际上岗工作。

2）月平均实际安置的残疾人的人数占单位在职职工总数的比例高于25%（含25%），并且实际安置的残疾人人数多于10人（含10人）。

3）为安置的每位残疾人按月足额缴纳基本养老保险、基本医疗保险、失业保险和工伤保险等社会保险。

4）通过银行等金融机构向每位残疾人支付工资。

5）具备安置残疾人上岗工作的基本设施。

（2）以工业废气为原料生产的高纯度二氧化碳产品。高纯度二氧化碳产品，应当符合GB10621—2006的有关规定。

（3）以垃圾为燃料生产的电力或者热力。垃圾用量占发电燃料的比重不低于80%，并且生产排放达到GB13223—2003第1时段标准或者GB18485—2001的有关规定。所称垃圾，是指城市生活垃圾、农作物秸秆、树皮废渣、污泥、医疗垃圾。

（4）以煤炭开采过程中伴生的舍弃物油母页岩为原料生产的页岩油。

（5）以废旧沥青混凝土为原料生产的再生沥青混凝土。废旧沥青混凝土用量占生产原料的比重不低于30%。

（6）采用旋窑法工艺生产并且生产原料中掺兑废渣比例不低于30%的水泥（包括水泥熟料）。

（7）销售下列自产货物实现的增值税实行即征即退50%的政策：

1）以退役军用发射药为原料生产的涂料硝化棉粉。退役军用发射药在生产原料中的比重不低于90%。

2）对燃煤发电厂及各类工业企业产生的烟气、高硫天然气进行脱硫生产的副产品。副产品，是指石膏（其二水硫酸钙含量不低于 85%）、硫酸（其浓度不低于 15%）、硫酸铵（其总氮含量不低于 18%）和硫黄。

3）以废弃酒糟和酿酒底锅水为原料生产的蒸汽、活性炭、白炭黑、乳酸、乳酸钙、沼气。废弃酒糟和酿酒底锅水在生产原料中所占的比重不低于 80%。

4）以煤矸石、煤泥、石煤、油母页岩为燃料生产的电力和热力。煤矸石、煤泥、石煤、油母页岩用量占发电燃料的比重不低于 60%。

5）利用风力生产的电力。

6）部分新型墙体材料产品。具体范围按《享受增值税优惠政策的新型墙体材料目录》执行。

四、增值税的起征点

增值税的起征点是指未达到规定限额的不征收增值税，达到限额的全额征收增值税，即未达到起征点的不列入增值税的征税范围。增值税起征点的适用范围限于个人。对于增值税起征点的幅度规定如下：

（1）销售货物的，为月销售额 5 000～20 000 元。

（2）提供应税劳务的，为月销售额 5 000～20 000 元。

（3）按次纳税的，为每次（日）销售额 300～500 元。

（4）应税服务的起征点：

1）按期纳税的，为月销售额 5 000－20 000 元（含本数）。

2）按次纳税的，为每次（日）销售额 300－500 元（含本数）。

省、自治区、直辖市财政厅（局）和国家税务局应在规定的幅度内，根据实际情况确定本地区适用的起征点，并报财政部、国家税务总局备案。

案例讨论

王先生是下岗工人，于 2014 年 1 月 1 日开办了一家小百货商店，每月销售额为 4 000 元，当地确定的增值税起征点为 5 000 元。王先生每月需缴纳多少增值税？他能否按增值税起征点制度缴纳增值税？

任务五　营业税改征增值税的主要内容

营业税改征增值税是指将原来缴纳营业税的应税劳务等改为缴纳增值税。“营改增”后有利于消除重复征税，增强服务业的竞争能力，有利于推动经济的发展。

2011 年，经国务院批准，财政部、国家税务总局联合下发“营改增”的试点方案。

从 2012 年 1 月 1 日起，在上海交通运输业和部分现代服务业率先开展“营改增”试点。至此，货物及劳务税收制度的改革拉开序幕。

自2012年8月1日起至年底，国务院将“营改增”试点范围扩大至北京市、天津市、江苏省、浙江省（含宁波市）、安徽省、福建省（含厦门市）、湖北省、广东省（含深圳市）8个省（直辖市）。

截至2013年8月1日，“营改增”已推广到全国试行。从2014年1月1日起，铁路运输和邮政服务业也纳入到“营改增”范围，至此，交通运输业已全部纳入“营改增”范围。自2014年6月1日起，电信业纳入营业税改征增值税试点范围。

一、“营改增”试点纳税人及其认定

（一）试点纳税人

试点纳税人是指在“营改增”试点地区提供交通运输业、邮政服务业、电信业和部分现代服务业等服务的单位和个人。试点纳税人分为一般纳税人和小规模纳税人。一般纳税人与小规模纳税人的划分以提供应税服务的年应征增值税销售额（以下简称应税服务年销售额）及会计核算是否健全为主要标准。

（二）试点一般纳税人的认定标准

试点一般纳税人的认定标准主要包括以下内容：

（1）应税服务年销售额超过财政部和国家税务总局规定的500万元（含本数）标准的纳税人为一般纳税人。

（2）已取得一般纳税人资格并兼有应税服务的试点纳税人，不需要重新申请认定。

（3）应税服务年销售额未超过500万元以及新开业的试点纳税人，可以向主管税务机关申请一般纳税人资格认定。需符合下列条件：有固定的经营场所；能够按照国家统一的会计制度及规定设置账簿，根据合法、有效的凭证进行核算；能够提供准确的税务资料。

（4）除国家税务总局另有规定外，一般纳税人一经认定后，不得转为小规模纳税人。

应税服务年销售额未超过500万元规定标准的纳税人为小规模纳税人。非企业性单位、不经常提供应税服务的企业和个体工商户可选择按照小规模纳税人纳税，可以申请不认定为一般纳税人。

申请一般纳税人需要办理有关手续，经税务机关审批后认定为一般纳税人。小规模纳税人不需要办理有关申请手续，在国税税务机关办理了税务登记和增值税税种登记后即成为小规模纳税人。

二、“营改增”试点的应税范围

目前，“营改增”试点最初的行业范围被称为“1＋6”：“1”即交通运输业，包括陆路运输服务、水路运输服务、航空运输服务、管道运输服务；“6”即现代服务业的6个行业，包括研发和技术服务、信息技术服务、文化创意服务、物流辅助服务、有形动产租赁服务、鉴证咨询服务。目前，范围已扩大至铁路运输、邮政服务业和电信业。

（一）交通运输业

交通运输业，是指使用运输工具将货物或者旅客送达目的地，使其空间位置得到转移的业务活动。包括陆路运输服务、水路运输服务、航空运输服务和管道运输服务。

1. 陆路运输服务

陆路运输服务，是指通过陆路（地上或者地下）运送货物或者旅客的运输业务活动，包括铁路运输和其他陆路运输。

（1）铁路运输服务，是指通过铁路运送货物或者旅客的运输业务活动。

（2）其他陆路运输服务，是指铁路运输以外的陆路运输业务活动。包括公路运输、缆车运输、索道运输、地铁运输、城市轻轨运输等。

2. 水路运输服务

水路运输服务，是指通过江、河、湖、川等天然、人工水道或者海洋航道运送货物或者旅客的运输业务活动。

远洋运输的程租、期租业务，属于水路运输服务。程租业务，是指远洋运输企业为租船人完成某一特定航次的运输任务并收取租赁费的业务。期租业务，是指远洋运输企业将配有操作人员的船舶承租给他人使用一定的期限，承租期内听候承租方调遣，不论是否经营，均按天向承租方收取租赁费，发生的固定费用均由船东负担的业务。

3. 航空运输服务

航空运输服务，是指通过空中航线运送货物或者旅客的运输业务活动。

航空运输的湿租业务，属于航空运输服务。湿租业务，是指航空运输企业将配有机组人员的飞机承租给他人使用一定的期限，承租期内听候承租方调遣，不论是否经营，均按一定标准向承租方收取租赁费，发生的固定费用均由承租方承担的业务。

4. 管道运输服务

管道运输服务，是指通过管道设施输送气体、液体、固体物质的运输业务活动。

（二）邮政业

邮政业，是指中国邮政集团公司及其所属邮政企业提供邮件寄递、邮政汇兑、机要通信和邮政代理等邮政基本服务的业务活动。包括邮政普遍服务、邮政特殊服务和其他邮政服务。

1. 邮政普遍服务

邮政普遍服务，是指函件、包裹等邮件寄递，以及邮票发行、报刊发行和邮政汇兑等业务活动。

函件，是指信函、印刷品、邮资封片卡、无名址函件和邮政小包等。

包裹，是指按照封装上的名址递送给特定个人或者单位的独立封装的物品，其重量不超过五十千克，任何一边的尺寸不超过一百五十厘米，长、宽、高合计不超过三百厘米。

2. 邮政特殊服务

邮政特殊服务，是指义务兵平常信函、机要通信、盲人读物和革命烈士遗物的寄递等业务活动。

3. 其他邮政服务

其他邮政服务，是指邮册等邮品销售、邮政代理等业务活动。

（三）电信业

电信业，是指利用有线、无线的电磁系统或者光电系统等各种通信网络资源，提供语音通话服务，传送、发射、接收或者应用图像、短信等电子数据和信息的业务活动。包括基础电信服务和增值电信服务。

基础电信服务，是指利用固网、移动网、卫星、互联网，提供语音通话服务的业务活动，以及出租或者出售带宽、波长等网络元素的业务活动。

增值电信服务，是指利用固网、移动网、卫星、互联网、有线电视网络，提供短信和彩信服务、电子数据和信息的传输及应用服务、互联网接入服务等业务活动。卫星电视信号落地转接服务，按照增值电信服务计算缴纳增值税。

（四）部分现代服务业

部分现代服务业，是指围绕制造业、文化产业、现代物流产业等提供技术性、知识性服务的业务活动。包括研发和技术服务、信息技术服务、文化创意服务、物流辅助服务、有形动产租赁服务、鉴证咨询服务。

1. 研发和技术服务

研发和技术服务，包括研发服务、技术转让服务、技术咨询服务、合同能源管理服务、工程勘察勘探服务。

(1) 研发服务。是指就新技术、新产品、新工艺或者新材料及其系统进行研究与试验开发的业务活动。

(2) 技术转让服务。是指转让专利或者非专利技术的所有权或者使用权的业务活动。

(3) 技术咨询服务。是指对特定技术项目提供可行性论证、技术预测、专题技术调查、分析评价报告和专业知识咨询等业务活动。

(4) 合同能源管理服务。是指节能服务公司与用能单位以契约形式约定节能目标，节能服务公司提供必要的服务，用能单位依据节能效果支付节能服务公司投入额及其合理报酬的业务活动。

(5) 工程勘察勘探服务。是指在采矿、工程施工以前，对地形、地质构造、地下资源蕴藏情况进行实地调查的业务活动。

2. 信息技术服务

信息技术服务，是指利用计算机、通信网络等技术对信息进行生产、收集、处理、加工、存储、运输、检索和利用，并提供信息服务的业务活动。包括软件服务、电路设计及测试服务、信息系统服务和业务流程管理服务。

(1) 软件服务。是指提供软件开发服务、软件咨询服务、软件维护服务、软件测试服务的业务活动。

(2) 电路设计及测试服务。是指提供集成电路和电子电路产品设计、测试及相关技术支持服务的业务活动。

（3）信息系统服务。是指提供信息系统集成、网络管理、桌面管理与维护、信息系统应用、基础信息技术管理平台整合、信息技术基础设施管理、数据中心、托管中心、安全服务的业务活动。

（4）业务流程管理服务。是指依托计算机信息技术提供的人力资源管理、财务经济管理、金融支付服务、内部数据分析、呼叫中心和电子商务平台等服务的业务活动。

3. 文化创意服务

文化创意服务，包括设计服务、商标著作权转让服务、知识产权服务、广告服务和会议展览服务。

（1）设计服务。是指把计划、规划、设想通过视觉、文字等形式传递出来的业务活动。包括工业设计、造型设计、服装设计、环境设计、平面设计、包装设计、动漫设计、展示设计、网站设计、机械设计、工程设计、创意策划等。

（2）商标著作权转让服务。是指转让商标、商誉和著作权的业务活动。

（3）知识产权服务。是指处理知识产权事务的业务活动。包括对专利、商标、著作权、软件、集成电路布图设计的代理、登记、鉴定、评估、认证、咨询、检索服务。

（4）广告服务。是指利用图书、报纸、杂志、广播、电视、电影、幻灯、路牌、招贴、橱窗、霓虹灯、灯箱、互联网等各种形式为客户的商品、经营服务项目、文体节目或者通告、声明等委托事项进行宣传和提供相关服务的业务活动。包括广告的策划、设计、制作、发布、播映、宣传、展示等。

（5）会议展览服务。是指为商品流通、促销、展示、经贸洽谈、民间交流、企业沟通、国际往来等举办的各类展览和会议的业务活动。

4. 物流辅助服务

物流辅助服务，包括航空服务、港口码头服务、货运客运场站服务、打捞救助服务、货物运输代理服务、代理报关服务、仓储服务和装卸搬运服务。

（1）航空服务。包括航空地面服务和通用航空服务。

航空地面服务，是指航空公司、飞机场、民航管理局、航站等向在我国境内航行或者在我国境内机场停留的境内外飞机或者其他飞行器提供的导航等劳务性地面服务的业务活动。包括旅客安全检查服务、停机坪管理服务、机场候机厅管理服务、飞机清洗及消毒服务、空中飞行管理服务、飞机起降服务、飞行通讯服务、地面信号服务、飞机安全服务、飞机跑道管理服务、空中交通管理服务等。

通用航空服务，是指为专业工作提供飞行服务的业务活动，包括航空摄影、航空测量、航空勘探、航空护林、航空吊挂播撒、航空降雨等。

（2）港口码头服务。是指为船只提供服务的业务活动，包括港务船舶调度服务、船舶通讯服务、航道管理服务、航道疏浚服务、灯塔管理服务、航标管理服务、船舶引航服务、理货服务、系解缆服务、停泊和移泊服务、海上船舶溢油清除服务、水上交通管理服务、船只专业清洗及消毒检测服务和防止船只漏油服务等。

（3）货运客运场站服务。是指货运客运场站（不包括铁路运输）提供的货物配载服务、运输组织服务、中转换乘服务、车辆调度服务、票务服务和车辆停放服务等业务活动。

(4) 打捞救助服务。是指提供船舶人员救助、船舶财产救助、水上救助和沉船、沉物打捞服务的业务活动。

(5) 货物运输代理服务。是指接受货物收货人、发货人的委托，以委托人的名义或者以自己的名义，在不直接提供货物运输劳务的情况下，为委托人办理货物运输及相关业务手续的业务活动。

(6) 代理报关服务。是指接受进出口货物的收、发货人委托，代为办理报关手续的业务活动。

(7) 仓储服务。是指利用仓库、货场或者其他场所代客贮放、保管货物的业务活动。

(8) 装卸搬运服务。是指使用装卸搬运工具或人力、畜力将货物在运输工具之间、装卸现场之间或者运输工具与装卸现场之间进行装卸和搬运的业务活动。

5. 有形动产租赁服务

有形动产租赁，包括有形动产融资租赁和有形动产经营性租赁。

(1) 有形动产融资租赁。是指具有融资性质和所有权转移特点的有形动产租赁业务活动。即出租人根据承租人所要求的规格、型号、性能等条件购入有形动产并租赁给承租人，合同期内设备所有权属于出租人，承租人只拥有使用权，合同期满付清租金后，承租人有权按照残值购入有形动产，以拥有其所有权。不论出租人最终是否将有形动产销售给承租人，均属于融资租赁。

(2) 有形动产经营性租赁。是指在约定的时间内将物品、设备等有形动产转让他人使用且租赁物所有权不变更的业务活动。

6. 鉴证咨询服务

鉴证咨询服务，包括认证服务、鉴证服务和咨询服务。

(1) 认证服务。是指具有专业资质的单位利用检测、检验、计量等技术，证明产品、服务、管理体系符合相关技术规范、相关技术规范的强制性要求或者标准的业务活动。

(2) 鉴证服务。是指具有专业资质的单位，为委托方的经济活动及有关资料进行鉴证，发表具有证明力的意见的业务活动。包括会计、税务、资产评估、律师、房地产土地评估、工程造价的鉴证。

(3) 咨询服务。是指提供和策划财务、税收、法律、内部管理、业务运作和流程管理等信息或者建议的业务活动。

三、“营改增”试点的税率和征收率

“营改增”后有3档税率，分别为17%、11%、6%；1档征收率，为3%（见表2—3）。具体规定如下：

(1) 提供有形动产租赁服务，税率为17%；

(2) 提供交通运输业服务及电信业基础服务，税率为11%；

（3）提供部分现代服务（除有形动产租赁外）及电信业增值服务，税率为6%；

（4）小规模纳税人及一般纳税人适用简易征收方法计税的，征收率为3%。

纳税人提供不同税率或征收率的应税服务，应当分别核算适用不同税率或者征收率的销售额；未分别核算的，从高适用税率。

表2—3　　“营改增”后的增值税税率和征收率

<table>
<tr><th rowspan="2">税目</th><th rowspan="2">范围</th><th colspan="2">增值税税率/征收率</th></tr>
<tr><th>一般纳税人税率</th><th>小规模纳税人征收率</th></tr>
<tr><td rowspan="5">交通运输业</td><td>陆路运输服务</td><td rowspan="5">11%</td><td rowspan="5">3%</td></tr>
<tr><td>水路运输服务</td></tr>
<tr><td>航空运输服务</td></tr>
<tr><td>管道运输服务</td></tr>
<tr><td>铁路运输服务</td></tr>
<tr><td rowspan="3">邮政业服务</td><td>邮政普遍服务</td><td rowspan="3">11%</td><td rowspan="3">3%</td></tr>
<tr><td>邮政特殊服务</td></tr>
<tr><td>其他邮政服务</td></tr>
<tr><td rowspan="2">电信业服务</td><td>基础电信服务</td><td>11%</td><td rowspan="2">3%</td></tr>
<tr><td>增值电信服务</td><td>6%</td></tr>
<tr><td rowspan="6">部分现代服务业</td><td>研发和技术服务</td><td>6%</td><td rowspan="6">3%</td></tr>
<tr><td>信息技术服务</td><td>6%</td></tr>
<tr><td>文化创意服务</td><td>6%</td></tr>
<tr><td>物流辅助服务</td><td>6%</td></tr>
<tr><td>有形动产租赁</td><td>17%</td></tr>
<tr><td>鉴证咨询服务</td><td>6%</td></tr>
</table>

四、“营改增”试点的应纳税额计算

计税方法，简单地讲，就是不同类型增值税纳税人使用的不同的计算增值税应纳税额的方法。《交通运输业和部分现代服务业营业税改征增值税试点实施办法》规定了两种计税办法。

（一）一般纳税人适用一般计税方法

一般计税方法是将当期销项税额抵扣当期进项税额后的余额作为应纳税额，其计算公式如下：

应纳税额＝当期销项税额－当期进项税额

计税销售额＝(取得的全部含税价款和价外费用

　　　　　－支付给其他单位或个人的含税价款)÷(1＋增值税税率)

当期销项税额小于当期进项税额不足抵扣时，其不足部分可以结转下期继续抵扣。

纳税人的计税销售额原则上为发生应税交易取得的全部收入，对一些存在大量代收转付或代垫资金的行业，其代收或代垫的金额可予以合理扣除，称为差额征税。在营业税中，一般对提供应税劳务的营业收入总额征税，但对一些特殊情况也允许按差额征税。“营改增”即按差额征税，具体项目包括以下5类：有形动产租赁、交通运输业、试点物流承揽的仓储业务、勘察设计单位承担的勘察设计劳务和代理业务。试点纳税人从全部价款和价外费用中扣除的价款，应当是符合有关规定的凭证，否则，不能扣除。这里的凭证是指：

(1) 支付给境内单位或者个人的款项，且该单位或个人发生的行为属于增值税或营业税征收范围的，以该单位或个人开具的发票为合法有效凭证。

(2) 支付的行政事业性收费或者政府性基金，以开具的财政票据为合法有效凭证。

(3) 支付给境外单位或个人的款项，以该单位或个人的签收单据为合法有效凭证，税务机关对签收单据有疑义的，可以要求其提供境外公证机构的确认证明。

(4) 国家税务总局规定的其他凭证。

【例2—9】某会计咨询公司已被认定为一般纳税人，2014年1月，公司取得咨询收入106 000元（含税价），当月该公司可抵扣的进项税额为2 000元。计算该公司1月份应该缴纳的增值税额。

计税销售额＝(取得的全部含税价款和价外费用

－支付给其他单位或个人的含税价款)÷(1＋增值税税率)

＝106 000÷(1＋6%)＝100 000(元)

应纳税额＝当期销项税额－当期进项税额＝100 000×6%－2 000

＝6 000－2 000＝4 000(元)

(二) 小规模纳税人适用简易计税方法

简易计税方法下的应纳税额是指按照销售额和增值税征收率计算的增值税额，其计算公式如下：

应纳税额＝应税销售额×征收率

简易计税方法的适用范围为以下两个方面：

(1) 小规模纳税人提供应税服务。

(2) 一般纳税人提供规定的特定应税服务，可以选择适用简易计税方法（也可以选择适用一般计税方法）。如：试点纳税人中的一般纳税人提供的公共交通运输服务(包括轮客渡、公交客运、轨道交通、出租车)；为开发动漫产品提供的动漫服务；有形动产经营租赁服务，若为一般纳税人，以试点实施之前购进或者自制的有形动产为标的物提供的经营租赁服务，试点期间可以选择使用简易计税方法计算缴纳增值税。

一般纳税人对特定应税服务选择按简易计税方法征税，一经选定，在选定后的36个月内不得变更计税方法。

五、“营改增”试点的税收优惠

（一）直接减免税项目

（1）个人转让著作权。

（2）残疾人个人提供应税服务。

（3）航空公司提供飞机播撒农药服务。

（4）纳税人提供技术转让、技术开发和与之相关的技术咨询、技术服务。

（5）符合条件的节能服务公司在合同能源管理项目中提供的应税服务。

（6）自试点实施之日起至2013年12月31日，注册在属于试点地区的中国服务外包示范城市的企业在离岸服务外包业务中提供的应税服务。

（7）台湾航运公司从事海峡两岸海上直航业务在大陆取得的运输收入。

（8）台湾航空公司从事海峡两岸空中直航业务在大陆取得的运输收入。

（9）美国ABS船级社在非营利宗旨不变、中国船级社在美国享受同等免税待遇的前提下，在中国境内提供的船检服务。

（10）随军家属就业。

（11）军队转业干部就业。

（12）城镇退役士兵就业。

（13）失业人员就业。失业人员就业采取增值税税额抵减的方式减免税，免税期限为3年。

（二）即征即退项目

（1）安置残疾人的单位，实行由税务机关按单位实际安置残疾人的人数，限额即征即退增值税的办法。

（2）试点纳税人中的一般纳税人提供管道运输服务，对其增值税实际税负超过3%的部分实行增值税即征即退政策。

（3）经中国人民银行、银监会、商务部批准经营融资租赁业务的试点纳税人中的一般纳税人提供有形动产融资租赁服务，对其增值税实际税负超过3%的部分实行增值税即征即退政策。

任务六　增值税的征收管理

一、增值税的纳税期限

纳税人的纳税期限由主管税务机关根据纳税人应纳税额的大小分别核定，增值税的纳税期限分别为1日、3日、5日、10日、15日、1个月、1个季度；不能按照固定期限纳税的，可以按次纳税。

纳税人以1个月、1个季度为一期纳税的，自期满之日起15日内申报纳税；以1日、3日、5日、10日、15日为一期纳税的，自期满之日起5日内预缴税款，于次月

1 日起 15 日内申报纳税并结清上月应纳税款。

纳税人进口货物，应当自海关填发进口增值税专用缴款书之日起 15 日内缴纳税款。

以 1 个季度为纳税期限的规定仅适用于小规模纳税人，小规模纳税人的具体纳税期限由主管税务机关根据其应纳税额的大小分别核定。

二、增值税的纳税地点

为了保证纳税人按期申报纳税，根据企业经营和商品流通的不同情况，税法具体规定了增值税的纳税地点：

(1) 固定业户应当向其机构所在地主管税务机关申报纳税。总机构和分支机构不在同一县（市）的，应当分别向各自所在地的主管税务机关申报纳税；经国家税务总局或其授权的税务机关批准，可以由总机构汇总向总机构所在地主管税务机关申报纳税。

(2) 固定业户到外县销售货物或者提供应税劳务的，应当向其机构所在地的主管税务机关申请开具外出经营活动税务管理证明，并向其机构所在地的主管税务机关申报纳税。

未持有其机构所在地的主管税务机关核发的外出经营活动税务管理证明，到外县销售货物或者提供应税劳务的，应当向销售地主管税务机关申报纳税；未向销售地主管税务机关申报纳税的，由其机构所在地主管税务机关补征税款。

(3) 非固定业户销售货物或者提供应税劳务，应当向销售地主管税务机关申报纳税。

(4) 进口货物，应当由进口人或其代理人向报关地海关申报纳税。

(5) 扣缴义务人应当向其机构所在地或者居住地的主管税务机关申报缴纳其扣缴的税款。

三、增值税专用发票的管理

一般纳税人应通过增值税防伪税控系统使用专用发票。使用，包括领购、开具、缴销、认证纸质专用发票及其相应的数据电文。专用发票分为三联，分别为发票联、抵扣联和记账联。发票联，作为购买方核算采购成本和增值税进项税额的记账凭证；抵扣联，作为购买方报送主管税务机关认证和留存备查的凭证；记账联，作为销售方核算销售收入和增值税销项税额的记账凭证。

（一）增值税专用发票最高开票限额

最高开票限额，是指单份专用发票开具的销售额合计数不得达到的上限额度。最高开票限额由一般纳税人申请，税务机关依法审批。

最高开票限额为 10 万元及以下的，由区县级税务机关审批；

最高开票限额为 100 万元的，由地市级税务机关审批；

最高开票限额为 1 000 万元及以上的，由省级税务机关审批。

防伪税控系统的具体发行工作由区县级税务机关负责。税务机关审批最高开票限额时应进行实地核查。

批准使用最高开票限额为10万元及以下的，由区县级税务机关派人实地核查；

批准使用最高开票限额为100万元的，由地市级税务机关派人实地核查；

批准使用最高开票限额为1 000万元及以上的，由地市级税务机关派人实地核查后将核查资料报省级税务机关审核。

一般纳税人申请最高开票限额时，需填报《最高开票限额申请表》。

（二）增值税专用发票的领购

一般纳税人领购专用设备后，凭《最高开票限额申请表》、《发票领购簿》到主管税务机关办理初始发行。初始发行是指主管税务机关将一般纳税人的信息载入空白金税卡和IC卡的行为。具体包括：

（1）企业名称。

（2）税务登记代码。

（3）开票限额。

（4）购票限量。

（5）购票人员姓名、密码。

（6）开票机数量。

（7）国家税务总局规定的其他信息。

一般纳税人发生上列第（1）、（3）、（4）、（5）、（6）、（7）项信息变化，应向主管税务机关申请变更发行；发生第（2）项信息变化，应向主管税务机关申请注销发行。

一般纳税人凭《发票领购簿》、IC卡和经办人身份证明领购专用发票。一般纳税人有下列情形之一的，不得领购、开具专用发票：

（1）会计核算不健全，不能向税务机关准确提供增值税销项税额、进项税额、应纳税额数据及其他有关增值税税务资料的。其他有关增值税税务资料的内容，由省、自治区、直辖市和计划单列市国家税务局确定。

（2）有《中华人民共和国税收征收管理法》规定的税收违法行为，拒不接受税务机关处理的。

（3）有下列行为之一，经税务机关责令限期改正而仍未改正的：

1）虚开增值税专用发票。

2）私自印制专用发票。

3）向税务机关以外的单位和个人买取专用发票。

4）借用他人专用发票。

5）未按规定开具专用发票。

6）未按规定保管专用发票和专用设备。具体包括：未设专人保管专用发票和专用设备；未按税务机关的要求存放专用发票和专用设备；未将认证相符的专用发票抵扣联、《认证结果通知书》和《认证结果清单》装订成册；未经税务机关查验，擅自销毁专用发票基本联次。

7）未按规定申请办理防伪税控系统的变更。

8）未按规定接受税务机关检查。

有上列情形的，如已领购专用发票，主管税务机关应暂扣其结存的专用发票和IC卡。

(三) 增值税专用发票的开具

一般纳税人销售货物或者提供应税劳务，应向购买方开具专用发票。商业企业一般纳税人零售的烟、酒、食品、服装、鞋帽（不包括劳保专用部分）、化妆品等消费品不得开具专用发票。

增值税小规模纳税人需要开具专用发票的，可向主管税务机关申请代开。

销售免税货物不得开具专用发票，法律、法规及国家税务总局另有规定的除外。

专用发票应按下列要求开具：

(1) 项目齐全，与实际交易相符。

(2) 字迹清楚，不得压线、错格。

(3) 发票联和抵扣联加盖财务专用章或者发票专用章。

(4) 按照增值税纳税义务的发生时间开具。

对不符合上述要求的专用发票，购买方有权拒收。

一般纳税人销售货物或者提供应税劳务可汇总开具专用发票。汇总开具专用发票的，应同时使用防伪税控系统开具《销售货物或者提供应税劳务清单》，并加盖财务专用章或者发票专用章。

一般纳税人在开具专用发票的当月，发生销货退回、开票有误等情形，收到退回的发票联、抵扣联符合作废条件的，按作废处理；开具时发现有误的，可即时作废。

作废专用发票时，须在防伪税控系统中将相应的数据电文按作废处理，在纸质专用发票各联次上注明“作废”字样，全联次留存。

一般纳税人取得专用发票后，发生销货退回、开票有误等情形但不符合作废条件的，或者因销货部分退回及发生销售折让的，购买方应向主管税务机关填报《开具红字增值税专用发票申请单》（以下简称《申请单》）。

《申请单》所对应的蓝字专用发票应经税务机关认证。经认证结果为“认证相符”并且已经抵扣增值税进项税额的，一般纳税人在填报《申请单》时不填写相对应的蓝字专用发票信息。经认证结果为“纳税人识别号认证不符”、“专用发票代码、号码认证不符”的，一般纳税人在填报《申请单》时应填写相对应的蓝字专用发票信息。

作废条件是指同时具有下列情形：

(1) 收到退回的发票联、抵扣联时间未超过销售方开票当月。

(2) 销售方未抄税并且未记账。

(3) 购买方未认证或者认证结果为“纳税人识别号认证不符”、“专用发票代码、号码认证不符”。

这里所称的抄税，是指报税前用IC卡或者IC卡和软盘抄取开票数据电文。

一般纳税人开具专用发票，应在增值税纳税申报期内向主管税务机关报税，在申报所属月份内可分次向主管税务机关报税。报税是指纳税人持IC卡或者IC卡和软盘向税务机关报送开票数据电文。

因IC卡、软盘质量等问题无法报税的，应更换IC卡、软盘。因硬盘损坏、更换金税卡等原因不能正常报税的，应提供已开具但未向税务机关报税的专用发票记账联原件或者复印件，由主管税务机关补采开票数据。

（四）增值税专用发票的填写

以北京增值税专用发票为例（见图 2—1），说明增值税专用发票的填写要求。

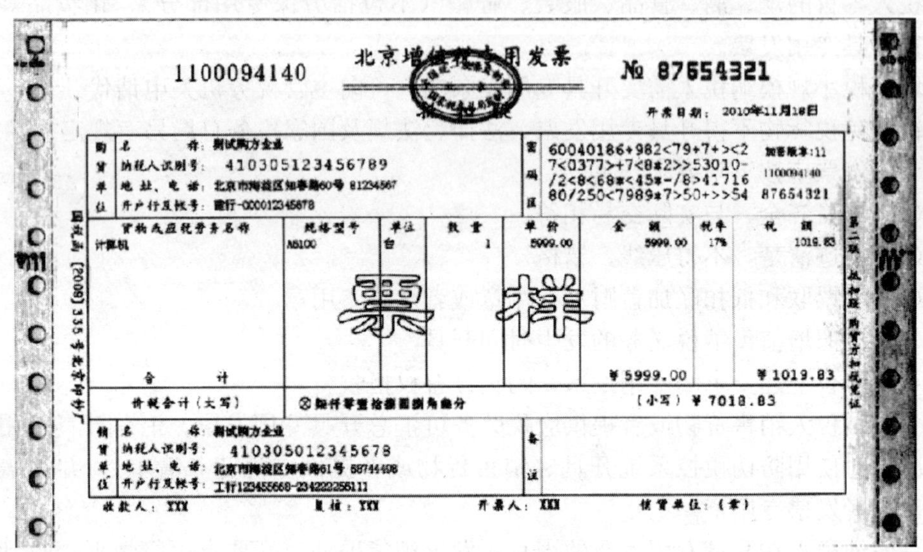

1100094140　　北京增值税专用发票　　№ 87654321

开票日期：2010年11月18日

购货单位	名称：测试购方企业 纳税人识别号：410305123456789 地址、电话：北京市海淀区知春路60号 81234567 开户行及账号：[illegible]行-000012345678	密码区	60040186+982<79+7+><2 7<0377>+7<8*2>>53010- /2<8<68*<45*-/8>41716 80/250<7989*7>50+>>54	加密版本：11 1100094140 87654321

货物或应税劳务名称	规格型号	单位	数量	单价	金额	税率	税额
计算机	A8100	台	1	5999.00	5999.00	17%	1019.83
合计					¥5999.00		¥1019.83
价税合计（大写）	⊗[illegible]				（小写）¥7018.83		

销货单位	名称：测试购方企业 纳税人识别号：410305012345678 地址、电话：北京市海淀区知春路61号 58744498 开户行及账号：工行123455668-2342222256111	备注	

收款人：XXX　　复核：XXX　　开票人：XXX　　销货单位：（章）

票样

第二联　抵扣联　购货方扣税凭证

国税函［2008］335号北京印钞厂

图 2—1　增值税专用发票

增值税专用发票所有项目必须填写齐全，各栏填写方法和注意事项具体如下：

（1）“开票日期”栏。本栏填写开具增值税专用发票的日期。

（2）购货单位“名称”栏。本栏填写购货单位名称的全称，不得简写。如果单位名称较长，可在“名称”栏分上下两行填写。

（3）购货单位“纳税人识别号”栏。本栏填写购货方的税务登记证号，共 15 位，不得简写。

（4）购货单位“地址、电话”栏。本栏填写购货单位的详细地址和电话号码。

（5）购货单位“开户行及账号”栏。本栏填写购货单位的开户银行名称及账号。

（6）“货物或应税劳务名称”栏。本栏填写货物或应税劳务的名称。如果销售货物或提供应税劳务的品种较多，纳税人可按照不同税率的货物先进行汇总，然后再开具专用发票。在这种情况下，本栏可填写“汇总”或“×××等，详见清单”字样。

（7）“规格型号”栏。本栏填写货物的规格型号。

（8）“单位”栏。本栏填写货物或者应税劳务的计量单位。

（9）“数量”栏。本栏填写货物或者应税劳务的数量。

（10）“单价”栏。本栏填写货物或应税劳务的不含税单价。在实际工作中，特别容易将本栏错填成含税单价，因“单价”栏错填而使购货方不能抵扣税款的情况时有发生。

（11）“金额”栏。本栏填写货物或应税劳务的销售额。企业应按不含税单价和数量相乘计算填写，计算公式为：

“金额”栏数字＝不含税单价×数量

使用防伪税控系统的企业，在发生销货退回或销售折让需要开具红字发票时，改为开具负数发票，在“金额”栏填写负数。

(12)“税率”栏。填写货物或应税劳务的适用税率。税务征收机关代小规模纳税人开具增值税专用发票，不论销售的是何种货物或应税劳务，本栏一律填写征收率，严禁填写17%或13%的税率；一般纳税人如选择简易征收办法计算缴纳增值税，应在增值税专用发票的“单价”、“金额”栏填写不含其本身应纳税额的金额，在“税率”栏填写征收率，在“税额”栏填写其本身应纳的税额。此种增值税专用发票可以作为扣税凭证。

(13)“税额”栏。本栏填写销售货物或者提供应税劳务的销项税额，其计算公式为：

销项税额＝销售额×税率

税务征收机关代小规模纳税人开具增值税专用发票，本栏填写小规模纳税人此笔业务的应纳税额，其计算公式为：

应纳税额＝销售额×征收率

“税额”栏的数字应按“金额”栏和“税率”栏的数字相乘计算填写。

在实际工作中，由于单价小数点后位数的取舍关系，有时用换算后的不含税单价计算出的销售额、税额之和与换算前的含税收入有一定的差别，尽管数额可能很小，但难以处理。

例如，某公司销售2台设备，含税单价为360元，含税收入应为720元。经换算，不含税单价为307.69元，销售额为615.38元，按这一销售额计算的税额为104.61元，这样销售额、税额之和为719.99元，与含税收入相差0.01元。在这种情况下，纳税人可以按以下公式计算有关项目：

销售额＝含税总收入÷(1＋税率或征收率)

税额＝含税总收入－销售额

不含税单价＝销售额÷数量

按照上述公式计算开具的增值税专用发票，如果票面“货物数量×不含税单价＝销售额”这一逻辑关系存在少量尾数误差，属于正常现象，按照规定可以作为购货方的扣税凭证。

(14)“合计”栏。本栏填写销售项目的销售额（金额）、税额各自的合计数。开具专用发票，必须在“金额”、“税额”栏合计数（小写）前用“¥”符号封顶，未封顶的专用发票将不得作为购货方的扣税凭证。由于不得超面额开具专用发票，因此销售额合计数不得超过专用发票规定的最高限额。例如，10万元版专用发票开具的销售额合计数不能超过十万位，万元版专用发票开具的销售额合计数不能超过万位。

(15)“价税合计”栏。本栏填写各项商品销售额（金额）与税额汇总数的大写金额。开具专用发票，必须在“价税合计（大写）”栏大写合计数前用“⊗”符号封顶。使用防伪税控系统的企业，在发生销货退回或销售折让需要开具红字发票时，改为开具负数发票，“价税合计（大写）”栏大写合计数前用“负数”字样封顶，未封顶的专用发票不得作为购货方的扣税凭证。

销货单位的“名称”、“地址、电话”、“纳税人识别号”、“开户行及账号”等栏的填写内容与购货单位的有关项目基本相同，但填写方式有所不同。纳税人领购专用发票（电脑版专用发票除外）时必须在专用发票一至三联（即发票联、抵扣联、记账联）的有关栏目中加盖专用发票销货单位栏戳记，经税务机关检验无误后方可使用。纳税人不得使用未加盖上述戳记或印迹不清晰的专用发票。专用发票销货单位栏戳记是指按专用发票销货单位栏的内容（包括销货单位名称、纳税人识别号、地址、电话号码、开户银行及账号等）和格式刻制的专用印章；用于加盖在专用发票销货单位栏内，全国统一使用蓝色印泥。纳税人开具专用发票（电脑版专用发票除外）不得手工填写销货单位栏，从 1995 年 11 月 1 日起，凡手工填写销货单位栏的（由税务机关代开的专用发票除外），属于未按规定开具专用发票，购货方不得将其作为扣税凭证。

（16）“备注”栏。本栏填写一些需要补充说明的事项。

（17）“收款人”栏。本栏填写办理收款事项人员的姓名。

（18）“销货单位”栏。加盖财务专用章或发票专用章。开具专用发票，应严格按照专用发票使用规定统一加盖单位财务专用章或发票专用章，不得加盖其他财务印章，如“现金收讫”章等，否则不得作为购货方的扣税凭证。这一规定与开具普通发票有一些差别，因为开具普通发票可以加盖其他财务印章。财务专用章或发票专用章加盖在专用发票的右下角，覆盖“销货单位”一栏，否则不得作为购货方的扣税凭证。

任务七　增值税的纳税申报

一、一般纳税人增值税的纳税申报

一般纳税人增值税的纳税申报表一般包含五张表格，包括一张主表和五张附表，主表和附表之间有一定的数据关联。如表 2—4～表 2—9 所示。

表 2—4　　增值税纳税申报表

（适用于一般纳税人）

根据《中华人民共和国增值税暂行条例》第二十二条和第二十三条的规定，纳税人不论有无销售额，均应按主管税务机关核定的纳税期限按期填报本表，并于次月一日起十五日内，向当地税务机关申报。

税款所属时间：自　　年　月　日至　　年　月　日

填表日期：　　年　月　日　　　　　　　　　　　　　　金额单位：元至角分

纳税人识别号																					所属行业：

纳税人名称	（公章）	法定代表人姓名		注册地址		生产经营地址	
开户银行及账号		登记注册类型			电话号码		

<table>
<tr><th colspan="2" rowspan="2">项目</th><th rowspan="2">行次</th><th colspan="2">一般货物及劳务</th><th colspan="2">即征即退货物及劳务</th></tr>
<tr><th>本月数</th><th>本年累计</th><th>本月数</th><th>本年累计</th></tr>
<tr><td rowspan="10">销售额</td><td>（一）按适用税率征税货物及劳务销售额</td><td>1</td><td></td><td></td><td></td><td></td></tr>
<tr><td>其中：应税货物销售额</td><td>2</td><td></td><td></td><td></td><td></td></tr>
<tr><td>应税劳务销售额</td><td>3</td><td></td><td></td><td></td><td></td></tr>
<tr><td>纳税检查调整的销售额</td><td>4</td><td></td><td></td><td></td><td></td></tr>
<tr><td>（二）按简易征收办法征税货物销售额</td><td>5</td><td></td><td></td><td></td><td></td></tr>
<tr><td>其中：纳税检查调整的销售额</td><td>6</td><td></td><td></td><td></td><td></td></tr>
<tr><td>（三）免、抵、退办法出口货物销售额</td><td>7</td><td></td><td></td><td></td><td></td></tr>
<tr><td>（四）免税货物及劳务销售额</td><td>8</td><td></td><td></td><td></td><td></td></tr>
<tr><td>其中：免税货物销售额</td><td>9</td><td></td><td></td><td></td><td></td></tr>
<tr><td>免税劳务销售额</td><td>10</td><td></td><td></td><td></td><td></td></tr>
<tr><td rowspan="14">税款计算</td><td>销项税额</td><td>11</td><td></td><td></td><td></td><td></td></tr>
<tr><td>进项税额</td><td>12</td><td></td><td></td><td></td><td></td></tr>
<tr><td>上期留抵税额</td><td>13</td><td></td><td></td><td></td><td></td></tr>
<tr><td>进项税额转出</td><td>14</td><td></td><td></td><td></td><td></td></tr>
<tr><td>免抵退货物应退税额</td><td>15</td><td></td><td></td><td></td><td></td></tr>
<tr><td>按适用税率计算的纳税检查应补缴税额</td><td>16</td><td></td><td></td><td></td><td></td></tr>
<tr><td>应抵扣税额合计</td><td>17＝12＋13－14－15＋16</td><td></td><td></td><td></td><td></td></tr>
<tr><td>实际抵扣税额</td><td>18（若17<11，则为17，否则为11）</td><td></td><td></td><td></td><td></td></tr>
<tr><td>应纳税额</td><td>19＝11－18</td><td></td><td></td><td></td><td></td></tr>
<tr><td>期末留抵税额</td><td>20＝17－18</td><td></td><td></td><td></td><td></td></tr>
<tr><td>按简易征收办法计算的应纳税额</td><td>21</td><td></td><td></td><td></td><td></td></tr>
<tr><td>其中：按简易征收办法计算的查补应纳税额</td><td>22</td><td></td><td></td><td></td><td></td></tr>
<tr><td>应纳税额减征额</td><td>23</td><td></td><td></td><td></td><td></td></tr>
<tr><td>应纳税额合计</td><td>24＝19＋21－23</td><td></td><td></td><td></td><td></td></tr>
</table>

税款缴纳	期初未缴税额（多缴为负数）	25				
	实收出口开具专用缴款书退税额	26				
	本期已缴税额	27＝28＋29＋30＋31				
	其中：分次预缴税额	28				
	出口开具专用缴款书预缴税额	29				
	本期缴纳上期应纳税额	30				
	本期缴纳欠缴税额	31				
	期末未缴税额（多缴为负数）	32＝24＋25＋26－27				
	其中：欠缴税额（≥0）	33				
	本期应补（退）税额	34＝24－28－29		—		
	即征即退实际退税额	35	—	—		
	期初未缴查补税额	36			—	—
	本期入库查补税额	37			—	—
	期末未缴查补税额	38＝16＋22＋36－37			—	—
授权声明	如果你已委托代理人申报，请填写下列资料： ______________为本纳税人的代理申报人，任何与本申报表有关的往来文件，都可寄予此人。 授权人签字：	申报人声明	此纳税申报表是根据《中华人民共和国增值税暂行条例》的规定填报的，我相信它是真实的、可靠的、完整的。 声明人签字：			

以下由税务机关填写：

收到日期：　　　　接收人：　　　　主管税务机关盖章：

《增值税纳税申报表（适用于一般纳税人）》填表说明如下：

本申报表适用于增值税一般纳税人填报。增值税一般纳税人销售按简易征收办法缴纳增值税的货物，也适用本表。

（1）本表“税款所属时间”是指纳税人申报的增值税应纳税额的所属时间，应填写具体的起止年、月、日。

（2）本表“填表日期”是指纳税人填写本表的具体日期。

(3) 本表“纳税人识别号”栏，填写税务机关为纳税人确定的识别号，即税务登记证号码。

(4) 本表“所属行业”栏，按照国家税务总局计划会计司统计报表的分类口径填写（可查阅《国民经济行业分类与代码》）。

(5) 本表“纳税人名称”栏，填写纳税人单位名称全称，不得填写简称，并加盖公章。

(6) 本表“法定代表人姓名”栏，填写纳税人法定代表人的姓名。

(7) 本表“注册地址”栏，填写纳税人税务登记证所注明的详细地址。

(8) 本表“生产经营地址”栏，填写纳税人营业地的详细地址。

(9) 本表“开户银行及账号”栏，填写纳税人开户银行的名称和纳税人在该银行的结算账户号码。

(10) 本表“登记注册类型”栏，按税务登记证填写。

(11) 本表“电话号码”栏，填写纳税人注册地和经营地的电话号码。

(12) 表中“一般货物及劳务”是指除享受即征即退的货物及劳务以外的其他货物及劳务。

(13) 表中“即征即退货物及劳务”是指纳税人按照税法规定享受即征即退税收优惠政策的货物及劳务。

(14) 本表第1行“(一) 按适用税率征税货物及劳务销售额”栏的数据，填写纳税人本期按适用税率缴纳增值税的应税货物和应税劳务的销售额（销货退回的销售额用负数表示）。包括在财务上不作销售但按税法规定应缴纳增值税的视同销售货物和价外费用销售额，外贸企业作价销售进料加工复出口的货物，税务、财政、审计部门检查按适用税率计算调整的销售额。“一般货物及劳务”的“本月数”栏数据与“即征即退货物及劳务”的“本月数”栏数据之和，应等于《附表一》第17行的“合计”中的“销售额”数。“本年累计”栏数据，应为年度内各月数之和。

(15) 本表第2行“应税货物销售额”栏的数据，填写纳税人本期按适用税率缴纳增值税的应税货物的销售额（销货退回的销售额用负数表示）。包括在财务上不作销售但按税法规定应缴纳增值税的视同销售货物和价外费用销售额，以及外贸企业作价销售进料加工复出口的货物。“本年累计”栏数据，应为年度内各月数据之和。

(16) 本表第3行“应税劳务销售额”栏的数据，填写纳税人本期按适用税率缴纳增值税的应税劳务的销售额。“本年累计”栏数据，应为年度内各月数据之和。

(17) 本表第4行“纳税检查调整的销售额”栏的数据，填写纳税人本期因税务、财政、审计部门检查并按适用税率计算调整的应税货物和应税劳务的销售额。但享受即征即退税收优惠政策的货物及劳务经税务稽查发现偷税的，不得填入“即征即退货物及劳务”栏，而应将本部分销售额在“一般货物及劳务”栏中反映。“本年累计”栏数据，应为年度内各月数据之和。

(18) 本表第5行“按简易征收办法征税货物销售额”栏的数据，填写纳税人本期按简易征收办法征收增值税货物的销售额（销货退回的销售额用负数表示）。包括税务、财政、审计部门检查并按简易征收办法计算调整的销售额。“本年累计”栏数据，应为年度内各月数据之和。

（19）本表第6行“其中：纳税检查调整的销售额”栏的数据，填写纳税人本期因税务、财政、审计部门检查并按简易征收办法计算调整的销售额，但享受即征即退税收优惠政策的货物及劳务经税务稽查发现偷税的，不得填入“即征即退货物及劳务”部分，而应将本部分销售额在“一般货物及劳务”栏中反映。“本年累计”栏数据，应为年度内各月数据之和。

（20）本表第7行“免、抵、退办法出口货物销售额”栏的数据，填写纳税人本期执行免、抵、退办法出口货物的销售额（销货退回的销售额用负数表示）。“本年累计”栏数据，应为年度内各月数据之和。

（21）本表第8行“免税货物及劳务销售额”栏的数据，填写纳税人本期按照税法规定直接免征增值税的货物及劳务的销售额及适用零税率的货物及劳务的销售额（销货退回的销售额用负数表示），但不包括适用免、抵、退办法出口货物的销售额。“本年累计”栏数据，应为年度内各月数据之和。

（22）本表第9行“免税货物销售额”栏的数据，填写纳税人本期按照税法规定直接免征增值税货物的销售额及适用零税率货物的销售额（销货退回的销售额用负数表示），但不包括适用免、抵、退办法出口货物的销售额。“本年累计”栏数据，应为年度内各月数据之和。

（23）本表第10行“免税劳务销售额”栏的数据，填写纳税人本期按照税法规定直接免征增值税劳务的销售额及适用零税率劳务的销售额（销货退回的销售额用负数表示）。“本年累计”栏数据，应为年度内各月数据之和。

（24）本表第11行“销项税额”栏的数据，填写纳税人本期按适用税率计征的销项税额。该数据应与“应交税费——应交增值税”明细科目贷方“销项税额”专栏本期发生数一致。“本年累计”栏数据，应为年度内各月数据之和。

（25）本表第12行“进项税额”栏的数据，填写纳税人本期申报抵扣的进项税额。该数据应与“应交税费——应交增值税”明细科目借方“进项税额”专栏本期发生数一致。“本年累计”栏数据，应为年度内各月数据之和。

（26）本表第13行“上期留抵税额”栏的数据，为纳税人前一申报期的“期末留抵税额”数，该数据应与“应交税费——应交增值税”明细科目借方月初余额一致。

（27）本表第14行“进项税额转出”栏的数据，填写纳税人已经抵扣但按税法规定应作进项税转出的进项税额总数，但不包括销售折扣、折让，销货退回等应用负数冲减当期进项税额的数额。该数据应与“应交税费——应交增值税”明细科目贷方“进项税额转出”专栏本期发生数一致。“本年累计”栏数据，应为年度内各月数据之和。

（28）本表第15行“免抵退货物应退税额”栏的数据，填写退税机关按照出口货物免、抵、退办法审批的应退税额。“本年累计”栏数据，应为年度内各月数据之和。

(29) 本表第16行"按适用税率计算的纳税检查应补缴税额"栏的数据，填写纳税人本期因税务、财政和审计部门检查按适用税率计算的纳税检查应补缴税额，应与税务处理决定书一致。"本年累计"栏数据，应为年度内各月数据之和。

(30) 本表第17行"应抵扣税额合计"栏的数据，填写纳税人本期应抵扣进项税额的合计数。

(31) 本表第18行"实际抵扣税额"栏的数据，填写纳税人本期实际应抵扣的税额合计数。"本年累计"栏数据，应为年度内各月数据之和。

(32) 本表第19行"应纳税额"栏的数据，填写纳税人本期按适用税率计算并应缴纳的增值税额。"本年累计"栏数据，应为年度内各月数据之和。

(33) 本表第20行"期末留抵税额"栏的数据，为纳税人在本期销项税额中尚未抵扣完，留待下期继续抵扣的进项税额。该数据应与"应交税费——应交增值税"明细科目借方月末余额一致。

(34) 本表第21行"按简易征收办法计算的应纳税额"栏的数据，填写纳税人本期按简易征收办法计算并应缴纳的增值税额，不包括按简易征收办法计算的查补应纳税额。但享受即征即退税收优惠政策的货物及劳务经税务稽查发现偷税的，不得填入"即征即退货物及劳务"部分，而应将本部分销售额在"一般货物及劳务"栏中反映。"本年累计"栏数据，应为年度内各月数据之和。

(35) 本表第22行"其中：按简易征收办法计算的查补应纳税额"栏的数据，填写纳税人本期因税务、财政、审计部门检查并按简易征收办法计算的查补应纳税额。但享受即征即退税收优惠政策的货物及劳务经税务稽查发现偷税的，不得填入"即征即退货物及劳务"部分，而应将本部分销售额在"一般货物及劳务"栏中反映。"本年累计"栏数据，应为年度内各月数据之和。

(36) 本表第23行"应纳税额减征额"栏的数据，填写纳税人本期按照税法规定减征的增值税应纳税额。"本年累计"栏数据，应为年度内各月数据之和。

(37) 本表第24行"应纳税额合计"栏的数据，填写纳税人本期应缴纳增值税的合计数。"本年累计"栏数据，应为年度内各月数据之和。

(38) 本表第25行"期初未缴税额（多缴为负数）"栏的数据，为纳税人前一申报期的"期末未缴税额（多缴为负数）"。该数据应与"应交税费——未交增值税"明细科目贷方期初余额一致，如为多缴，该数据应与"应交税费——未交增值税"明细科目借方期初余额一致。"本年累计"栏数据应填写纳税人上年度末的"期末未缴税额（多缴为负数）"数据。

(39) 本表第26行"实收出口开具专用缴款书退税额"栏的数据，填写纳税人本期实际收到税务机关退回的，因开具《出口货物税收专用缴款书》而多缴的增值税款。该数据应根据"应交税费——未交增值税"明细科目贷方本期发生额中"收到税务机关退回的多缴增值税款"数据填列。"本年累计"栏数据，为年度内各月数据之和。

(40) 本表第27行"本期已缴税额"栏的数据，是指纳税人本期实际缴纳的全部增值税额。"本年累计"栏数据，为年度内各月数据之和。

(41) 本表第 28 行“分次预缴税额”栏的数据，填写纳税人本期分次预缴的增值税额。

(42) 本表第 29 行“出口开具专用缴款书预缴税额”栏的数据，填写纳税人本期销售出口货物而开具专用缴款书向主管税务机关预缴的增值税额。

(43) 本表第 30 行“本期缴纳上期应纳税额”栏的数据，填写纳税人本期上缴上期应缴未缴的增值税款，包括缴纳上期按简易征收办法计提的应缴未缴的增值税额。“本年累计”栏数据，为年度内各月数据之和，未缴纳的部分转入本表第 33 行“欠缴税额”栏。

(44) 本表第 31 行“本期缴纳欠缴税额”栏的数据，填写纳税人本期实际缴纳的增值税欠税额，不包括缴纳查补入库的增值税额。“本年累计”栏数据，为年度内各月数据之和。

(45) 本表第 32 行“期末未缴税额（多缴为负数）”栏的数据，为纳税人本期应缴未缴的增值税额。该数据应与“应交税费——未交增值税”明细科目贷方期末余额一致，如为多缴，该数据应与“应交税费——未交增值税”明细科目借方期末余额一致。“本年累计”栏与“本月数”栏数据相同。

(46) 本表第 33 行“其中：欠缴税额（≥0）”栏的数据，为纳税人按照税法规定已形成欠税的数额。目前暂按上期“欠缴税额”减本期 31 行加上“本期应补（退）税额”的尚未入库部分。

(47) 本表第 34 行“本期应补（退）税额”栏的数据，为纳税人本期应纳税额中应补缴或应退回的数额。

(48) 本表第 35 行“即征即退实际退税额”栏的数据，填写纳税人本期因符合增值税即征即退优惠政策的规定，而实际收到的税务机关返还的增值税额。“本年累计”栏数据，为年度内各月数据之和。

(49) 本表第 36 行“期初未缴查补税额”栏的数据，为纳税人前一申报期的“期末未缴查补税额”。

(50) 本表第 37 行“本期入库查补税额”栏的数据，填写纳税人本期因税务、财政、审计部门检查而实际入库的增值税款，包括：按适用税率计算并实际缴纳的查补增值税款；按简易征收办法计算并实际缴纳的查补增值税款。“本年累计”栏数据，为年度内各月数据之和。

(51) 本表第 38 行“期末未缴查补税额”栏的数据，填写纳税人因税务、财政、审计部门检查应缴而未缴的增值税款。

表 2—5

增值税纳税申报表附列资料（一）

（本期销售情况明细）

税款所属时间：　　年　月　日至　　年　月　日

纳税人名称：（公章）　　　　金额单位：元至角分

项目及栏次				开具税控增值税专用发票		开具其他发票		未开具发票		纳税检查调整		合计			应税服务扣除项目本期实际扣除金额	扣除后	
				销售额	销项（应纳）税额	销售额	销项（应纳）税额	销售额	销项（应纳）税额	销售额	销项（应纳）税额	销售额	销项（应纳）税额	价税合计		含税（免税）销售额	销项（应纳）税额
				1	2	3	4	5	6	7	8	9=1+3+5+7	10=2+4+6+8	11＝9＋10	12	13＝11－12	14＝13÷(100%＋税率或征收率)×税率或征收率
一、一般计税方法征税	全部征税项目	17%税率的货物及加工、修理修配劳务	1											—	—	—	—
		17%税率的有形动产租赁服务	2											—	—	—	—
		13%税率	3											—	—	—	—
		11%税率	4														
		6%税率	5														
	其中：即征即退项目	即征即退货物及加工、修理修配劳务	6	—	—	—	—	—	—	—	—			—	—	—	—
		即征即退应税服务	7	—	—	—	—	—	—	—	—						

续前表

项目及栏次				开具税控增值税专用发票		开具其他发票		未开具发票		纳税检查调整		合计			应税服务扣除项目本期实际扣除金额	扣除后	
				销售额	销项(应纳)税额	销售额	销项(应纳)税额	销售额	销项(应纳)税额	销售额	销项(应纳)税额	销售额	销项(应纳)税额	价税合计		含税(免税)销售额	销项(应纳)税额
				1	2	3	4	5	6	7	8	9=1+3+5+7	10=2+4+6+8	11=9+10	12	13=11－12	14=13÷(100%+税率或征收率)×税率或征收率
二、简易计税方法征税	全部征税项目	6%征收率	8							—	—			—	—	—	—
		5%征收率	9							—	—			—	—	—	—
		4%征收率	10							—	—			—	—	—	—
		3%征收率的货物及加工、修理修配劳务	11							—	—			—	—	—	—
		3%征收率的应税服务	12							—	—						
	其中：即征即退项目	即征即退货物及加工、修理修配劳务	13	—	—	—	—	—	—	—	—			—	—	—	—
		即征即退应税服务	14	—	—	—	—	—	—	—	—						
三、免抵退税	货物及加工、修理修配劳务		15	—	—		—		—	—	—		—	—	—	—	—
	应税服务		16	—	—		—		—	—	—		—				—
四、免税	货物及加工、修理修配劳务		17				—		—	—	—		—	—	—	—	—
	应税服务		18	—	—		—		—	—	—		—				—

表 2—6　　　　增值税纳税申报表附列资料（二）

（本期进项税额明细）

税款所属时间：　　年　月　日至　　年　月　日

纳税人名称：（公章）　　　　　　　　　　　　　　　　金额单位：元至角分

一、申报抵扣的进项税额				
项目	栏次	份数	金额	税额
（一）认证相符的税控增值税专用发票	1＝2＋3			
其中：本期认证相符且本期申报抵扣	2			
前期认证相符且本期申报抵扣	3			
（二）其他扣税凭证	4＝5＋6＋7＋8			
其中：海关进口增值税专用缴款书	5			
农产品收购发票或者销售发票	6			
代扣代缴税收通用缴款书	7	—		
运输费用结算单据	8			
	9	—	—	
	10	—	—	—
（三）外贸企业进项税额抵扣证明	11	—	—	
当期申报抵扣进项税额合计	12＝1＋4＋11			
二、进项税额转出额				
项目	栏次	税额		
本期进项税转出额	13＝14 至 23 之和			
其中：免税项目用	14			
非应税项目用、集体福利、个人消费	15			
非正常损失	16			
简易计税方法征税项目用	17			
免抵退税办法不得抵扣的进项税额	18			
纳税检查调减进项税额	19			
红字专用发票通知单注明的进项税额	20			
上期留抵税额抵减欠税	21			
上期留抵税额退税	22			
其他应作进项税额转出的情形	23			
三、待抵扣进项税额				
项目	栏次	份数	金额	税额
（一）认证相符的税控增值税专用发票	24	—	—	—
期初已认证相符但未申报抵扣	25	—	—	—
本期认证相符且本期未申报抵扣	26	—	—	—
期末已认证相符但未申报抵扣	27			
其中：按照税法规定不允许抵扣	28	—	—	—
（二）其他扣税凭证	29＝30 至 33 之和			
其中：海关进口增值税专用缴款书	30			
农产品收购发票或者销售发票	31			
代扣代缴税收通用缴款书	32		—	

运输费用结算单据	33			
	34			
四、其他				
项目	栏次	份数	金额	税额
本期认证相符的税控增值税专用发票	35			
代扣代缴税额	36	—	—	

表 2—7 **增值税纳税申报表附列资料（三）**

（应税服务扣除项目明细）

税款所属时间： 年 月 日至 年 月 日

纳税人名称：（公章） 金额单位：元至角分

项目及栏次	本期应税服务价税合计额（免税销售额）	应税服务扣除项目				
		期初余额	本期发生额	本期应扣除金额	本期实际扣除金额	期末余额
	1	2	3	4=2+3	5（5≤1 且 5≤4）	6=4−5
17%税率的有形动产租赁服务						
11%税率的应税服务						
6%税率的应税服务						
3%征收率的应税服务						
免抵退税的应税服务						
免税的应税服务						

表 2—8 **固定资产进项税额抵扣情况表（四）**

纳税人名称：（公章） 填表日期： 年 月 日 金额单位：元至角分

项目	当期申报抵扣的固定资产进项税额	当期申报抵扣的固定资产进项税额累计
增值税专用发票		
海关进口增值税专用缴款书		
合计		

表 2—9 **部分产品销售统计表**

税款所属期： 年 月 日至 年 月 日

纳税人名称（公章）： 纳税人识别号：□□□□□□□□□□□□□□□□□□□□

填表日期： 年 月 日 金额单位：元（列至角分）

项目 产品名称	栏次	销售数量	销售额
一、轮 胎	1=2+3		
其中：子午线轮胎	2		
斜交轮胎	3		

二、酒　精	4＝5＋6＋7		
其中：用于乙醇汽油的酒精	5		
食用酒精	6		
其他酒精	7		
三、摩托车（排量＜250 毫升）	8		

二、小规模纳税人增值税的纳税申报

小规模纳税人增值税的纳税申报表比较简单，填制一张主表即可，不同的省份可能会要求纳税人根据不同的情况填制相关附表。小规模纳税人增值税纳税申报主表见表 2—10。

表 2—10　　**增值税纳税申报表**

（适用小规模纳税人）

纳税人识别号：

纳税人名称（公章）：　　　　金额单位：元（列至角分）

税款所属期：　　年　月　日至　　年　月　日　　　　填表日期：　　年　月　日

	项目	栏次	本期数		本年累计	
			应税货物及劳务	应税服务	应税货物及劳务	应税服务
一、计税依据	（一）应征增值税不含税销售额	1				
	税务机关代开的增值税专用发票不含税销售额	2				
	税控器具开具的普通发票不含税销售额	3				
	（二）销售使用过的应税固定资产不含税销售额	4（4≥5）		—		—
	其中：税控器具开具的普通发票不含税销售额	5		—		—
	（三）免税销售额	6（6≥7）				
	其中：税控器具开具的普通发票销售额	7				
	（四）出口免税销售额	8（8≥9）				
	其中：税控器具开具的普通发票销售额	9				

<table>
<tr><td rowspan="9">二、税款计算</td><td rowspan="2">项目</td><td rowspan="2">栏次</td><td colspan="2">本期数</td><td colspan="2">本年累计</td></tr>
<tr><td>应税货物及劳务</td><td>应税服务</td><td>应税货物及劳务</td><td>应税服务</td></tr>
<tr><td>本期应纳税额</td><td>10</td><td></td><td></td><td></td><td></td></tr>
<tr><td>本期应纳税额减征额</td><td>11</td><td></td><td></td><td></td><td></td></tr>
<tr><td>应纳税额合计</td><td>12=10−11</td><td></td><td></td><td></td><td></td></tr>
<tr><td>本期预缴税额</td><td>13</td><td></td><td></td><td>—</td><td>—</td></tr>
<tr><td>本期应补（退）税额</td><td>14=12−13</td><td></td><td></td><td>—</td><td>—</td></tr>
<tr><td></td><td></td><td></td><td></td><td></td><td></td></tr>
</table>

<table>
<tr><td rowspan="4">纳税人或代理人声明：
此纳税申报表是根据国家税收法律的规定填报的，我确定它是真实的、可靠的、完整的。</td><td>如纳税人填报，由纳税人填写以下各栏：</td></tr>
<tr><td>办税人员（签章）：　　　　财务负责人（签章）：
法定代表人（签章）：　　　　联系电话：</td></tr>
<tr><td>如委托代理人填报，由代理人填写以下各栏：</td></tr>
<tr><td>代理人名称：　　　　经办人（签章）：
代理人（公章）：联系电话：</td></tr>
</table>

受理人：　　　　受理日期：　　年　月　日　　　　受理税务机关（签章）：

本表为A3竖式，一式三份，一份纳税人留存、一份主管税务机关留存、一份征收部门留存。

本申报表适用于增值税小规模纳税人填报。纳税人销售使用过的应税固定资产、销售旧货、销售免税货物、提供免税劳务、提供免税服务的，也使用本表。本表“应税货物及劳务”与“应税服务”各项目应分别填写，不得合并计算。

应税服务有扣除项目的纳税人，应填报本表附列资料（略）。

应税服务扣除项目是指根据国家有关营业税改征增值税的税收政策的规定，对纳税人按照国家有关营业税政策规定的差额征收营业税的，在计算应税服务销售额时，允许从其取得的全部价款和价外费用中扣除的项目。

具体项目填写说明：

（1）本表“税款所属期”是指纳税人申报的增值税应纳税额的所属时间，应填写具体的起止年、月、日。

（2）本表“纳税人识别号”栏，填写税务机关为纳税人确定的识别号，即税务登记证号码。

(3) 本表“纳税人名称”栏，填写纳税人单位名称全称，不得填写简称。

(4) 本表第1项“应征增值税不含税销售额”栏数据，填写应征增值税的货物及劳务、服务的不含税销售额，不包含销售使用过的应税固定资产和销售旧货的不含税销售额、免税货物及劳务、服务销售额、出口免税货物、服务销售额、稽查查补销售额。

对应税服务有扣除项目的纳税人，本栏数据为减除应税服务扣除额后，计算的不含税销售额。

(5) 本表第2项“税务机关代开的增值税专用发票不含税销售额”栏数据，填写税务机关代开的增值税专用发票的销售额合计数。

对发生应税服务扣除项目，并向税务机关申请全额代开增值税专用发票的纳税人，本栏应填写税务机关全额代开的增值税专用发票的销售额合计。

(6) 本表第3项“税控器具开具的普通发票不含税销售额”栏数据，填写税控器具开具的应征增值税的货物及劳务、服务的普通发票金额换算的不含税销售额。

对发生应税服务扣除项目，并全额开具普通发票的纳税人，本栏应填写税控器具全额开具的应税服务的普通发票金额换算的不含税销售额。

(7) 本表第4项“销售使用过的应税固定资产不含税销售额”栏数据，填写销售使用过的、固定资产目录中所列的固定资产（不动产除外）和销售旧货的不含税销售额，销售额＝含税销售额÷(1＋3%)。

(8) 本表第5项“其中：税控器具开具的普通发票不含税销售额”栏数据，填写税控器具开具的销售使用过的应税固定资产（不动产除外）和销售旧货的普通发票金额换算的不含税销售额。

(9) 本表第6项“免税销售额”栏数据，填写销售免征增值税货物及劳务、服务的销售额。对发生应税服务扣除项目的纳税人，本栏应填写销售额合计数。

(10) 本表第7项“其中：税控器具开具的普通发票销售额”栏数据，填写税控器具开具的销售免征增值税货物及劳务、服务的普通发票金额。对发生应税服务扣除项目，并全额开具普通发票的纳税人，本栏应填写税控器具全额开具的免税服务的普通发票金额。

(11) 本表第8项“出口免税销售额”栏数据，填写出口免税货物、服务的销售额。对发生应税服务扣除项目的纳税人，本栏应填写销售额合计数。

(12) 本表第9项“其中：税控器具开具的普通发票销售额”栏数据，填写税控器具廾具的出口免税货物、服务的普通发票金额。对发生应税服务扣除项目，并全额开具普通发票的纳税人，本栏应填写税控器具全额开具的出口免税服务的普通发票金额。

(13) 本表第10项“本期应纳税额”栏数据，填写本期按征收率计算缴纳的应纳税额。

(14) 本表第11项“本期应纳税额减征额”栏数据，填写根据相关的增值税优惠政策计算的应纳税额减征额。

(15) 本表第13项“本期预缴税额”栏数据，填写纳税人本期预缴的增值税额，但不包括稽查补缴的应纳增值税额。

想一想： 一般纳税人与小规模纳税人增值税的纳税申报表有哪些区别和联系？

知识拓展

生产型增值税退出历史舞台

增值税的概念最早由德国的西蒙士于1921年正式提出，1948年初步形成于法国，1954年在法国正式成形。增值税由于其良好的税收中性特点受到了其他国家的青睐，并迅速地在全世界范围内被许多国家广泛采用。增值税的产生缘于要解决生产专业化过程中的重复课税问题，正因为这一点，增值税制度迅速在全球推行，目前已有近140个国家和地区引入了这一税种。根据对外购固定资产所含税金扣除方式的不同，增值税分为生产型、收入型和消费型三种。历经几十年的发展，在现今国际实践中，采用消费型增值税的国家占统治地位，采用收入型的国家已经很少，而采用生产型增值税的国家更为有限。

1984年，我国引进增值税，在试行时选择了生产型增值税，主要原因是我国增值税是从原产品税变化而来，而产品税的基本特性是价内税，税率差异较大。

为了稳步推进财税体制改革，1994年税制改革时，没有改变增值税税制的类型，由此确定了增值税在流转税中的主体地位，确定了增值税在组织财政收入中的重要功能，也确定了增值税作为基础杠杆对国民经济的调节作用。1994年，增值税被确定为流转税的主体税种后，当年国内增值税收入达到2 308.34亿元，从此成为第一大税种，此后每年都有新的跨越，2007年，国内增值税达到15 470.23亿元。

2003年，“增值税由生产型改为消费型，将设备投资纳入增值税抵扣范围”被第一次写入党的文件。至此，增值税转型改革开始启动。自2004年7月1日起，在东北地区实行增值税转型试点。这项工作既是中央为振兴东北老工业基地采取的重大措施，也是为今后全国实施增值税转型改革积累经验。

2007年5月，为了促进中部地区崛起，国家又将试点范围扩大到了中部6省的26个老工业基地城市的电力业、采掘业等八大行业。至2007年年底，东北和中部转型试点地区新增设备进项税额总计244亿元，累计抵减欠缴增值税额和退给企业增值税额186亿元。

2012年7月、8月，内蒙古东部5个市（盟）和汶川地震受灾严重地区先后被纳入增值税转型改革试点范围。11月10日，国务院常务会议确定扩大内需促经济增长的十项措施时，提出“在全国所有地区、所有行业全面实施增值税转型改革，鼓励企业技术改造，减轻企业负担1 200亿元”的措施。

2009年1月1日起，我国全面实行消费型增值税，这意味着历经24年的生产型增值税将退出历史舞台，主宰税收重心的，将是更为完善、对经济的贡献必将发挥更大作用的消费型增值税。

消费型增值税真正实现中性原则，避免税收对经济运行产生不应有的扭曲，真正实现了纳税人税收负担的公平。增值税转型是我国税制改革过程中的一项重大举措，改革的成效直接影响国家宏观经济的运行和各级财政部门的可支配财力，它既是一个制度完善的过程，也是一个国家运用税收手段调控技术成熟的过程。

项目小结

增值税是流转税的主体税种，具有避免重复征税、稳定国家财政收入、有利于发展对外贸易等作用。2009 年 1 月 1 日，我们国家全面实行消费型增值税，是我国税制改革的一项重要举措。通过学习本项目，需要掌握增值税的定义、范围、一般纳税人与小规模纳税人的区别、税率和征收率、应纳税额的计算、税收优惠和纳税征管等内容。

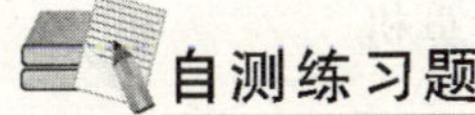

自测练习题

一、单项选择题（在备选答案中只有一个是正确的，将其选出并把它的标号写在题干的括号内）

1. 2008 年 11 月 10 日，国务院修订了《中华人民共和国增值税暂行条例》，该条例的实施时间为（　　）。

A. 条例公布之日开始　　B. 2009 年月 1 日 1 日起

C. 分地区规定不同的起始时间　　D. 以上都不对

2. 我国的增值税转型改革是指（　　）。

A. 生产型增值税转变为消费型增值税

B. 消费型增值税转变为生产型增值税

C. 生产型增值税转变为收入型增值税

D. 收入型增值税转变为消费型增值税

3. “营改增”试点中提供有形动产租赁服务适用（　　）的税率。

A. 6%　　B. 11%　　C. 13%　　D. 17%

4. 根据增值税法律制度的规定，下列各项中，无须缴纳增值税的是（　　）。

A. 自来水公司销售自来水　　B. 购买生产所需的原材料

C. 邮局发行的报刊　　D. 汽车修理费

5. 下列选项中，专门用于结算销售货物和提供劳务、修理修配劳务使用的发票的是（　　）。

A. 专用发票　　B. 工业企业销售产品统一发票

C. 专业发票　　D. 增值税专用发票

6. 下列税种中，主要由国税局负责征收，但属于中央与地方共享的税种是(　　)。

A. 增值税　　B. 消费税

C. 营业税　　D. 城市维护建设税

7. 增值税一般纳税人购入免税农产品，按买价乘以一定的扣除税率计算进项税额进行抵扣。该扣除税率为（　　）。

A. 17% B. 7% C. 13% D. 10%

8. “营改增”试点中涉及的提供部分现代服务业的服务（有形动产租赁服务除外）适用（　　）的税率。

A. 13% B. 17% C. 7% D. 6%

9. 销项税额的计算公式为（　　）。

A. 销项税额＝销售额(不含税)×适用税率

B. 销项税额＝应纳税额×适用税率

C. 销项税额＝销售额(含税)×适用税率

D. 销项税额＝销售额(含税)/(1＋适用税率)

10. 增值税纳税人销售或进口下列货物，适用13%低税率的有（　　）。

A. 古旧图书 B. 手表 C. 粮食 D. 计算机

11. 小规模纳税人按（　　）税率实行简易征收办法。

A. 3% B. 7% C. 17% D. 6%

12. 下列选项中，属于视同销售货物，应征收增值税的是（　　）。

A. 某企业将外购的洗衣粉用于个人消费

B. 某批发商将外购的部分饮料用于集体福利

C. 某企业将外购的水泥用于不动产的基建工程

D. 某商店为服装厂代销儿童服装

13. 下列关于增值税小规模纳税人的表述中，正确的有（　　）。

A. 实行简易征收办法

B. 不得自行开具增值税专用发票或申请代开增值税专用发票

C. 可以抵扣进项税额

D. 一经认定为小规模纳税人，不得再转为一般纳税人

14. 增值税一般纳税人销售自产下列货物，不可选择按照简易办法依照6%的征收率计算缴纳增值税的有（　　）。

A. 用购买来的石料生产石灰 B. 用动物的毒素制成的生物制品

C. 以水泥为原料生产的水泥混凝土 D. 县级以下小型水力发电站生产电力

15. “营改增”试点中提供交通运输业的服务适用（　　）的税率。

A. 13% B. 11% C. 6% D. 3%

16. 小规模纳税人的增值税征收率为（　　）。

A. 7% B. 17% C. 6% D. 3%

17. 在中华人民共和国境内销售货物或者提供加工、修理修配劳务以及进口货物的（　　），为增值税的纳税义务人。

A. 单位和个人 B. 社团组织和单位

C. 企业和单位 D. 社团组织和个人

18. 小规模纳税人的标准由（　　）规定。

A. 国务院 B. 财政部

C. 省级国家税务局 D. 国家税务总局

19. 纳税人采用以旧换新方式销售金银首饰，可按（　　）计算增值税和消费税。

A. 当前市场价格　　B. 旧首饰折价

C. 旧差价直接计算

D. 实际收取新首饰的不含增值税的全部价款

20. 增值税是以商品生产流通和应税劳务各个环节所创造的（　　）为征税对象的一种税。

A. 销售额　　B. 经营额　　C. 增值额　　D. 利润

21. 我国《增值税暂行条例》中规定的价外费用应包括（　　）。

A. 向购买方收取的销项税额

B. 受托加工应税消费品所代收代缴的消费税

C. 同时符合以下条件的代垫运费：承运部门的运费发票，开具给购货方的；纳税人将该发票转交给购货方的

D. 向购买方收取的返还利润

22. 某小规模纳税人某月生产销售小五金取得含税收入 5 150 元，其当期应纳增值税额为（　　）元。

A. 150　　B. 152　　C. 125　　D. 145

23. 增值税小规模纳税人为生产产品而外购的原材料所含增值税（　　）。

A. 按 17%抵扣进项税额　　B. 按 13%抵扣进项税额

C. 按 6%抵扣进项税额　　D. 不允许抵扣进项税额

24. 某商场实行还本方式销售家具，家具现售价 51 200 元（不含税），5 年后还本，则该商场增值税的计税销售额是（　　）元。

A. 51 200　　B. 51 200/5　　C. 5 120　　D. 不征税

25. 某商场（增值税一般纳税人）采取以旧换新方式销售笔记本电脑，每台含税售价为 4 500 元，本月售出笔记本电脑 150 台，共收回 150 台旧笔记本电脑，每台旧笔记本电脑折价 200 元，该业务应纳增值税额为（　　）元。

A. 45 826.78　　B. 34 687.12　　C. 98 076.92　　D. 43 215.06

26. 2013 年 12 月，某企业（增值税一般纳税人）销售集成电路产品取得不含税销售收入 500 000 元，当月允许抵扣的进项税额为 17 000 元，该企业本月应纳增值税额为（　　）元。

A. 68 000　　B. 45 000　　C. 32 500　　D. 48 000

27. 自 2004 年 7 月 1 日起，国家在某工业基地试行消费型增值税，下列选项不符合其政策规定的是（　　）。

A. 外购的不动产可以抵扣

B. 为固定资产支付的运费可以抵扣

C. 购进固定资产允许抵扣

D. 用于矿井建设的材料、设备可以抵扣

28. 我国《增值税暂行条例》中所称货物，是指有形动产，不包括（　　）在内。

A. 电力　　B. 热力　　C. 气体　　D. 动力

29. 在我国，下列选项不属于增值税征税范围的有（　　）。

A. 销售货物　　B. 提供加工、修理修配

C. 进口货物　　D. 出口货物

30. 下列适用17%税率计征增值税的应税项目是（　　）。

A. 粮食　　B. 食用植物油　　C. 大米　　D. 化妆品

二、多项选择题（在备选答案中有2～5个是正确的，将其全部选出并把它的标号写在题干的括号内）

1. 下列属于领购增值税专用发票所需证件的是（　　）。

A. 营业执照

B. 盖有增值税一般纳税人专用章的税务登记证（副本）

C. 经办人的身份证明

D. 发票专用章印模

2. 根据现行增值税法律制度的规定，增值税的征税范围包括（　　）（不考虑“营改增”）。

A. 销售货物　　B. 提供加工、修理修配劳务

C. 进口货物　　D. 提供交通运输劳务

3. 下列选项中，不可以领购及使用增值税专用发票的是（　　）。

A. 增值税小规模纳税人　　B. 增值税一般纳税人

C. 法定情形的一般纳税人　　D. 营业税的纳税人

4. 增值税一般纳税人取得的增值税专用发票，不可以作为认证抵扣凭证的是（　　）。

A. 仅取得发票联或抵扣联　　B. 认证不符，密文有误的

C. 虚开发票额的发票　　D. 经税务机关认证相符的

5. 一般纳税人增值税应纳税额的计算公式有（　　）。

A. 应纳税额＝当期销项税额－当期进项税额

B. 应纳税额＝当期销售额×增值税税率－当期进项税额

C. 应纳税额＝当期销售额×增值税税率

D. 应纳税额＝含税销售额/(1＋征收额)

6. 按照对购入固定资产已纳税款的处理方式不同，可以将增值税分为（　　）。

A. 生产型增值税　　B. 收入型增值税

C. 消费型增值税　　D. 普通型增值税

7. 增值税纳税人分为（　　）。

A. 消费税的纳税人　　B. 一般纳税人

C. 小规模纳税人　　D. 个体经营户

8. 下列选项中，在增值税法中被视同为销售货物，均要征收增值税的是（　　）。

A. 将货物交由他人代销

B. 将货物从一地移送至另一地（同一县市除外）

C. 将自产、委托加工或购买的货物分配给股东或投资者

D. 将自产、委托加工或购买的货物无偿赠送他人

9. 依据增值税的有关规定，下列行为不属于增值税征收范围的是（　　）。

A. 饭店提供现场消费的餐饮服务

B. 房地产开发公司销售房屋

C. 供电局销售电力产品

D. 房屋中介公司提供中介服务

10. 属于流转税的税种主要包括（　　）。

A. 消费税　　B. 增值税　　C. 营业税　　D. 关税

11. 下列选项中，纳税义务发生时间正确的是（　　）。

A. 采取赊销方式销售货物的，为货物发出的当天

B. 采取预收货款方式销售货物的，为货物发出的当天

C. 采取分期收款方式销售货物的，为按合同约定的收款日期的当天

D. 采取直接收款方式销售货物的，为收到销售款或取得索取销售款的凭据，并将提货单交给买方的当天

12. 下列行为属于视同销售货物的是（　　）。

A. 将自产的货物无偿赠送他人

B. 将委托加工的货物无偿赠送他人

C. 以自产的货物换取他人的货物

D. 将购买的货物无偿赠送他人

13. 在以下单位或者个人中，属于增值税纳税人的是（　　）。

A. 进口固定资产设备的企业　　B. 销售商品房的公司

C. 商业零售企业　　D. 生产销售煤炭的矿厂

14. 在我国，属于增值税征税范围的有（　　）。

A. 销售货物　　B. 提供加工、修理修配劳务

C. 进口货物　　D. 出口货物

15. 我国《增值税暂行条例》中所称的农业包括（　　）。

A. 种植业　　B. 养殖业　　C. 牧业　　D. 林业

16. 适用17%增值税税率的货物有（　　）。

A. 农机　　B. 水泥　　C. 农用汽车　　D. 图书

17. 适用13%增值税税率的货物有（　　）。

A. 自来水　　B. 暖气　　C. 饲料　　D. 汽车修理配件

18. 纳税人向购买方收取的价外费用包括（　　）。

A. 收取的手续费　　B. 收取的违约金

C. 收取的运输装卸费　　D. 收取的销项税额

19. 下列关于增值税纳税义务发生时间的叙述中，正确的是（　　）。

A. 以货抵债，为货物移送的当天

B. 采用赊销和分期收款方式销售货物，为按合同约定的收款日期的当天

C. 采用预收货款方式销售货物，为预收货款的当天

D. 直接收款销售货物，为发出货物的当天

20. 我国《增值税暂行条例》中规定视同销售货物的行为有（　　），将自产、委托加工或购买的货物无偿赠送他人等。

A. 将货物交付他人代销

B. 销售代销货物

C. 将自产或委托加工的货物用于非应税项目

D. 将自产或委托加工的货物用于应税项目

三、名词解释题

1. 一般纳税人
2. 增值税
3. 生产型增值税
4. 商业折扣
5. 还本方式销售

四、判断题（请在题后的括号内正确的画“√”，错误的画“×”）

1. 增值税税率是比率税率。（　　）

2. 小规模纳税人销售货物或者提供应税劳务，实行按照销售额和征收率计算应纳税额的简易办法，并可以抵扣进项税额。（　　）

3. 还本方式销售是指纳税人在销售货物后，到一定期限由销售方一次或分次退还给购货方全部或部分价款。（　　）

4. 以旧换新销售是指纳税人在销售货物时，无偿向购买方回收旧货物的行为。（　　）

5. 销售额和折扣额在同一张发票上分别注明的，可按折扣后的销售额征收增值税。（　　）

6. 按照增值税纳税人的生产经营规模及财务核算健全程度，增值税的纳税人可分为一般纳税人和小规模纳税人。（　　）

7. 增值税一般纳税人将委托加工的货物无偿捐赠他人，应征收增值税。（　　）

8. 我国的增值税采用累进税率。（　　）

9. 小规模纳税人的增值税征收率为6%。（　　）

10. 增值税应纳税额＝当期销项税额－当期进项税额。（　　）

11. 采取直接收款方式销售货物的，不论货物是否发出，均为收到销售款或者取得索取销售款凭据的当天。（　　）

12. 采取托收承付和委托银行收款方式销售货物的，为发出货物的当天。（　　）

13. 税法规定，纳税人采取以旧换新方式销售货物的，应按新货物的同期销售价格减去旧货物的收购价格来确定销售额。（　　）

14. 一般纳税人销售自己使用过的固定资产，按简易征收办法依4%的征收率征

收增值税。（ ）

15. 小规模纳税人销售自己使用过的固定资产，减按 2%的征收率征收增值税。（ ）

五、简答题

1. 简述一般纳税人和小规模纳税人的区别。

2. 简述销售额和销项税额的区别。

3. 我国对一般纳税人采用的计税方法是国际上通行的购进扣税法，请写出具体计算步骤。

4. 有哪八种行为在增值税法中被视同销售货物，均要征收增值税？

5. 价外费用包括哪些内容？

6. 准予抵扣的进项税额有哪些？

六、论述题

1. 论述视同销售时无销售额的处理。

2. 论述增值税的纳税地点。

七、计算题

1. 某企业向消费者销售笔记本电脑，某月销售 100 台，每台含税销售额为 5 850 元，适用的增值税税率为 17%。

要求：计算该企业该月的销售额和销项税额。

2. 某个体户开设一家维修店，修理摩托车、电动车并销售零件，12 月份的收入额为 50 880 元（含税）。

要求：计算该个体户本月应缴纳的增值税额。

3. 某小商店为增值税小规模纳税人，2013 年 8 月份取得销售收入总额为 46 350 元。

要求：计算该商店 2013 年 8 月份应缴纳的增值税额。

4. 明光企业为增值税一般纳税人，2014 年 5 月发生以下经济业务：

（1）外购原材料一批，全部价款已支付，材料已验收入库，对方开具的增值税专用发票上注明的货款（不含税）为 400 万元，运输单位开具的货物运输业增值税专用发票金额为 2 万元。

（2）企业外购建筑材料一批，用于装修公司办公楼，取得增值税专用发票上注明的货款为 10 万元。已办理验收入库手续。

（3）企业销售一批产品，取得销售款（含税）936 万元，增值税专用发票已开具。

要求：（1）计算该企业 5 月份的增值税进项税额。

（2）计算该企业 5 月份的增值税销项税额。

（3）计算该企业 5 月份应缴纳的增值税额。

项目三　消费税

项目综述

增值税体现普遍征收的特点，而消费税是仅对于特定的项目征收的一种流转税，主要是为了调节产品结构、引导消费方向，对不可再生资源、奢侈品等特别征收的一种税。哪些算是消费品或特定的消费行为？如何计算消费税？如何进行消费税的纳税申报？这些都是本项目将要学习的重点。

关键概念

消费税　　税目　　从价定率征收　　从量定额征收　　从价从量复合征收

本项目重点与难点提示

本项目阐述了消费税的基本理论。学习本项目，要求着重理解什么是消费税，掌握消费税的征税范围、税目、税率、从价定率计征、从量定额计征、从价从量复合计征、税收征管和纳税申报，在对消费税概括了解的基础上，明确消费税应纳税额的计算。通过本项目的学习，目的在于提高对消费税的全面认识。

本项目的重点是消费税的含义、征税范围、税目、税率、从价定率计征、从量定额计征、从价从量复合计征、税收征管和纳税申报。

本项目的难点是对从价定率计征、从量定额计征、从价从量复合计征三种征税方法的理解和计算。

学习导航

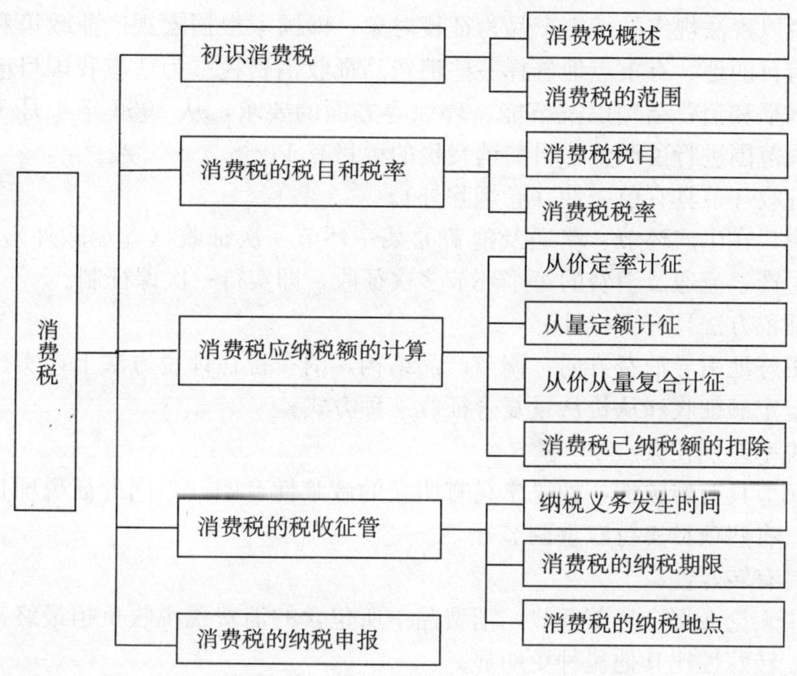

学习目标

通过学习本项目，你会明白以下问题：

- 消费税的含义、范围等；
- 消费税的税目和税率；
- 消费税从价定率计征、从量定额计征和从价从量复合计征；
- 消费税的征收管理；
- 消费税的纳税申报。

任务一 初识消费税

、消费税概述

消费税是指对中华人民共和国境内生产、销售、委托加工和进口应税消费品的单位和个人，就其应税消费品的销售金额或应税数量征收的一种税。消费税一般是对特定消费品或特定消费行为如奢侈品、不可再生资源等课税，即对特定的消费品和消费行为征收的一种间接税。我国实行的是特别消费税，消费税和增值税相配合，形成双层次调节。增值税发挥普遍调节作用，保证财政收入的稳定增长；消费税作为特殊税种，目的是调节产品结构、引导消费方向，保证国家财政收入，对特定领域进行调节和控制。

（一）消费税的特点

（1）征税项目具有选择性。

消费税以税法规定的特定产品为征税对象，即国家根据宏观产业政策和消费政策的要求，有目的地、有重点地选择一些消费品征收消费税。为适应我国目前的产业结构、消费水平和消费结构以及节能、环保等方面的要求，从 2006 年 4 月 1 日起，消费税的征税范围进行了调整，目前消费税的税目有 14 个。

（2）征收环节具有单一性（卷烟除外）。

消费税只在生产环节、流通及消费的某一环节一次征收（卷烟除外），而不是在消费品的生产、流通及消费的每个环节多次征收，即实行一次课征制。

（3）征税方法具有多样性。

为了更好地引导消费方向，调节产品结构，消费税在计税方法上，实行从价定率征收、从量定额征收和从价从量复合征收三种方式。

（4）税率差别较大。

税收调节具有特殊性，如税率具有明显的政策性意图，不同的征税项目，其税负差异较大，有些项目实行双重调节等。

（5）具有转嫁性。

消费税无论在哪个环节征收，消费品中所包含的消费税税收负担最终都转嫁到消费者身上，转嫁性比其他税种更明显。

（二）消费税的纳税义务人

消费税的纳税义务人是指在中华人民共和国境内生产、委托加工、进口应税消费品的单位和个人。单位不仅包括国有企业、集体企业、私有企业、股份制企业、其他企业、行政单位、事业单位、军事单位、社会团体和其他单位，还包括境内的外商投资企业和外国企业。个人是指个体经营者及其他个人。

二、消费税的范围

目前，消费税的征税范围分布于下述四个环节。

（一）生产销售应税消费品

生产销售（包括自用）的应税消费品，以生产销售的单位和个人为纳税人，由生产者直接缴纳消费税。该环节是消费税征收的主要环节，由于消费税具有单一环节纳税的特点（卷烟除外），在生产销售环节征税以后，无论货物在流通环节再流转多少次，均不再缴纳消费税。

（二）委托加工应税消费品

委托加工是指由委托方提供原料和主要材料，受托方只代垫部分辅助材料，按照委托方的要求加工货物并收取加工费的经营活动。委托加工应税消费品，以委托的单位和个人为纳税人，由受托方代收代缴消费税款。委托方收回应税消费品后，再继续用于生产应税消费品的，其加工环节缴纳的消费税可以扣除。

（三）进口应税消费品

进口的应税消费品，以进口的单位和个人为纳税人，在进口环节由海关代为征收消费税。

（四）零售应税消费品

零售应税消费品，于纳税人销售时征收消费税。经国务院批准，自 1995 年 1 月 1 日起，金银首饰的消费税由在生产销售环节征收改为在零售环节征收。改在零售环节征收消费税的金银首饰仅限于金基、银基合金首饰以及金、银和金基、银基合金的镶嵌首饰。零售环节适用的税率为 5%，在纳税人销售金银首饰、钻石及钻石饰品时征收。其计税依据是不含增值税的销售额。

纳税人采用以旧换新（含翻新改制）方式销售的金银首饰，应按实际收取的不含增值税的全部价款确定计税依据征收消费税。

想一想： 金银首饰连同包装物销售的，如何计征消费税？

任务二　消费税的税目和税率

一、消费税税目

按照我国《消费税暂行条例》的规定，2006 年 3 月经调整后，确定征收消费税的只有烟、酒、化妆品等 13 个税目，有的税目还进一步划分为若干子目。消费税实行单一环节征收，一般在应税消费品的生产、委托加工和进口环节缴纳。13 个税目的具体内容如下。

（一）烟

凡是以烟叶为原料加工生产的产品，不论使用何种辅料，均属于本税目的征收范围。本税目下设甲类卷烟、乙类卷烟、雪茄烟、烟丝四个子目。

卷烟是指将各种烟叶切成烟丝，按照配方要求均匀混合，加入糖、酒、香料等辅料，用白色盘纸、棕色盘纸、涂布纸或烟草薄片经机器或手工卷制的普通卷烟和雪茄型卷烟。

（1）甲类卷烟。

甲类卷烟是指每标准条（200 支，下同）调拨价格在 70 元（不含增值税）以上（含 70 元）的卷烟。

（2）乙类卷烟。

乙类卷烟是指每标准条调拨价格在 70 元（不含增值税）以下的卷烟。

（3）雪茄烟。

雪茄烟是指以晾晒烟为原料或者以晾晒烟和烤烟为原料，用烟叶或卷烟纸、烟草薄片作为烟支内包皮，再用烟叶作为烟支外包皮，经机器或手工卷制而成的烟草制品。按内包皮所用材料的不同，可分为全叶卷雪茄烟和半叶卷雪茄烟。雪茄烟消费税的征收范围包括各种规格、型号的雪茄烟。

（4）烟丝。

烟丝是指将烟叶切成丝状、粒状、片状、末状或其他形状，再加入辅料，经过发酵、储存，不经卷制即可供销售吸用的烟草制品。

烟丝消费税的征收范围包括以烟叶为原料加工生产的不经卷制的散装烟，如斗烟、莫合烟、烟末、水烟、黄红烟丝等。

(二) 酒

酒是酒精度在1度以上的各种酒类饮料。酒精又名乙醇，是指用蒸馏或合成方法生产的酒精度在95度以上的无色透明液体。酒包括粮食白酒、薯类白酒、黄酒、啤酒和其他酒。

本税目包括白酒、黄酒、啤酒、其他酒四个子目。

(1) 白酒。

白酒是指以高粱、玉米、大米、糯米、大麦、小麦、小米、青稞、白薯、木薯、马铃薯、芋头、山药等各种粮食和薯类为原料，经过糖化、发酵后，采用蒸馏方法酿制的白酒。

(2) 黄酒。

黄酒是指以糯米、粳米、籼米、大米、黄米、玉米、小麦、薯类等为原料，经加温、糖化、发酵、压榨酿制的酒。由于工艺、配料和含糖量的不同，黄酒分为干黄酒、半干黄酒、半甜黄酒、甜黄酒四类。

黄酒消费税的征收范围包括各种原料酿制的黄酒和酒精度超过12度（含12度）的土甜酒。

(3) 啤酒。

啤酒是指以大麦或其他粮食为原料，加入啤酒花，经糖化、发酵、过滤酿制的含有二氧化碳的酒。啤酒按照杀菌方法的不同，可分为熟啤酒和生啤酒（鲜啤酒）。

啤酒消费税的征收范围包括各种包装和散装的啤酒。无醇啤酒比照啤酒征税。

(4) 其他酒。

其他酒是指除粮食白酒、薯类白酒、黄酒、啤酒以外，酒精度在1度以上的各种酒。其消费税征收范围包括糠麸白酒、其他原料白酒、土甜酒、复制酒、果木酒、汽酒、药酒等。

(三) 化妆品

化妆品是日常生活中用于修饰美化人体表面的用品。化妆品品种较多，所用原料各异，按其类别划分，可分为美容和芳香两类。美容类有香粉、口红、指甲油、胭脂、眉笔、蓝眼油、眼睫毛及成套化妆品等；芳香类有香水、香水精等。

本税目征收范围包括各类美容、修饰类化妆品。美容、修饰类化妆品是指香水、香水精、香粉、蓝眼油、眼睫毛以及成套化妆品。

舞台、戏剧、影视演员化妆用的上妆油、卸妆油、油彩、发胶和头发漂白剂等，不属于本税目征收范围。

普通的护肤护发品也不属于本税目征收范围。护肤护发品是用于人体皮肤、毛发，起滋润、防护、清洁作用的产品。例如：雪花膏、面油、花露水、头油、发乳、烫发水、染发精、洗面奶、磨砂膏、焗油膏、面膜、按摩膏、洗发水、护发素、香皂、浴液、发胶、摩丝以及其他各种护肤护发品等。

（四）贵重首饰及珠宝玉石

本税目征收范围包括：金银首饰、铂金首饰和钻石及钻石饰品、其他贵重首饰和珠宝玉石（经采掘、打磨、加工的各种珠宝玉石）。此外，对出国人员于免税商店购买的金银首饰征收消费税。

（1）金银珠宝首饰。

金银珠宝首饰包括以金、银、白金、宝石、珍珠、钻石、翡翠、珊瑚、玛瑙等高贵稀有物质以及其他金属、人造宝石等制作的各种纯金银首饰及镶嵌首饰（含人造金银、合成金银首饰等）。

（2）珠宝玉石。

珠宝玉石包括钻石、珍珠、松石、青金石、欧泊石、橄榄石、玉、石英、玉髓、石榴石、锆石、尖晶石、黄玉、碧玺、金绿玉、绿柱石、刚玉、琥珀、珊瑚、煤玉、龟甲、合成刚玉、合成宝石、双合石等。

（五）鞭炮、焰火

本税目征收范围包括各种鞭炮、焰火，通常分为13类，即喷花类、旋转类、旋转升空类、火箭类、吐珠类、线香类、小礼花类、烟雾类、造型玩具类、爆竹类、摩擦炮类、组合烟花类、礼花弹类。

鞭炮，又称爆竹，是用多层纸密裹火药，接以药引线制成的一种爆炸品。

焰火，指烟火剂，一般系包扎品，内装药剂，点燃后烟火喷射，呈现各种颜色，有的还变幻成各种景象，分平地小焰火和空中大焰火两类。

体育上用的发令纸、鞭炮药引线，不按本税目征收消费税。

（六）成品油

成品油，包括汽油、柴油、航空煤油、石脑油、溶剂油、润滑油、燃料油7个子目。

工业汽油（溶剂汽油）主要作溶剂使用，不属于本税目征收范围。

（七）小汽车

小汽车是指由动力装置驱动，具有四个和四个以上车轮的非轨道无架线的、主要用于载送人员及其随身物品的车辆。

本税目征收范围包括含驾驶员座位在内最多不超过9个座位（含）的，在设计和技术特性上用于载运乘客和货物的各类乘用车；含驾驶员座位在内的座位数在10～23座（含23座）的，在设计和技术特性上用于载运乘客和货物的各类中轻型商用客车。

电动汽车不属于本税目征收范围。车身长度大于7米（含），并且座位在10～23座（含）以下的商用客车，不属于中轻型商用客车征税范围，不征收消费税。沙滩车、雪地车、卡丁车、高尔夫车不属于消费税征收范围，不征收消费税。

（八）摩托车

本税目包括轻便摩托车和摩托车两种。

（1）轻便摩托车。是指最大设计车速不超过50千米/小时、发动机气缸总工作容积不超过50毫升的两轮机动车。

（2）摩托车。是指最大设计车速超过50千米/小时、发动机气缸总工作容积超过50毫升、空车质量不超过400千克（带驾驶室的正三轮车及特种车的空车质量不受此限制）的两轮和三轮机动车。

（九）高尔夫球及球具

高尔夫球及球具是指从事高尔夫球运动所需的各种专用装备，包括高尔夫球、高尔夫球杆及高尔夫球包（袋）等。

（十）高档手表

高档手表是指销售价格（不含增值税）每只在10 000元（含）以上的各类手表。本税目征收范围包括符合以上标准的各类手表。

（十一）游艇

游艇是指长度大于8米小于90米，船体由玻璃钢、钢、铝合金、塑料等多种材料制作，可以在水上移动的水上浮载体。按照动力划分，游艇分为无动力艇、帆艇和机动艇。

（十二）木制一次性筷子

木制一次性筷子，又称卫生筷子，是指以木材为原料经过锯段、浸泡、刨切、烘干、筛选、打磨、倒角、包装等环节加工而成的各类供一次性使用的筷子。

本税目征收范围包括各种规格的木制一次性筷子。未经打磨、倒角的木制一次性筷子属于本税目征收范围。

（十三）实木地板

实木地板是指以木材为原料，经锯割、干燥、刨光、涂漆等工序加工而成的块状或条状的地面装饰材料。实木地板按生产工艺不同，可分为独板（块）实木地板、实木指接地板、实木复合地板三类；按表面处理状态不同，可分为未涂饰地板（白坯板、素板）和涂漆地板两类。

二、消费税税率

消费税采用比例税率和定额税率两种形式以适应不同应税消费品的实际情况。如纳税人兼营不同税率的应当缴纳消费税的消费品，应当分别核算不同税率应税消费品的销售额、销售数量；未分别核算销售额、销售数量，或者将不同税率的应税消费品组成成套消费品销售的，按最高税率征税。

消费税的税目、税率表见表3—1。

表3—1　　消费税税目、税率表

税　目	税　率
一、烟	
1. 卷烟	
（1）甲类卷烟	56%加0.003元/支
（2）乙类卷烟	36%加0.003元/支
（3）商业批发卷烟	5%
2. 雪茄烟	36%
3. 烟丝	30%

续前表

税　目	税　率
二、酒	
1. 白酒	20%加0.5元/500克（或500毫升）
2. 黄酒	240元/吨
3. 啤酒	
(1) 甲类啤酒	250元/吨
(2) 乙类啤酒	220元/吨
4. 其他酒	10%
三、化妆品	30%
四、贵重首饰及珠宝玉石	
1. 金银首饰、铂金首饰和钻石及钻石饰品	5%
2. 其他贵重首饰和珠宝玉石	10%
五、鞭炮、焰火	15%
六、成品油	
1. 汽油	1.40元/升
2. 柴油	1.10元/升
3. 航空煤油	1.10元/升
4. 石脑油	1.40元/升
5. 溶剂油	1.40元/升
6. 润滑油	1.40元/升
7. 燃料油	1.10元/升
七、摩托车	
1. 气缸容量（排气量，下同）为250毫升	3%
2. 气缸容量在250毫升以上的	10%
八、小汽车	
1. 乘用车	
(1) 气缸容量（排气量，下同）在1.0升（含1.0升）以下的	1%
(2) 气缸容量在1.0升以上至1.5升（含1.5升）的	3%
(3) 气缸容量在1.5升以上至2.0升（含2.0升）的	5%
(4) 气缸容量在2.0升以上至2.5升（含2.5升）的	9%
(5) 气缸容量在2.5升以上至3.0升（含3.0升）的	12%
(6) 气缸容量在3.0升以上至4.0升（含4.0升）的	25%
(7) 气缸容量在4.0升以上的	40%
2. 中轻型商用客车	5%
九、高尔夫球及球具	10%
十、高档手表	20%
十一、游艇	10%
十二、木制一次性筷子	5%
十三、实木地板	5%

小知识：卷烟在批发环节加征一道从价消费税，税率为5%。

任务三　消费税应纳税额的计算

按照现行消费税法的基本规定，消费税应纳税额的计算方法主要分为从价定率计征、从量定额计征和从价从量复合计征三种。

一、从价定率计征

在从价定率计算方法下，应纳税额等于应税消费品的销售额乘以适用税率，应纳税额的多少取决于应税消费品的销售额和适用税率两个因素。其计算公式为：

应纳税额＝应税消费品的销售额×适用税率

（一）销售额的确定

销售额为纳税人因销售应税消费品而向购买方收取的全部价款和价外费用。销售是指有偿转让应税消费品的所有权；有偿是指从购买方取得货币、货物或者其他经济利益；价外费用是指价外向购买方收取的手续费、补贴、基金、集资费、返还利润、奖励费、违约金、滞纳金、延期付款利息、赔偿金、代收款项、代垫款项、包装费、包装物租金、储备费、优质费、运输装卸费以及其他各种性质的价外收费。但下述项目不包括在内。

1. 同时符合以下条件的代垫运输费用

（1）承运部门的运输费用发票开具给购买方的；

（2）纳税人将该项发票转交给购买方的。

2. 同时符合以下条件代为收取的政府性基金或者行政事业性收费

（1）由国务院或者财政部批准设立的政府性基金，由国务院或者省级人民政府及其财政、价格主管部门批准设立的行政事业性收费；

（2）收取时开具省级以上财政部门印制的财政票据；

（3）所收款项全额上缴财政。

其他价外费用，无论是否属于纳税人的收入，均应并入销售额计算征税。

（二）含税销售额的转换

按照我国《消费税暂行条例实施细则》的规定，应税消费品的销售额，不包括应向购货方收取的增值税税款。如果纳税人应税消费品的销售额中未扣除增值税税款或者因不得开具增值税专用发票而发生价款和增值税税款合并收取的，在计算消费税时，应将含增值税的销售额换算为不含增值税的销售额。其换算公式为：

应税消费品的销售额＝含增值税的销售额÷(1＋增值税税率或征收率)

【例 3—1】某日化公司销售成套化妆品收取价款 11 700 元（含增值税），该公司为一般纳税人，计算该公司应税消费品的销售额。（化妆品适用的消费税税率为 30%）

应税消费品的销售额＝含增值税的销售额÷(1＋增值税税率)

=11 700÷(1+17%)

=10 000(元)

(三)自产自用的应税消费品的计税依据

所谓自产自用，就是指纳税人生产应税消费品后，不是用于直接对外销售，而是用于自己连续生产应税消费品或用于其他方面。这种自产自用应税消费品形式，在实际经济活动中是很常见的，例如，有的企业把自己生产的应税消费品以福利或奖励等形式发给本厂职工等。

纳税人自产自用的应税消费品，是指纳税人生产的产品是用于连续生产应税消费品的，即作为生产最终应税消费品的直接材料，并构成最终产品实体的应税消费品，不缴纳消费税。例如，卷烟厂生产出烟丝，烟丝已是应税消费品，卷烟厂再用生产出的烟丝连续生产卷烟，这样，用于连续生产卷烟的烟丝就不缴纳消费税，只对生产的卷烟征收消费税。

纳税人自产自用的应税消费品，凡用于其他方面应当纳税的，按照纳税人生产的同类消费品的销售价格计算纳税。如果当月无销售或者当月未完结，应按照同类消费品上月或者最近月份的销售价格计算纳税；没有同类消费品销售价格的，按照组成计税价格计算纳税。组成计税价格的计算公式是：

组成计税价格=(成本+利润)÷(1−消费税税率)

=成本×(1+利润率)÷(1−消费税税率)

成本是指应税消费品的生产成本。利润是指根据应税消费品的全国平均成本利润率计算的利润。应税消费品的全国平均成本利润率由国家税务总局确定，如表3—2所示。

表3—2　应税消费品在非应税环节使用的平均成本利润率表　单位：%

序号	货物名称	利润率	序号	货物名称	利润率
1	甲类卷烟	10	10	贵重首饰及珠宝玉石	6
2	乙类卷烟	5	11	摩托车	6
3	雪茄烟	5	12	高尔夫球及球具	10
4	烟丝	5	13	高档手表	20
5	粮食白酒	10	14	游艇	10
6	薯类白酒	5	15	木制一次性筷子	5
7	其他酒	5	16	实木地板	5
8	化妆品	5	17	乘用车	8
9	鞭炮、焰火	5	18	中轻型商用客车	5

【例3—2】 某日化公司将一批自产的化妆品用作职工福利，化妆品的成本为10 000元，该化妆品无同类产品市场销售价格，已知消费税税率为30%，成本利润率如表3—2所示。计算该批化妆品的组成计税价格。

组成计税价格=(成本+利润)÷(1−消费税税率)

=成本×(1+利润率)÷(1−消费税税率)

=10 000×(1+5%)÷(1−30%)

=15 000(元)

(四) 委托加工应税消费品的计税依据

委托加工的应税消费品是指委托方提供原材料和主要材料，受托方只收取加工费和代垫部分辅助材料的应税消费品。对于由委托方提供原材料生产的应税消费品，或者受托方先将原材料卖给委托方，然后再接受加工的应税消费品，以及由受托方以委托方的名义购进原材料生产的应税消费品，不论企业在财务上是否作销售处理，都不能作为委托加工应税消费品，而应当按照销售自制应税消费品缴纳消费税。

委托加工的应税消费品，按照受托方的同类消费品的销售价格计算纳税；没有同类消费品的销售价格的，按照组成计税价格计算纳税。组成计税价格的计算公式为：

组成计税价格=(材料成本+加工费)÷(1−消费税税率)

(1) 材料成本是指委托方所提供加工材料的实际成本。委托加工应税消费品的纳税人，必须在委托加工合同上如实注明（或以其他方式提供）材料成本。凡未提供材料成本的，由受托方所在地主管税务机关核定其材料成本。

(2) 加工费是指受托方因加工应税消费品而向委托方收取的全部费用（包括代垫辅助材料的实际成本，不包括增值税），这是税法对受托方的要求。受托方必须如实提供向委托方收取的全部费用，这样才能既保证组成计税价格及代收代缴消费税能够准确地计算出来，也使受托方能够正确计算其应纳的增值税。

【例 3—3】 2014 年 1 月，某日化公司受托为某单位加工一批化妆品，委托单位提供的原材料金额为 20 000 元，收取委托单位不含增值税的加工费 8 000 元，该日化公司无同类产品的市场价格。计算该批化妆品的组成计税价格。(化妆品适用的消费税税率为 30%)

组成计税价格=(材料成本+加工费)÷(1−消费税税率)

=(20 000+8 000)÷(1−30%)

=40 000(元)

(五) 进口环节应税消费品的计税依据

进口的应税消费品，于报关进口时缴纳消费税；进口的应税消费品的消费税由海关代征；进口的应税消费品，由进口人或者其代理人向报关地海关申报缴纳；纳税人进口应税消费品，按照关税征收管理的相关规定，应当自海关填发海关进口消费税专用缴款书之日起 15 日内缴纳税款。

纳税人进口应税消费品，按照组成计税价格和规定的税率计算应纳税额。其计算公式如下：

组成计税价格=(关税完税价格+关税)÷(1−消费税税率)

(六) 消费税应纳税额的计算

例 3—1 中，该公司应缴纳的消费税为：

应缴纳的消费税＝10 000×30％＝3 000（元）

例 3—2 中，该公司应缴纳的消费税为：

应缴纳的消费税＝15 000×30％＝4 500（元）

例 3—3 中，该公司应缴纳的消费税为：

应缴纳的消费税＝40 000×30％＝12 000（元）

想一想：消费税的计税基础与增值税的计税基础一致吗？

二、从量定额计征

在从量定额计算方法下，应纳税额等于应税消费品的销售数量乘以定额税率，应纳税额的多少取决于应税消费品的销售数量和单位税额两个因素。

（一）销售数量的确定

销售数量是指纳税人生产、加工和进口应税消费品的数量。具体规定为：

（1）销售应税消费品的，计税依据为应税消费品的销售数量；

（2）自产自用应税消费品的，计税依据为应税消费品的移送数量；

（3）委托加工应税消费品的，计税依据为纳税人收回的应税消费品的数量；

（4）进口应税消费品的，计税依据为海关核定的应税消费品进口征税数量。

税法规定的计量单位的换算标准如表 3—3 所示。

表 3—3　　**计量单位换算表**

税目	换算标准	税目	换算标准
啤酒	1 吨＝988 升	黄酒	1 吨＝962 升
汽油	1 吨＝1 388 升	柴油	1 吨＝1 176 升
航空煤油	1 吨＝1 246 升	石脑油	1 吨＝1 385 升
溶剂油	1 吨＝1 282 升	润滑油	1 吨＝1 126 升
燃料油	1 吨＝1 015 升		

（二）消费税应纳税额的计算

消费税应纳税额的计算公式为：

应纳税额＝应税消费品的销售数量×单位税额

【例 3—4】2015 年 1 月，某加油站销售无铅汽油 10 吨，已知该汽油的定额税率为 1.40 元/升，计算该加油站应缴纳的消费税额。

应纳税额＝应税消费品的销售数量×单位税额＝10×1 388×1.40＝19 432（元）

三、从价从量复合计征

现行消费税的征税范围中，只有卷烟、白酒采用从价从量复合计征方法。应纳税额等于应税消费品的销售数量乘以定额税率再加上应税消费品的销售额乘以比例税率。其计算公式为：

$$应纳税额=\frac{应税消费品的}{销售数量}\times定额税率+\frac{应税消费品的}{销售额}\times比例税率$$

生产销售卷烟、白酒从量定额计税消费品的依据为实际销售数量。进口、委托加工、自产自用卷烟、白酒从量定额计税消费品的依据分别为海关核定的进口征税数量、委托方收回数量、移送使用数量。

【例 3—5】 2014 年 1 月，某白酒厂生产销售白酒 5 000 吨，每吨零售价为 1 170 元，已知适用的增值税税率为 17%，计算该白酒厂应缴纳的消费税额。

应纳税额=应税消费品的销售数量×定额税率+应税消费品的销售额×比例税率
=5 000×1 000×2×0.5+5 000×1 170÷(1+17%)×20%
=5 000 000+1 000 000=6 000 000(元)

四、消费税已纳税额的扣除

为了避免重复征税，现行消费税规定，将外购应税消费品和委托加工收回的应税消费品继续生产应税消费品销售的，可以将外购应税消费品和委托加工收回应税消费品已缴纳的消费税予以扣除。

（一）外购应税消费品已纳税款的扣除

企业购进应税消费品后，不是直接出售，而是用于连续生产应税消费品，则可以将外购应税消费品已缴纳的消费税给予扣除。

下列应税消费品准予从应纳消费税税额中扣除原料已纳消费税税额：

（1）外购已税烟丝生产的卷烟；

（2）外购已税化妆品生产的化妆品；

（3）外购已税珠宝玉石生产的贵重首饰及珠宝玉石；

（4）外购已税鞭炮焰火生产的鞭炮焰火；

（5）外购已税汽车轮胎（内胎或外胎）连续生产的汽车轮胎；

（6）外购已税摩托车连续生产的摩托车；

（7）以外购已税杆头、杆身和握把为原料生产的高尔夫球杆；

（8）以外购已税木制一次性筷子为原料生产的木制一次性筷子；

（9）以外购已税实木地板为原料生产的实木地板；

（10）以外购已税石脑油为原料生产的应税消费品；

（11）以外购已税润滑油为原料生产的润滑油。

对于外购已税消费品，当期准予扣除的已纳消费税税额的计算公式为：

$$\frac{当期准予扣除的外购}{应税消费品的已纳税额}=\frac{当期准予扣除的外购的}{应税消费品的买价}\times\frac{外购应税消费品}{消费税税率}$$

$$\frac{当期准予扣除的外购}{应税消费品的买价}=\frac{期初库存的外购}{应税消费品的买价}+\frac{当期购进的应税}{消费品的买价}-\frac{期末库存的外购}{应税消费品的买价}$$

【例 3—6】 2014 年 1 月 1 日，某卷烟厂库存外购烟丝的进价成本为 20 000 元。2 月从某烟叶加工厂购入烟丝一批，价款为 30 000 元，增值税专用发票上注明的增值税税额为 5 100 元。月末，企业库存外购烟丝的进价成本为 25 000 元。计算企业当期准予扣除的外购应税消费品的已纳税额。

按照规定，企业用外购已税烟丝生产的卷烟，可以从应纳消费税税额中扣除原料已纳消费税税额，则当期准予扣除的外购应税消费品的已纳税额为：

当期准予扣除的外购应税消费品买价＝20 000＋30 000－25 000＝25 000(元)

当期准予扣除的外购应税消费品的已纳税额＝25 000×30%＝7 500(元)

(二）委托加工收回的应税消费品已纳税款的扣除

委托加工的应税消费品因为已由受托方代收代缴消费税，因此，委托方收回货物后用于连续生产应税消费品的，其已纳税款准予按照规定从连续生产的应税消费品应纳消费税税额中抵扣。按照国家税务总局的规定，从 1995 年 6 月 1 日起，下列连续生产的应税消费品准予从应纳消费税税额中按当期生产领用数量计算扣除委托加工收回的应税消费品已纳消费税税款：

(1）以委托加工收回的已税烟丝为原料生产的卷烟；
(2）以委托加工收回的已税化妆品为原料生产的化妆品；
(3）以委托加工收回的已税珠宝玉石为原料生产的贵重首饰及珠宝玉石；
(4）以委托加工收回的已税鞭炮、焰火为原料生产的鞭炮、焰火；
(5）以委托加工收回的已税汽车轮胎（内胎或外胎）连续生产的汽车轮胎；
(6）以委托加工收回的已税摩托车生产的摩托车；
(7）以委托加工收回的已税杆头、杆身和握把为原料生产的高尔夫球杆；
(8）以委托加工收回的已税木制一次性筷子为原料生产的木制一次性筷子；
(9）以委托加工收回的已税实木地板为原料生产的实木地板；
(10）以委托加工收回的已税石脑油为原料生产的应税消费品；
(11）以委托加工收回的已税润滑油为原料生产的润滑油。

对于委托加工收回的应税消费品，当期准予扣除的已纳消费税税额的计算公式为：

当期准予扣除的委托加工应税消费品的已纳税款＝期初库存的委托加工应税消费品的已纳税款＋当期收回的委托加工应税消费品的已纳税款－期末库存的委托加工应税消费品的已纳税款

【例 3—7】 2014 年 1 月 1 日某卷烟厂将收购的烟叶 2 吨委托 A 企业加工成烟丝，委托加工合同注明加工费为 5 000 元。2 月 1 日，企业收回委托加工的烟丝，并按规定支付加工费 5 000 元。对方同类烟丝的销售价格为 10 000 元，计算 A 企业按规定代收代缴的消费税额；若月末企业库存委托加工烟丝 1 吨，计算当月准予扣除的委托加工烟丝的已纳税额。

应纳税额＝10 000×30%＝3 000(元)

当期准予扣除的委托加工应税消费品的已纳税款＝期初库存的委托加工应税消费品的已纳税款＋当期收回的委托加工应税消费品的已纳税款－期末库存的委

托加工应税消费品的已纳税款

=0+3 000−3 000÷2×1=3 000−1 500=1 500(元)

练一练

2014 年 1 月 1 日，某轮胎厂库存委托加工的轮胎 3 000 只，每只成本为 200 元，其中包括由受托方代收代缴的消费税 20 元。1 月 6 日，企业收回委托某单位生产的轮胎 3 200 只，委托加工代收代缴的消费税为 1 000 元，月末企业库存委托加工轮胎 1 600 只，则当月准予扣除的委托加工的轮胎的已纳消费税额是多少？

任务四　消费税的征收管理

一、纳税义务发生时间

纳税人生产的应税消费品应于销售时纳税，进口消费品应于应税消费品报关进口环节纳税，金银首饰、钻石及钻石饰品应于零售环节纳税。消费税纳税义务发生的时间，根据货款结算方式或行为发生时间分别确定。

（1）纳税人销售的应税消费品，其纳税义务的发生时间为：

1）纳税人采取赊销和分期收款结算方式的，其纳税义务的发生时间为销售合同规定的收款日期的当天。

2）纳税人采取预收货款结算方式的，其纳税义务的发生时间为发出应税消费品的当天。

3）纳税人采取托收承付和委托银行收款方式销售的，其纳税义务的发生时间为发出应税消费品并办妥托收手续的当天。

4）纳税人采取其他结算方式的，其纳税义务的发生时间为收讫销售款或者取得索取销售款凭据的当天。

（2）纳税人自产自用的应税消费品，其纳税义务的发生时间为移送使用的当天。

（3）纳税人委托加工的应税消费品，其纳税义务的发生时间为纳税人提货的当天。

（4）纳税人进口的应税消费品，其纳税义务的发生时间为报关进口的当天。

二、消费税的纳税期限

纳税人缴纳消费税的期限，由主管税务机关按应纳税额的大小，分别核定为 1 日、3 日、5 日、10 日、15 日、1 个月或者 1 个季度。不能按期纳税的，可按次纳税。以 1 个月为一期的纳税人，应当于期满后 15 日内申报纳税；以 1 日、3 日、5 日、10 日、15 日为一期的纳税人，应当于纳税期满后 5 日内预缴税款，于次月 1 日起 15 日之内申报纳税，并结清上月应纳税款。纳税人进口消费品，应当从海关填发海关进口消费税专用缴款书之日起 15 日之内缴纳税款。

三、消费税的纳税地点

按照规定，消费税的纳税地点具体为：

（1）纳税人生产销售以及自产自用的应税消费品，应当在纳税人核算地缴纳消费税。

（2）纳税人委托个体经营者加工的应税消费品，除受托方为个人外，由受托方机构所在地或居住地的主管税务机关缴纳消费税。

（3）纳税人到外县（市）销售或委托外县（市）代销自产应税消费品的，于应税消费品销售后在纳税人核算地或所在地缴纳消费税。

纳税人的总、分机构不在同一县（市），但在同一省（自治区、直辖市）范围内，经省（自治区、直辖市）财政厅（局）、国家税务局审批同意，可以由总机构汇总向总机构所在地的主管税务机关申报缴纳消费税。

（4）纳税人进口的应税消费品，由进口报关者或其代理人向报关地海关缴纳消费税。

（5）纳税人销售的应税消费品，如因质量等原因由购买者退回时，经所在地主管税务机关审核批准后，可退还已征收的消费税，但不能自行直接抵减应纳税款。

想一想：消费税的纳税期限与增值税的纳税期限一致吗？

任务五 消费税的纳税申报

消费税纳税人应按有关规定及时办理纳税申报，并如实填写《消费税纳税申报表》（见表3—4）。

表3—4 消费税纳税申报表

填表日期： 年 月 日

纳税编码：

纳税人识别号：

纳税人名称： 地 址：

税款所属期： 年 月 日至 年 月 日 联系电话：

应税消费品名称	适用税目	应税销售额（数量）	适用税率（单位税额）	当期准予扣除外购应税消费品买价（数量）				外购应税消费品适用税率（数量）
				合计	期初库存外购应税消费品买价（数量）	当期购进外购应税消费品买价（数量）	期末库存外购应税消费品买价（数量）	
1	2	3	4	5=6+7−8	6	7	8	9
合计								

应纳消费税		当期准予扣除外购应税消费品已纳税款	当期准予扣除委托加工应税消费品已纳税款			
本期	累计		合计	期初库存委托加工应税消费品已纳税款	当期收回委托加工应税消费品已纳税款	期末库存委托加工应税消费品已纳税款
15＝3×4－10 或 3×4－11 或 3×4－10－11	16	10＝5×9 或 10＝5×9×（1－征减幅度）	11＝12＋13－14	12	13	14

已纳消费税		本期应补（退）税金额			
本期	累计	合计	上期结算税额	补交本年度欠税	补交以前年度欠税
17	18	19＝15－26－27	20	21	22

截至上年底累计欠税额	本年度新增欠税额		减免税额	预缴税额	多缴税额
	本期	累计			
23	24	25	26＝3×4×征减幅度	27	28

如纳税人填报，由纳税人填写以下各栏		如委托代理人填报，由代理人填写以下各栏				备注
会计主管（签章）	纳税人（公章）	代理人名称		代理人（公章）		
		代理人地址				
		经办人		电话		

以下由税务机关填写			
收到申报表日期		接收人	

纳税人公章：	代理申报中介机构公章：	主管税务机关受理专用章：
经办人：	经办人及执行证件号码：	受理人：
申报日期：　　年　　月　　日	代理申报日期：　　年　　月　　日	受理日期：　　年　　月　　日

（1）表中2栏“适用税目”必须按照《中华人民共和国消费税暂行条例》规定的税目填写。

（2）表中第10栏，准予抵扣项目无减税优惠的，按“10＝5×9”的钩稽关系填报；准予抵扣项目有减税优惠的按“10＝5×9×（1－减征幅度）”的钩稽关系填报。目前，准予抵扣且有减税优惠的项目为石脑油、润滑油，减征幅度为70％。

（3）表中第26栏，全额免税的应税消费品按“26＝3×4”填报，减征税款的应税消费品按“26＝3×4×减征幅度”填报。目前，有减税优惠的项目为石脑油、润滑油、燃料油，减征幅度为70％。

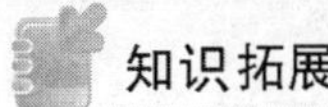

知识拓展

消费税将增新税目

财政部正研究将一部分高端奢侈品纳入消费税征收税目，把某类产品中超出一定价格的高端产品纳入征税范围，类似当前对手表中的“高档手表”征税方式。至于把何种产品纳入消费税征收范围，有关部门正在调研，最终结果需要多个部门达成共识才能执行。

党的十八届三中全会通过的《中共中央关于全面深化改革若干重大问题的决定》表示，要调整消费税征收范围、环节、税率，把高耗能、高污染产品及部分高档消费品纳入征收范围。按照十八届三中全会的部署，消费税征收范围将扩大，这意味着消费税税目将超过现有的 14 个，财政部正研究把哪些产品列入征收范围，一个基本方向为，产品属于奢侈品但不是居民生活基本需求品。

最近一次的消费税全面调整时间为 2006 年。自 2006 年 4 月 1 日起，我国现行消费税的税目、税率及相关政策已进行全面调整。这是自 1994 年税制改革以来，消费税最大规模的一次调整。此次消费税调整大体分三类：一是抑制消费类，将对人们身体有损害的白酒、烟草等税率调高了；二是收入分配调节类，新增了高尔夫球及球具、高档手表、游艇等高档消费的税目并取消了已经成为大众消费品的护肤护发类消费品税目；三是能源节约、环保节能类，比如增加了成品油、木制一次性筷子、实木地板等税目。

2006 年消费税政策调整的主要内容为新增税目，包括：高尔夫球及球具、高档手表、游艇、木制一次性筷子、实木地板等税目；成品油税目，原汽油、柴油税目作为该税目的两个子目，同时新增石脑油、溶剂油、润滑油、燃料油、航空煤油五个子目。取消的税目包括：护肤护发品。调整的税目包括：白酒、小汽车、摩托车、汽车轮胎。至此，现行消费税涵盖了烟、酒和酒精、化妆品、贵重首饰和珠宝玉石、鞭炮和焰火、成品油、汽车轮胎、摩托车、小汽车、高尔夫球和球具、高档手表、游艇、木制一次性筷子、实木地板 14 个税目。其中，化妆品以 30%的税率居于首位。

随着高档消费品等奢侈品的盛行，目前的消费税税目已经不能完全适应当今的形势。如 2013 年中国人奢侈品消费总额达 1 020 亿美元，目前，全球奢侈品市场容量为 2 170亿美元，这意味着中国人将买走全球 47%的奢侈品，是全球奢侈品市场无可争议的最大客户。但对于奢侈品，国内并无准确定义和划分标准。事实上，对于奢侈品到底如何划分也存在一定的争议。譬如人们熟悉的汽车、高档服装等究竟是高档商品还是奢侈品就存在争议。在一定的社会经济条件下，“奢侈”的定义总是相对的。例如，在 13～14 世纪，糖和香料是奢侈品，但在今天它们已成为再普通不过的日用必需品。电话和手机在 20 世纪 90 年代初是奢侈品，到了今天已演变成城市居民的大众化产品。因此，对奢侈品定义并不容易。与出台消费税的 1994 年相比，人们现今的生活水平已不可同日而语，某些被作为奢侈品而被征收消费税的商品已走入寻常百姓家，护肤护发品就是典型一例。

所以，消费税必须根据社会经济的发展而适时进行调整。把已经不适应形势的奢侈品划归到日常必需品，把新的奢侈品纳入到消费税的税目之中是未来的变化趋势。

项目小结

消费税是以特定消费品为课税对象所征收的一种税，属于流转税的范畴。我国现行消费税是1994年税制改革中新设的一个税种。在对货物普遍征收增值税的基础上，选择少数消费品再征收一道消费税，如奢侈品、高能耗、高污染的产品等，目的是调节产品结构，引导消费方向，保证国家财政收入。随着社会形势的变化，消费税的税目也将随之改变，以体现最新的经济内容。

自测练习题

一、单项选择题（在备选答案中只有一个是正确的，将其选出并把它的标号写在题干的括号内）

1. 下列各项不属于消费税应纳税额计算方法的是（　　）。

A. 从价计征　　B. 从量计征

C. 从价定额　　D. 从价从量复合计征

2. 生产销售（包括自用）的应税消费品，以生产销售的单位和个人为纳税人，由（　　）直接缴纳。

A. 生产者　　B. 消费者　　C. 经销商　　D. 销售者

3. 进口的应税消费品，以进口的单位和个人为纳税人，由（　　）代为征收。

A. 地方税务局　　B. 海关

C. 县级以上税务机关　　D. 国家税务局

4. 下列各项属于消费税税目的是（　　）。

A. 食品　　B. 数码产品　　C. 家具　　D. 白酒

5. 对供求矛盾突出、价格差异较大、计量单位不规范的消费品，应采用（　　）。

A. 比例税率　　B. 定额税率　　C. 复合税率　　D. 固定税率

6. 纳税人以一个月或者一个季度为一个纳税期的，自期满之日起（　　）日内申报纳税。

A. 5　　B. 10　　C. 3　　D. 15

7. 消费税属于（　　）。

A. 所得税　　B. 流转税　　C. 财产税　　D. 资源税

8. 消费税是由（　　）系统负责征收和管理。

A. 海关　　B. 国家工商管理总局

C. 国家税务局　　D. 地方税务局

9. 消费税属于（　　）。

A. 价内税　　B. 价外税　　C. 财产税　　D. 地方税

10. 消费税一般在应税消费品的生产、进口和（　　）环节缴纳。

A. 批发　　B. 零售　　C. 销售　　D. 委托加工

11. 消费税采用的税率有（　　）种形式。

A. 1　　B. 2　　C. 3　　D. 4

12. 生产销售卷烟、白酒，采用从量定额计税的依据为（　　）。

A. 实际生产数量　　B. 计划生产数量

C. 实际销售数量　　D. 计划销售数量

13. 委托加工应税消费品，应在交货时由（　　）代收代缴税款。

A. 受托方　　B. 委托方

C. 地方税务局　　D. 海关

14. 经国务院批准，自 1995 年 1 月 1 日起，金银首饰消费税由生产销售环节征收改为（　　）征收。

A. 零售环节　　B. 批发环节

C. 委托加工环节　　D. 签订合同环节

15. 纳税人将应税消费品与非应税消费品以及适用税率不同的应税消费品组成成套消费品销售的，应按（　　）。

A. 平均税率计征　　B. 最高税率计征

C. 应税消费品的不同税率分别计征　　D. 最低税率计征

16. 下列环节既征收消费税又征收增值税的是（　　）。

A. 粮食白酒的生产和批发环节　　B. 金银首饰的生产和零售环节

C. 金银首饰的进口环节　　D. 化妆品的生产环节

17. 进口应税消费品，按照海关的相关规定，应当自（　　）缴纳消费税。

A. 应税消费品报关进口当天

B. 海关填发税款缴纳证之日起 15 日内

C. 海关填发税款缴纳证之日起 14 日内

D. 海关填发税款缴纳证次日起 7 日内

18. 根据关于消费税的规定，下列说法不正确的是（　　）。

A. 应税消费品征收消费税的，其税基不含有增值税

B. 凡是征收增值税的货物都应征收消费税

C. 应税消费品征收增值税的，其税基含有消费税

D. 增值税属于价外税，消费税属于价内税

19. 某化妆品公司（增值税一般纳税人）2013 年 10 月份对外销售成套化妆品 3 000 套，取得不含税收入为 17 万元，销售洁面乳，取得不含税收入为 10 万元，该企业上述业务应缴纳消费税为（　　）万元。

A. 8.10　　B. 5.10　　C. 7.14　　D. 6.20

20. 在委托加工业务中，受托方代收代缴消费税时，适用的组成计税价格计算公式是（　　）。

A. （原材料＋加工费）÷（1－消费税税率）

B. （原材料＋加工费）×（1－消费税税率）

C. （原材料＋加工费）÷（1＋消费税税率）

D. （原材料＋加工费）×（1＋消费税税率）

二、多项选择题（在备选答案中有 2～5 个是正确的，将其全部选出并把它的标号写在题干的括号内）

1. 下列关于消费税纳税人的说法中，正确的是（　　）。

A. 零售金银首饰的纳税人是消费者

B. 邮寄入境应税消费品的纳税人是收件人

C. 携带入境化妆品的纳税人是携带者

D. 委托加工卷烟的纳税人是受托加工企业

2. 下列属于消费税征收范围的有（　　）。

A. 白酒　　B. 化妆品　　C. 卷烟　　D. 鞭炮

3. 消费税的征税环节有（　　）。

A. 生产应税消费品　　B. 委托加工应税消费品

C. 零售应税消费品　　D. 进口应税消费品

4. 下列选项中，消费税主要针对其征收的是（　　）。

A. 高档消费品或奢侈品

B. 不可再生的高能耗的资源类消费品

C. 过度消费影响健康的及影响环境的消费品

D. 达到一定价格标准的消费品

5. 下列关于消费税特点的说法中，正确的有（　　）。

A. 征收范围具有选择性　　B. 征收环节具有单一性

C. 征收方法具有灵活性　　D. 税负具有可转嫁性

6. 某酒厂总部设在北京，生产酒的基地设在石家庄，则下列关于生产酒的基地消费税纳税地点的说法中，正确的有（　　）。

A. 在北京纳税

B. 在石家庄纳税

C. 经国家税务总局批准在北京纳税

D. 经由北京、石家庄国税局协商后，再决定在哪里纳税

7. 下列各项关于从量计征消费税计税依据确定方法的表述中，正确的有（　　）。

A. 进口应税消费品的，为海关核定的应税消费品数量

B. 销售应税消费品的，为应税消费品的销售数量

C. 委托加工应税消费品的，为加工完成的应税消费品数量

D. 以应税消费品投资入股的，为应税消费品移送使用数量

8. 下列项目属于销售额组成部分的有（　　）。

A. 全部价款　　B. 赔偿金　　C. 运输费　　D. 装卸费

9. 关于纳税义务的发生时间，下列说法错误的是（　　）。

A. 纳税人采取托收承付和委托银行收款方式销售的应税消费品，其纳税义务的发生时间为发出应税消费品并办妥托收手续的当天

B. 纳税人自产自用的应税消费品，其纳税义务的发生时间为移送使用的当天

C. 纳税人委托加工的应税消费品，其纳税义务的发生时间为受托人生产完工的

当天

D. 纳税人进口的应税消费品，其纳税义务的发生时间为收货的当天

10. 以（　　）日内预缴税款，于次月1日起10日之内申报纳税，并结清上月应纳税款。

A. 1日　　B. 2日　　C. 5日　　D. 10日

11. 下列关于消费税征收地点的说法中，正确的有（　　）。

A. 纳税人生产销售以及自产自用的应税消费品，应当在纳税人核算地缴纳消费税

B. 纳税人委托个体经营者加工的应税消费品，除受托方为个人外，应向受托方机构所在地或居住地的主管税务机关缴纳消费税

C. 进口的应税消费品由进口报关者向报关地海关缴纳消费税

D. 纳税人销售的应税消费品，如因质量等原因由购买者退回时，经所在地主管税务机关审核批准后，可退还已征收的消费税税款

12. 根据税法的规定，下列说法正确的有（　　）。

A. 消费税实行多环节征收

B. 缴纳增值税的货物并不都缴纳消费税

C. 应税消费品征收增值税的，其税基含有消费税

D. 应税消费品征收消费税的，其税基不含有增值税

13. 下列选项中，出口应税消费品退（免）消费税在政策上允许的情况是（　　）。

A. 出口免税并退税　　B. 出口免税但不退税

C. 出口不免税但退税　　D. 出口不免税也不退税

14. 下列属于消费税"化妆品"税目的有（　　）。

A. 香水　　B. 指甲油　　C. 卸妆油　　D. 洗发水

三、名词解释题

1. 进口应税消费品

2. 委托加工业务

四、判断题（请在题后的括号内正确的画"√"，错误的画"×"）

1. 消费税是价内税，是价格的组成部分。（　　）

2. 消费税的纳税人是在我国境内生产、委托加工、零售和进口《中华人民共和国消费税暂行条例》规定的应税消费品的单位和个人。（　　）

3. 白酒、卷烟、化妆品属于应税消费品。（　　）

4. 在我国境内生产、委托加工、零售和进口应税消费品的外商投资企业和外国企业，不属消费税的纳税人。（　　）

5. 消费税是对在中国境内从事生产和进口税法规定的应税消费品的单位和个人征收的一种流转税。（　　）

6. 消费税实行从价定率和从量定额以及从价从量复合计征三种方法征税。（　　）

7. 消费税的税率均为比例税率。（　　）

8. 委托加工应税消费品的，由委托方收货时代征消费税。（　　）

9. 纳税人进口应税消费品，应当自海关填发海关进口消费税专用缴款书之日起15日内缴纳税款。（　　）

10. 零售金银首饰的纳税人在计税时，应税销售额为含增值税税额的销售额。（　　）

11. 纳税人生产应税消费品，由生产者于销售时缴纳消费税。（　　）

12. 个人携带或者邮寄进境应税消费品的消费税，连同关税一并计征。（　　）

13. 关于消费税的计算方法，从量计征时的计算公式为：应纳税额＝应税消费品销售数量×适用税率。（　　）

14. 消费税税目、税率的调整，由税务局决定。（　　）

15. 自产自用应税消费品用于连续生产应税消费品的，不缴纳消费税。（　　）

16. 一般情况下，对一种消费品只选择一种税率形式。（　　）

17. 消费税的征收环节具有单一性。（　　）

18. 消费税是国家为体现消费政策，对生产、委托加工、零售和进口的应税消费品征收的一种税。（　　）

19. 消费税在应税消费品的批发、零售环节缴纳。（　　）

20. 奢侈品不属于消费税的征收范围。（　　）

五、简答题

1. 简述消费税的税目。

2. 消费税有几种计税方法？具体如何计算？

3. 简述消费税的特点。

4. 进口、委托加工、自产自用以及销售应税消费品的销售数量应如何确定？

5. 试比较消费税与增值税的异同。

六、论述题

1. 试述委托加工应税消费品的计税依据。

2. 论述外购应税消费品已纳消费税税额的扣除。

七、计算题

1. 2013年10月，某首饰厂购进一批珠宝，增值税发票上注明的价款为100万元，增值税税额为17万元，经加工打磨后将其销售给当地某首饰商城，收到不含税价款180万元。已知珠宝玉石适用的消费税税率为10％。

要求：计算该首饰厂以上业务应缴纳的消费税额。

2. 2013年12月，某卷烟厂生产销售卷烟10 000吨，每吨零售价为1 170元，已知增值税税率为17％。

要求：计算该卷烟厂应缴纳的消费税额。

3. 2013 年 12 月，某化妆品公司受托为某企业加工一批高级化妆品，委托单位为该化妆品公司提供了价值 60 000 元的原材料，并向委托单位收取加工费 10 000 元（不含增值税），该化妆品公司无同类产品市场价格。化妆品适用的消费税税率为 30％。

要求：计算该批化妆品的组成计税价格。

4. 某企业将本企业自产的化妆品作为年终奖励发给本厂职工，已知无同类产品销售价格，其生产成本为 100 000 元。国家税务总局核定的该产品的成本利润率为 5％，化妆品适用的消费税税率为 30％。

要求：计算该批化妆品应纳消费税额。

5. 某酒厂 2013 年 12 月销售黄酒 300 吨，每吨出厂价为 10 000 元。（黄酒适用的定额税率为 240 元/吨）

要求：计算该酒厂 12 月份应纳消费税额。

项目四　营业税

项目综述

营业税征税范围较广，涉及第三产业的很多部门，与广大人民群众的日常生活息息相关，可以发挥普遍调节收入的作用。但营业税在征收上存在重复纳税等问题，国家正在进行营业税改征增值税（以下简称“营改增”）的试点。如何计算营业税？如何进行营业税的纳税申报？这些都是我们在本项目中将要学习的重点内容。

关键概念

营业税　　营业税税目　　营业税数量　　试点纳税人　　试点的应税范围　　试点的税率和征收率

本项目重点与难点提示

本项目阐述了营业税的基本理论。学习本项目，要求着重理解什么是营业税，掌握营业税的纳税义务人和扣缴义务人、计税依据、应纳税额的计算、税收征管等。在对营业税概括了解的基础上，明确营业税应纳税额的计算。通过本项目的学习，目的在于提高对营业税的全面认识。

本项目的重点是营业税的含义、计税依据、税目、税率、应纳税额的计算、税收征管。

学习导航

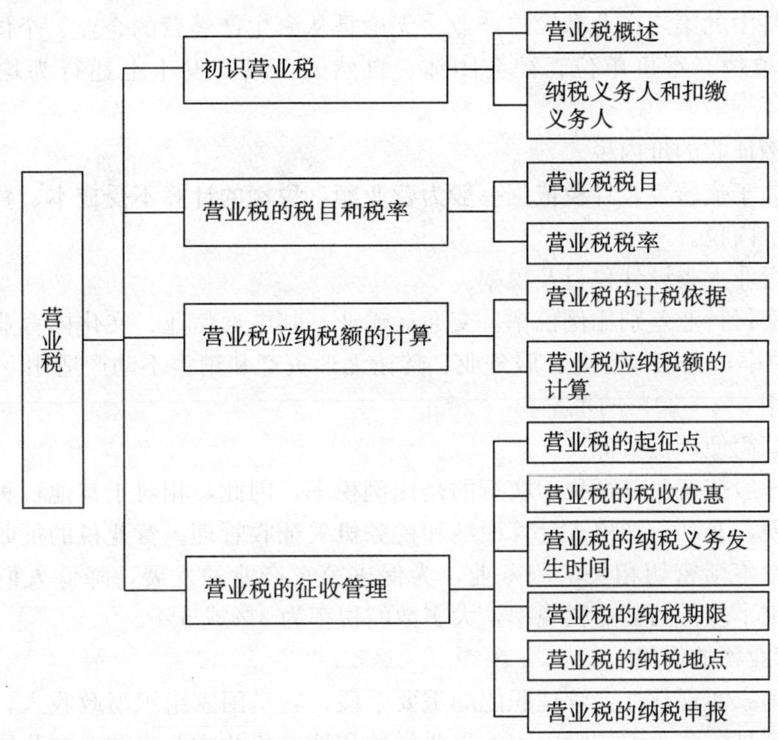

学习目标

通过学习本项目，你会明白以下问题：

- 营业税的含义、征收范围等；
- 营业税的税目和税率；
- 营业税的计算；
- 营业税的征收管理和纳税申报。

任务一 初识营业税

一、营业税概述

营业税是指对在中国境内提供应税劳务、转让无形资产或销售不动产的单位和个人，就其所取得的营业额征收的一种税。营业税属于流转税中的一个主要税种。2011年11月17日，财政部、国家税务总局正式公布营业税改征增值税试点方案。

(一) 营业税的特点

(1) 税基广泛。

在整个国民经济活动中，除了对货物的生产和流通环节征收增值税外，对其他行业均征收营业税。营业税的征税范围具体包括交通运输业、建筑业、金融保险业、文化体育业、娱乐业、服务业、邮电通信业提供的劳务和转让无形资产、销售不动产，涉及国民经济中的第三产业和第二产业。无论是从事生产经营的企业、个体工商户还是行政事业单位、军事单位、社会团体、自然人，只要发生上述行为均要缴纳营业税。

（2）全额征收的价内税。

营业税属于流转税，计税依据一般为营业额，税额的计算不受成本、费用高低的影响，属于价内税。

（3）按行业大类设计税目及税率。

营业税实行行业差别比例税率，交通运输业、邮电通信业、文化体育业和建筑业适用3%的税率；金融保险业、服务业、转让无形资产和销售不动产适用5%的税率；娱乐行业适用5%～20%的税率。

（4）计算简便，税负低。

营业税一般按营业额征税，实行的是比例税率，因此，相对于其他税种来说，营业税计算简便，有利于纳税人计算缴纳和税务机关征收管理。营业税的征收范围主要是与人们日常生活密切相关的服务业，为促进第三产业的发展，降低人们的生活成本，我国制定了较低的营业税税率，大多数的税率为3%或5%。

（二）营业税的作用

税收是国家实现其社会管理职能的重要手段，它是国家组织财政收入，调节社会经济的重要工具。营业税作为国家的重要税种和地方税的主要来源，在我国国民经济和社会各项事业发展中发挥着巨大的作用。

（1）广泛筹集财政资金，增加财政收入。

营业税是我国税制中十分重要的流转税，它的征收范围广，收入规模大，是地方财政收入来源中最大的项目。

（2）体现国家政策，促进各个行业协调发展。

营业税通过制定行业差别税率对第三产业的收入进行调节，平衡税收负担，促进各行业协调平衡发展。

（3）促进公平竞争。

通过加强营业税日常征收管理，可以掌握经营者的基本经济情况，纠正纳税人的违法违纪行为，保护纳税人的合法权益，创造平等的税收环境。

二、纳税义务人和扣缴义务人

（一）纳税义务人

在中华人民共和国境内提供应税劳务、转让无形资产或者销售不动产的单位和个人，为营业税的纳税义务人。

（1）在中华人民共和国境内是指在税收行政管辖权的区域，具体情况为：

1）提供或者接受应税劳务的单位或者个人在境内；

2）所转让的无形资产（不含土地使用权）的接受单位或者个人在境内；

3）所转让或者出租土地使用权的土地在境内；

4）所销售或者出租的不动产在境内。

应税劳务是指属于建筑业、金融保险业（不包括有形动产的融资租赁）、文化体育业（不包括营改增中的文化创意服务）、娱乐业和服务业（不包括营改增中应税服务）税目征收范围的劳务。

(2) 加工、修理修配劳务属于增值税的征税范围，因此不属于营业税的应税劳务。单位或个体工商户聘用的员工为本单位或雇主提供的劳务，也不属于营业税的应税劳务。

(3) 提供应税劳务、转让无形资产或者销售不动产是指有偿提供应税劳务、有偿转让无形资产或者有偿销售不动产的行为。有偿，是指取得货币、货物或者其他经济利益。单位是指企业、行政单位、事业单位、军事单位、社会团体及其他单位。个人是指个体工商户以及其他有经营行为的个人。

(4) 保险劳务是指保险机构（包括境内的和境外的）为境内标的物提供的保险，不包括境内保险机构为出口货物或境外标的物提供的保险。

(二) 扣缴义务人

在现实生活中，为了加强税源控制，减少税收流失，我国《营业税暂行条例》及其实施细则规定了营业税的扣缴义务人。营业税的扣缴义务人主要有以下八种情形：

(1) 境外的单位或者个人在境内提供应税劳务、转让无形资产或者销售不动产，在境内未设有经营机构的，以其境内代理人为扣缴义务人；在境内没有代理人的，以受让方或者购买方为扣缴义务人。

(2) 委托金融机构发放贷款，以受托发放贷款的金融机构为扣缴义务人。

(3) 建筑安装业务实行转包或者分包的，以总承包人为扣缴义务人。

(4) 单位或个人进行演出由他人售票的，以售票者为扣缴义务人。

(5) 演出经纪人为个人的，以售票者为扣缴义务人。

(6) 分保险业务，以初保人为扣缴义务人。

(7) 个人转让土地使用权以外的其他无形资产，以受让者为扣缴义务人。

(8) 国务院财政、税务主管部门规定的其他扣缴义务人。

知识链接

营业税在我国具有十分悠久的历史。我国周代对“商贾虞衡”的课税，汉代对商人征收的“算缗钱”，明代开征的“市肆门摊税”，清代开征的当税、屠宰税，都具有营业税的性质。

南京国民党政府成立后，于 1928 年 7 月制定了《营业税办法大纲》，1931 年 6 月，将其修改为《营业税法》，并明确营业税为地方收入。

新中国成立后，于 1950 年政务院公布了《工商业税暂行条例》，将固定工商业户缴纳的营业税和所得税合称为工商业税。

1995 年税制改革时，将当时实行的货物税、商业流通税、印花税以及工商业税中的营业税部分，合并为工商统一税，不再征收营业税。

1973 年，全国试行工商税，将工商统一税并入其中。

1984 年，利改税的第二步改革将工商税中的商业和服务业等行业划分出来，单独对其征收营业税。

1993 年，我国进行了大规模的税制改革，以建立规范的税制为基本目标，重新修订、颁布了《中华人民共和国营业税暂行条例》（以下简称《营业税暂行条例》），将营业税的课税范围限定为提供应税劳务、转让无形资产和销售不动产，而且适用于内、外资企业，建立了统一、规范的营业税。

2008 年 11 月，国务院第 34 次常务会议对《营业税暂行条例》通过了修订并于 2009 年 1 月 1 日起开始实施。

2011 年，经国务院批准，财政部、国家税务总局联合下发营业税改征增值税的试点方案。从 2012 年 1 月 1 日起，在上海交通运输业和部分现代服务业开展营业税改征增值税的试点。至此，货物及劳务税收制度的改革拉开序幕。自 2012 年 8 月 1 日起至年底，国务院扩大"营改增"试点至 8 省市。截至 2013 年 8 月 1 日，"营改增"范围已推广到全国试行。同时，从 2014 年 1 月 1 日起，将铁路运输业和邮政服务业纳入"营改增"试点，至此，交通运输业已全部纳入"营改增"范围。

任务二　营业税的税目和税率

一、营业税税目

营业税的税目按照行业、类别的不同分别设置，现行营业税共设置了 9 个税目。

（一）交通运输业（注：交通运输业，已纳入"营改增"）

（二）建筑业

建筑业是指建筑安装工程作业等，包括建筑、安装、修缮、装饰和其他工程作业等内容。

其他工程作业是指除建筑、安装、修缮、装饰工程作业以外的各种工程作业，如代办电信工程、水利工程、道路修建、疏浚、钻井（打井）、拆除建筑物、平整土地、搭脚手架、爆破等。

自建自用建筑物，其自建行为不属于建筑业税目的征收范围。出租或投资入股的自建建筑物，也不属于建筑业税目的征收范围。

（三）金融保险业

金融保险业是指经营金融、保险业务。

（1）金融是指经营货币资金融通活动的业务，包括贷款、融资租赁、金融商品转让、金融经纪和其他金融业务。

（2）保险是指将通过契约形式集中起来的资金，用以补偿被保险人经济利益的活动。

(3) 对我国境内外资金融机构从事离岸银行业务，属于在我国境内提供应税劳务的，征收营业税。离岸银行业务是指银行吸收非居民的资金，服务于非居民的金融活动。包括外汇存款、外汇贷款、同业外汇拆借、国际结算、发行大额可转让存款证、外汇担保、咨询、鉴证业务以及国家外汇管理局批准的其他业务。

(四) 邮电通信业

注：邮政服务业和电信业，已纳入“营改增”。

(五) 文化体育业

文化体育业是指经营文化、体育活动业务的行业，包括文化业和体育业。

(1) 文化业是指经营文化活动的业务，包括表演、播映、经营游览场所和各种展览、培训活动以及举办文学、艺术、科技讲座、讲演、报告会、图书馆的图书和资料的借阅业务等。

(2) 体育业是指举办各种体育比赛和为体育比赛或体育活动提供场所的业务。

(六) 娱乐业

娱乐业是指为娱乐活动提供场所和服务的业务，包括经营歌厅、舞厅、卡拉OK歌舞厅、音乐茶座、台球、高尔夫球、保龄球场、网吧、游艺场等娱乐场所，以及娱乐场所为顾客进行娱乐活动提供服务的业务。娱乐场所为顾客提供的饮食服务及其他各种服务也按照娱乐业征税。

(七) 服务业

服务业是指利用设备、工具、场所、信息或技能为社会提供服务的业务，包括代理业、旅店业、饮食业、旅游业、仓储业、租赁业、广告业和其他服务业。(注：仓储业和广告业以及有形动产的经营租赁，已纳入“营改增”)

(八) 转让无形资产

转让无形资产是指转让无形资产的所有权或使用权的行为，包括转让土地使用权、转让自然资源使用权、转让商标权、转让专利权、转让非专利技术、出租电影拷贝、转让著作权和转让商誉。

自2003年1月1日起，对以无形资产投资入股，参与并接受投资方的利润分配、共同承担投资风险的行为，不征收营业税。对在投资后转让其股权的行为，也不征收营业税。

(九) 销售不动产

销售不动产是指有偿转让不动产所有权的行为，包括销售建筑物或构筑物、销售其他土地附着物。

自2003年1月1日起，对以不动产投资入股，参与并接受投资方利润分配、共同承担投资风险的行为，不征收营业税。

按相关规定，对下列项目应征收营业税：

(1) 单位或个人自己新建（以下简称自建）建筑物后销售，其自建行为视同提供应税劳务。

(2) 转让不动产有限产权或永久使用权，以及单位将不动产无偿赠与他人，视同销售不动产。

想一想：增值税以销售业务为主，营业税以提供劳务为主，这句话正确吗？

二、营业税税率

营业税采用比例税率，对不同的行业采用不同的比例税率，具体见表4—1。

表4—1 营业税税目税率

税目	税率	征收范围	常见征税业务
一、建筑业	3%	建筑、安装、修缮、装饰及其他工程作业	建筑：新建、改建、扩建各种建筑物、构筑物的工程作业，包括与建筑物相连的各种设备或支柱、操作平台的安装或装设工程作业，以及各种窑炉和金属结构工程作业。 安装：生产设备、动力设备、起重设备、运输设备、传动设备、医疗实验设备及其他各种设备的装配作业、安置工程作业（包括与设备相连的工作台、梯子、栏杆的装设工程作业和被安装设备的绝缘、防腐、保温、油漆等工程作业）、有线电视安装业务。 修缮：对建筑物、构筑物进行修补、加固、养护、改善，使之恢复原来的使用价值或延长其使用期限的工程作业。 装饰：对建筑物、构筑物进行修饰，使之美观或有特定用途的工程作业。 其他工程作业：代办电信工程、水利工程、道路修建工程、钻井工程、平整土地、搭脚手架、疏浚工程、爆破工程、拆除建筑物或构筑物工程、绿化工程等工程作业。
二、金融保险业	5%	金融、保险	金融：贷款业务（包括自有资金贷款和转贷业务）、融资租赁业务、金融商品转让业务（包括转让外汇、有价证券、非货物期货的所有权的业务）、金融经纪业务、其他金融业务（包括银行结算和票据贴现业务）。 保险：人身保险业务、责任保险业务。
三、文化体育业	3%	文化业：表演、播映、其他文化业、经营游览场所； 体育业：举办各种比赛和为体育比赛或体育活动提供场所的业务	表演：单位和个人进行戏剧、歌舞、时装、健美、杂技、民间艺术、武术体育等表演活动的业务。 播映：通过电台、电视台、音响系统、闭路电视、卫星通信等无线或有线装置传播作品以及在电影院、影剧院、录像厅及其他场所放映各种节目的业务。不包括广告的播映业务。电台、电视台有偿性的节目收费按播映征税。 其他文化业：各种展览、培训活动以及举办文学、艺术、科技讲座、演讲、报告会、图书馆的图书和资料借阅等业务。 经营游览场所：公园、动（植）物园及其他各种游览场所销售门票的业务。 体育业：单位和个人为举办体育比赛或体育活动提供场所的业务。

续前表

税目	税率	征收范围	常见征税业务
四、娱乐业	5%～20%	歌厅、舞厅、卡拉 OK 歌舞厅	为娱乐活动提供场所和服务的业务，包括夜总会、练歌房、音乐茶座（包括酒吧）、网吧、高尔夫球、游艺（如射击、狩猎、跑马、游戏机、蹦极、卡丁车、热气球、动力伞、射箭、飞镖）。
		保龄球、台球	为顾客进行台球、保龄球活动提供场所和服务的业务。
五、服务业	5%	代理业、旅店业、饮食业、旅游业、仓储业、租赁业、广告业务及其他服务业	代理业：代购代销货物、代办进出口及介绍服务、其他代理服务的业务。 旅店业：提供住宿服务的业务。 饮食业：通过同时提供饮食和饮食场所的方式为顾客提供饮食消费服务的业务。 旅游业：为旅游者安排食宿、交通工具和提供导游等旅游服务的业务。 其他服务业：不包括营改增中的应税服务。
六、转让无形资产	5%	转让土地使用权、专利权、非专利技术、商标权、著作权、商誉	转让土地使用权：单位和个人转让其受让的土地使用权行为，单位和个人转让已完成土地前期开发或正在进行土地前期开发，但未进入施工阶段的在建项目。 转让专利权：转让专利技术的所有权或使用权的行为。 转让非专利技术：转让非专利技术的所有权或使用权的行为。 转让商标权：转让商标的所有权或使用权的行为。 转让著作权：转让文字著作、图形著作（如画册、影集）、音像著作（如电影母片、录像带母带）的所有权或使用权的行为。 转让商誉：转让商誉使用权的行为。
七、销售不动产	5%	销售建筑物及其他土地附着物	有偿转让建筑物或构筑物所有权、销售其他土地附着物所有权、以转让有限产权或永久使用权方式销售建筑物、单位和个人转让进入建筑物施工阶段的在建项目的行为。 销售不动产时，连同转让所占土地使用权，比照销售不动产征税，转让以不动产投资入股的股权，按本税目征税。

（1）建筑业、文化体育业，税率为3%。

（2）金融保险业、服务业、销售不动产、转让无形资产，税率为5%。

（3）娱乐业执行5%～20%的幅度税率，具体适用的税率由各省、自治区、直辖市人民政府在规定的幅度内决定。

任务三 营业税应纳税额的计算

营业税实行比例税率，纳税人提供应税劳务、转让无形资产、销售不动产时，按照营业额和规定的税率，计算应纳税额。其计算公式为：

应纳税额＝营业额×税率

根据公式，计算应纳税额需要确定营业额和税率两个数据，营业税实行比例税率，税率基本都能确定（除娱乐业按照地区划分有所不同外），因此，关键是确定营业额，即营业税的计税依据。

一、营业税的计税依据

营业税的计税依据是营业额，营业额为纳税人提供应税劳务、转让无形资产或者销售不动产向对方收取的全部价款和价外费用。

价外费用，包括收取的手续费、补贴、基金、集资费、返还利润、奖励费、违约金、滞纳金、延期付款利息、赔偿金、代收款项、代垫款项、罚息及其他各种性质的价外收费。但不包括同时符合以下条件代为收取的政府性基金或者行政事业性收费：

（1）由国务院或者财政部批准设立的政府性基金，由国务院或者省级人民政府及其财政、价格主管部门批准设立的行政事业性收费。

（2）收取时开具省级以上财政部门印制的财政票据。

（3）所收款项全额上缴财政。

营业额对提供一般应税劳务的营业收入总额征税，但对一些特殊情况也允许按差额征税（即营业收入减去支出后的差额）：

（1）建筑业的总承包人，将工程分包或者转包给他人，以工程的全部承包额减去付给分包人或者转包人的价款后的余额为营业额。

（2）纳税人提供建筑业劳务（不含装饰劳务）的，其营业额应当包括工程所用原材料、设备及其他物资和动力价款在内，但不包括建设方提供的设备的价款。从事安装工程作业，安装设备价值作为安装工程产值的，营业额包括设备的价款。

（3）自建行为营业税的处理。自建行为是指纳税人自己建造房屋的行为。纳税人自建自用的房屋不纳税；如纳税人将自建的房屋对外销售（包括个人自建自用住房销售），其自建行为应先按建筑业缴纳营业税，再按销售不动产缴纳营业税。

（4）金融保险业的具体规定如下：

1）一般贷款业务的营业额为贷款利息收入（包括各种加息、罚息等）。

2）金融企业从事融资租赁业务，以纳税人向承租人收取的全部价款和价外费用（包括残值）减去出租方承租的出租货物的实际成本后的余额按直线法折算出本期的营业额。

3）外汇、有价证券、期货等金融商品买卖业务，以卖出价减去买入价后的余额为营业额，即营业额＝卖出价－买入价。

4）金融经纪业务和其他金融业务（中间业务）的营业额，为手续费（佣金）的全部收入。金融企业从事受托收款业务，如代收电话费、水电费、煤气费、信息费、学杂费、寻呼费、社保统筹费、交通违章罚款、税款等，以全部收入减去支付给委托方价款后的余额为营业额。

5）办理初保业务，营业额为纳税人经营保险业务时向对方收取的全部价款，即向被保险人收取的全部保险费。

6）储金业务，保险公司如采用收取储金方式取得经济利益（即以被保险人所交保险资金的利息收入作为保费收入，保险期满后将保险资金本金返还被保险人），其储金业务的营业额为储金的利息，即纳税人在纳税期内的储金平均余额乘以中国人民银行公布的1年期存款利率折算的月利率得到的金额。

7）广告代理业的营业额为代理者向委托方收取的全部价款和价外费用减去付给广告发布者的广告发布费后的余额。

8）纳税人从事旅游业务的，以其取得的全部价款和价外费用扣除替旅游者支付给其他单位或者个人的住宿费、餐费、交通费、旅游景点门票和支付给其他接团旅游企业的旅游费后的余额为营业额。

9）从事物业管理的单位，以与物业管理有关的全部收入减去代业主支付的水、电、燃气以及代承租者支付的水、电、燃气、房屋租金的价款后的余额为营业额。

10）纳税人从事无船承运业务，以其向委托人收取的全部价款和价外费用扣除其支付的海运费以及报关、港杂、装卸费用后的余额为营业额。

11）单位和个人销售或转让其购置的不动产或受让的土地使用权，以全部收入减去不动产或土地使用权的购置或受让原价后的余额为营业额。

12）对于纳税人提供劳务、转让无形资产或销售不动产价格明显偏低而无正当理由的，或者视同发生应税行为而无营业额的，税务机关可按下列顺序确定其营业额：按纳税人最近时期发生的同类应税行为的平均价格核定；按其他纳税人最近时期发生的同类应税行为的平均价格核定；按下列公式核定：

$$营业额=营业成本或者工程成本\times(1+成本利润率)\div(1-营业税税率)$$

公式中的成本利润率，由省、自治区、直辖市税务局确定。

二、营业税应纳税额的计算

营业税额的计算比较简单。纳税人提供应税劳务、转让无形资产或者销售不动产，按照营业额和规定的适用税率计算应纳税额。

下面通过举例来说明营业税应纳税额的计算方法。

【例4—1】某企业2014年1月份取得以下收入：

(1) 代售大型演唱会门票，取得代售手续费1 000元。

(2) 企业下设的照相馆取得营业收入20 000元。

(3) 举办培训班，收取培训费80 000元。

要求：计算该企业上述业务应缴纳的营业税。

(1) 代售门票手续费应纳营业税=1 000×5%=50（元）

(2) 照相馆收入应纳营业税=20 000×5%=1 000（元）

(3) 培训班收入应纳营业税=80 000×3%=2 400（元）

上述业务应缴纳的营业税=50+1 000+2 400=3 450（元）

【例 4—2】 某金融公司 2014 年 1 月发生如下业务：

(1) 提供一般贷款业务，取得利息收入 1 200 000 元。

(2) 提供金融经纪业务，取得手续费收入 10 000 元 。

(3) 从国债市场以 100 元的单价购入国债，以 150 元的价格卖出，获得价差收入 500 000 元。

要求：计算该公司上述业务应缴纳的营业税。

(1) 提供一般贷款业务，取得利息收入，应纳营业税为：

应纳营业税＝1 200 000×5%＝60 000(元)

(2) 提供金融经纪业务，取得手续费收入，应纳营业税为：

应纳营业税＝10 000×5%＝500(元)

(3) 金融机构从事有价证券买卖，按照价差收入征收营业税：

应纳营业税＝500 000×5%＝25 000(元)

想一想： 营业税是价内税，增值税是价外税，这句话正确吗？

任务四 营业税的征收管理

一、营业税的起征点

对于经营营业税应税项目的个人，我国《营业税暂行条例》规定了起征点。纳税人的营业额未达到财政部规定的营业税起征点的，免征营业税。达到或超过起征点的，应按全额计算纳税。自 2011 年 11 月 1 日起，为了贯彻落实国务院关于支持小型和微型企业发展的要求，税法规定的起征点如下：

(1) 按期纳税的（除另有规定外），为月营业额 5 000～20 000 元。

(2) 按次纳税的（除另有规定外），为每次（日）营业额 300～500 元。

为进一步扶持小微企业发展，自 2013 年 8 月 1 日起，对营业税纳税人中月营业额不超过 2 万元的企业或非企业性单位，暂免征收营业税。各省、自治区、直辖市人民政府所属地方税务机关可以在规定的幅度内，根据当地实际情况确定本地区适用的起征点，并报财政部、国家税务总局备案。

二、营业税的税收优惠

根据我国《营业税暂行条例》的规定，下列项目免征营业税：

(1) 托儿所、幼儿园、养老院、残疾人福利机构提供的育养服务、婚姻介绍服务、殡葬服务。

(2) 残疾人员个人提供的劳务。

(3) 学校和其他教育机构提供的教育劳务，学生勤工俭学提供的劳务。

(4) 农业机耕、排灌、病虫害防治、植物保护、农牧保险以及相关技术培训业务，家禽、牲畜、水生动物的配种和疾病防治。

(5) 纪念馆、博物馆、文化馆、文物保护单位管理机构、美术馆、展览馆、书画院、图书馆举办文化活动的门票收入，宗教场所举办文化、宗教活动的门票收入。

根据有关规定，下列项目也免征营业税（包括但不限于）：

(1) 保险公司开展的1年期以上返还性人身保险业务。

(2) 单位和个人从事技术转让、技术开发业务和与之相关的技术咨询、技术服务业务取得的收入，免征营业税。

(3) 个人转让著作权取得的收入，免征营业税。

(4) 社会团体按财政部门或民政部门规定标准收取的会费，免征营业税。

(5) 凡经中央及省级财政部门批准纳入预算管理或财政专户管理的行政事业性收费、基金，无论是由行政单位收取的，还是由事业单位收取的，均不征收营业税。

三、营业税的纳税义务发生时间

营业税的纳税义务发生时间，为纳税人收讫营业收入款项或者取得索取营业收入款项凭据的当天。此外，还有一些特殊规定：

(1) 纳税人转让土地使用权或者销售不动产，采用预收款方式的，其纳税义务发生时间为收到预收款的当天。

纳税人提供建筑业或者租赁业劳务，采取预收款方式的，其纳税义务发生时间为收到预收款的当天。

(2) 单位或者个人自己新建建筑物后销售，其自建行为的纳税义务发生时间为其销售自建建筑物并收讫营业额或者取得索取营业额凭据的当天。

(3) 纳税人将不动产或者土地使用权无偿赠送其他单位或者个人的，其纳税义务发生时间为不动产所有权、土地使用权转移的当天。

(4) 金融商品转让业务，纳税义务发生时间为金融商品所有权转移之日。

四、营业税的纳税期限

营业税的纳税期限，分别为5日、10日、15日、1个月或1个季度。纳税人的具体纳税期限，由主管税务机关根据纳税人应纳税额的大小分别核定；不能按照固定期限纳税的，可以按次纳税。

纳税人以1个月或1个季度为一期纳税的，自期满之日起15日内申报纳税；以5日、10日或者15日为一期纳税的，自期满之日起5日内预缴税款，于次月1日起15日内申报纳税并结清上月应纳税款。

扣缴义务人的解缴税款期限，比照上述规定执行。

银行、财务公司、信托投资公司、信用社、外国企业常驻代表机构的纳税期限为1个季度，自纳税期满之日起15日内申报纳税。

保险业的纳税期限为1个月。

五、营业税的纳税地点

营业税原则上采取属地征收的方法，即纳税人在经营行为发生地缴纳应纳税款。

具体规定如下：

（1）纳税人提供应税劳务，应当向机构所在地、居住地的主管税务机关申报纳税。

（2）纳税人转让土地使用权，应当向土地所在地主管税务机关申报纳税。纳税人转让其他无形资产，应当向其机构所在地或居住地的主管税务机关申报纳税。

（3）单位和个人出租土地使用权、不动产，其营业税纳税地点为土地、不动产所在地。单位和个人出租物品、设备等动产的营业税纳税地点为出租单位机构所在地或个人居住地。

（4）纳税人销售不动产，应当向不动产所在地主管税务机关申报纳税。

（5）在中华人民共和国境内的单位提供的设计（包括在开展设计时进行的勘探、测量等业务）、工程监理，调试和咨询等应税劳务的，其营业税纳税地点为单位机构所在地。

（6）在中华人民共和国境内的单位通过网络为其他单位和个人提供培训、信息和远程调试、检测等服务的，其营业税纳税地点为单位机构所在地。

六、营业税的纳税申报

营业税的纳税人应按有关规定及时办理纳税申报，并应如实填写《营业税纳税申报表》（见表4—2）。

表4—2　　营业税纳税申报表

填表日期：　年　月　日

纳税人识别号：□□□□□□□□□□□□□□□　　金额单位：　元（列至角分）

<table>
<tr><td colspan="2">纳税人名称</td><td colspan="5"></td><td colspan="3">税款所属时期</td><td colspan="2"></td></tr>
<tr><td rowspan="2">项目</td><td rowspan="2">经营项目</td><td colspan="5">营业额</td><td rowspan="2">税率</td><td colspan="4">本期</td></tr>
<tr><td>全部收入</td><td>不征税项目</td><td>减除项目</td><td>减免税项目</td><td>应税营业额</td><td>应纳税额</td><td>减免税额</td><td>已纳税额</td><td>应补（退）税额</td></tr>
<tr><td>1</td><td>2</td><td>3</td><td>4</td><td>5</td><td>6</td><td>7＝3－4－5－6</td><td>8</td><td>9＝7×8</td><td>10＝6×8</td><td>11</td><td>12</td></tr>
<tr><td></td><td></td><td></td><td></td><td></td><td></td><td></td><td></td><td></td><td></td><td></td><td></td></tr>
<tr><td></td><td></td><td></td><td></td><td></td><td></td><td></td><td></td><td></td><td></td><td></td><td></td></tr>
<tr><td></td><td></td><td></td><td></td><td></td><td></td><td></td><td></td><td></td><td></td><td></td><td></td></tr>
<tr><td></td><td></td><td></td><td></td><td></td><td></td><td></td><td></td><td></td><td></td><td></td><td></td></tr>
<tr><td colspan="2">合并</td><td></td><td></td><td></td><td></td><td></td><td></td><td></td><td></td><td></td><td></td></tr>
</table>

<table>
<tr><td colspan="2">如纳税人填报，由纳税人填写以下各栏</td><td colspan="5">如委托代理人填报，由代理人填写以下各栏</td><td>备注</td></tr>
<tr><td rowspan="3">会计主管
（签章）</td><td rowspan="3">纳税人
（公章）</td><td>代理人名称</td><td colspan="3"></td><td rowspan="3">代理人
（公章）</td><td rowspan="3"></td></tr>
<tr><td>地址</td><td colspan="3"></td></tr>
<tr><td>经办人</td><td></td><td>电话</td><td></td></tr>
<tr><td colspan="8">以下由税务机关填写</td></tr>
<tr><td colspan="2">收到申报表日期</td><td colspan="2"></td><td colspan="2">接收人</td><td colspan="2"></td></tr>
</table>

项目小结

营业税是指对在中国境内提供应税劳务、转让无形资产或销售不动产的单位和个人，就其所得的营业额征收的一种流转税。通过学习本项目，需要掌握营业税的基本内容、税目和税率、应纳税额的计算等。

自测练习题

一、单项选择题（在备选答案中只有一个是正确的，将其选出并把它的标号写在题干的括号内）

1. 下列项目中，属于营业税征收范围的有（　　）。

A. 加工、修理修配劳务　　B. 转让无形资产

C. 商业零售　　D. 收购农产品

2. 在KTV销售的饮料按（　　）。

A. 销售货物缴纳增值税　　B. 服务业中的饮食业缴纳营业税

C. 娱乐业缴纳营业税　　D. 文化体育业缴纳营业税

3. 纳税人兼有不同税目应交营业税行为的，须分别核算不同税目的营业额、转让额、销售额；未分别核算的，（　　）。

A. 从高适用税率　　B. 从低适用税率

C. 适用平均税率　　D. 适用增值税税率

4. 纳税人转让土地使用权或销售不动产，采取预收款方式的，其纳税义务的时间为（　　）。

A. 所有权转移的当天　　B. 收到预收款的当天

C. 收到全部价款的当天　　D. 所有权转移并收到全部款项的当天

5. 纳税人提供的建筑业劳务，应当向（　　）的主管税务机关申报纳税。

A. 机构所在地　　B. 应税劳务发生地

C. 居住地　　D. 登记注册地

6. 打捞业按（　　）税目征收营业税。

A. 交通运输业　　B. 邮政业

C. 服务业中的代理业　　D. 服务业中的其他服务业

7. 营业税纳税期限不包括（　　）。

A. 6天　　B. 5天　　C. 10天　　D. 15天

8. 采用按期纳税方式的纳税人（除另有规定外），其月营业额为（　　）元。

A. 1 000～20 000　　B. 3 000～50 000

C. 15 000～20 000　　D. 5 000～20 000

9. 广播电视有线数字付费频道业务按（　　）税目征收营业税。

A. 文化体育业中的播映　　B. 文化体育业中的表演

C. 娱乐业　　D. 服务业中的广告业

10. 纳税人转让土地使用权，应当向（　　）主管税务机关申报缴纳营业税。

A. 土地所在地　　　　　　　　　　B. 纳税人所在地
C. 机构所在地　　　　　　　　　　D. 款项支付

11. 某钻井队为某住宅打井取得的收入，应按（　　）征收营业税。

A. 交通运输业　B. 服务业　　C. 建筑业　　D. 销售不动产

12. 对单位和个人在旅游景区经营旅游游船、观光电梯、观光电车、景区环保客运车所取得的收入，应按（　　）税目征收营业税。

A. 娱乐业　　　　　　　　　　　B. 文化体育业
C. 服务业中的旅游业　　　　　　D. 服务业中的其他服务业

13. 搬家业务收入应按（　　）税目，依3%的税率征收营业税。

A. 交通运输业　　　　　　　　　B. 建筑安装业
C. 服务业　　　　　　　　　　　D. 娱乐业

14. 某省规定采用按期纳税方式的纳税人，其营业税起征点为每月营业额 5 000 元，某纳税人的月营业额为 5 500 元，适用 5%的营业税税率，则应纳营业税税额为（　　）。

A. 25 元　　B. 275 元　　C. 250 元　　D. 150 元

15. 某大酒店营业额明显偏低，税务机关对其采用核定营业额的方法征税，其某月的营业成本为 15 万元，同行业的成本利润率为 25%，则该酒店的应纳税额为（　　）万元。

A. 2.5 万元　　B. 0.5 万元　　C. 0.83 万元　　D. 0.99 万元

16. 某运输公司 2010 年 12 月取得的运营收入为 40 万元，运营支出为 10 万元，则该公司应纳营业税为（　　）。

A. 6 000 元　　B. 1.2 万元　　C. 1 万元　　D. 2 万元

17. 某旅游公司组织 20 人去桂林旅游，每人收取旅游费 2 000 元，旅游中由公司替旅客支付房费 150 元，餐费 100 元，交通费 100 元，门票等费用 50 元。旅游公司组织这次旅游应纳的营业税为（　　）元。

A. 2 000　　B. 1 200　　C. 1 600　　D. 960

18. 从事金融业务的纳税人的纳税期限为（　　）。

A. 一个季度
B. 一个月或 15 日、10 日、5 日
C. 一个月
D. 一个月或 15 日、10 日、5 日、3 日、1 日

19. 经营游览场所属于营业税暂行条例中规定的（　　）的征税范围。

A. 娱乐业　　　　　　　　　　　B. “服务业”税目中的旅游业
C. “服务业”税目中的其他服务业　D. “文化体育业”税目中的文化业

20. 绿化工程按（　　）征收营业税。

A. 交通运输业　B. 服务业　　C. 邮电通信业　　D. 建筑业

二、多项选择题（在备选答案中有2～5个是正确的，将其全部选出并把它的标号写在题干的括号内）

1. 根据营业税法律制度的规定，下列各项业务中，属于营业税征税范围的是（　　）。

A. 受托加工窗帘　　B. 销售不动产

C. 提供装卸运输劳务　　D. 播映广告

2. 在营业税的定义中，应税劳务是指属于（　　）税目征收范围的劳务。

A. 交通运输业　　B. 建筑业

C. 娱乐业　　D. 修理修配劳务

3. 我国《营业税暂行条例》第一条中所称的个人，是指（　　）。

A. 独立的个体　　B. 个体工商户

C. 其他有经营行为的个人　　D. 自定义的个人

4. 下列行为中，应征收营业税的是（　　）。

A. 销售房地产　　B. 运输货物

C. 销售空调并提供安装服务　　D. 提供装饰劳务

5. 下列行为中，不征收营业税的是（　　）。

A. 境内保险机构为出口货物提供的保险产品

B. 单位聘用的员工为本单位提供装潢劳务

C. 将不动产销售给自己的朋友

D. 某建筑公司自建自用建筑物所提供的建筑劳务

6. 下列说法中，不正确的是（　　）。

A. 外国人员在中国境内销售不动产不用缴纳营业税

B. 外国人员在中国境内提供应税劳务应缴纳营业税

C. 境内单位派遣人员到境外，应就其在境外提供的劳务在境内缴纳营业税

D. 所转让的无形资产在我国境内使用，要根据转让的国籍来分别确定是否需要在我国境内纳税

7. 下列行业中，营业税税率为3%的有（　　）。

A. 金融保险业　　B. 交通运输业

C. 建筑业　　D. 邮电通信业

8. 营业税的征税范围包括（　　）。

A. 交通运输业　B. 建筑业　C. 金融保险业　D. 邮电通信业

9. 纳税人提供应税劳务、转让无形资产或销售不动产价格明显偏低而无正当理由的，主管税务机关应核定其组成计税价格。下列组成计税价格的公式中，错误的是（　　）。

A. 营业成本或工程成本×(1＋成本利润率)÷(1－营业税税率)

B. 营业成本或工程成本×(1＋成本利润率)÷(1＋营业税税率)

C. 营业成本或工程成本÷(1－营业税税率)

D. 营业成本或工程成本÷(1＋营业税税率)

10. 下面有关营业税特征的说法中，正确的是（　　）。

A. 营业税按行业来设计税目、税率 B. 营业税征收面较广但税负都比较低

C. 营业税计算简便，便于征管　　　D. 营业税属于中央税

11. 根据有关政策的规定，（　　）属于缴纳营业税的项目。

A. 邮电部门发行报刊

B. 其他单位和个人发行报刊

C. 销售单位销售货物并负责运输所售货物

D. 以土地换房屋的

12. 下列价外费用中，应并入营业额缴纳营业税的有（　　）。

A. 手续费　　B. 基金　　C. 集资费　　D. 代收款项

13. 下列行为按建筑业征收营业税的是（　　）。

A. 建筑/安装　　B. 修缮/装饰　　C. 平整土地　　D. 打捞

14. 下列经营活动中，适用的营业税税率有错误的是（　　）。

A. 旅游景点经营索道取得的收入按5%

B. 建筑设计收入按3%

C. 邮政储蓄收入按5%

D. 金融保险业按5%

15. 下列项目中，不是按服务业征税的有（　　）。

A. 代销货物的手续费收入　　　B. 卡拉OK厅的收入

C. 融资租赁业务的收入　　　　D. 金融经纪业的收入

16. 下列混合销售行为中，应缴纳营业税的是（　　）。

A. 钢窗厂生产钢窗并负责安装

B. 从事运输业务的单位销售货物并负责运输所售货物

C. 移动公司销售手机并提供网络服务

D. 商场销售卤制品

17. 营业税起征点的规定不适用于（　　）。

A. 内资企业　　B. 外资企业　　C. 事业单位　　D. 个人

18. 娱乐业的营业额包括（　　）

A. 门票收费　　B. 台位费　　C. 点歌费　　D. 烟酒饮料茶水等收费

19. 下列属于营业税扣缴义务人的是（　　）。

A. 中华人民共和国境外的单位或者个人在境内提供应税劳务，转让无形资产或者销售不动产，在境内未设有经营机构的，以其境内代理人为扣缴义务人

B. 中华人民共和国境外的单位或者个人在境内提供应税劳务，转让无形资产或者销售不动产，在境内没有代理人的，以受让方或者购买方为扣缴义务人

C. 建筑安装业务实行分包或者转包的，以总承包人为扣缴义务人

D. 国务院财政、税务主管部门规定的其他扣缴义务人

20. 下列关于营业税税率的说法中，不正确的有（　　）。

A. 交通运输业、建筑业、邮电通信业和文化体育业等基础产业和鼓励发展的行

业适用较低的3%的税率

B. 服务业、转让无形资产和销售不动产适用较高的5%的税率

C. 金融保险业适用7%的税率

D. 娱乐业适用20%的税率

三、名词解释题

1. 营业税

2. 转让无形资产

3. 服务业

四、判断题（请在题后的括号内正确的画“√”，错误的画“×”）

1. 营业税属于流转税。（ ）

2. 纳税人发生将不动产或者土地使用权无偿赠送其他单位或者个人的行为，其纳税义务发生时间为不动产所有权、土地使用权转移的第二天。（ ）

3. 纳税人的营业额为纳税人提供应税劳务、转让无形资产或者销售不动产收取的全部价款和价内费用。（ ）

4. 外汇、有价证券、期货等金融商品买卖业务，以卖出价减去买入价后的余额为营业额。（ ）

5. 除我国《营业税暂行条例》的规定外，营业税的免税、减税项目由财政部制定，任何地区、部门均不得规定免税、减税项目。（ ）

6. 纳税人销售、出租不动产，应当向不动产所在地的主管税务机关申报纳税。（ ）

7. 纳税人提供建筑业或者租赁业劳务，采取预收款方式的，其纳税义务发生时间为收到预收款的当天。（ ）

8. 营业税主要以非商品销售额为税基，所以其计税依据受纳税人成本、费用大小的影响。（ ）

9. 营业税的纳税人是在我国境内提供应税劳务、转让无形资产或者销售不动产的法人和自然人。（ ）

10. 有偿销售不动产是指销售不动产取得的货币、实物或其他经济利益。（ ）

11. 营业税起征点的适用范围仅限于单位。（ ）

12. 纳税人兼营免税、减税项目的，应当单独核算免税、减税项目的营业额；未单独核算营业额的，不得免税、减税。（ ）

13. 公园内的游艺场（射击、游戏机等）按服务业缴纳营业税。（ ）

14. 提供建筑业劳务的同时销售自产货物的行为，应当分别核算应税劳务的营业额和货物的销售额，其应税劳务的营业额缴纳营业税，货物销售额不缴纳营业税；未分别核算的，由主管税务机关核定其应税劳务的营业额。（ ）

15. 纳税人转让、出租土地使用权，应当向土地所在地的主管税务机关申报纳税。（ ）

16. 个人转让专利权，以受让者为营业税扣缴义务人。（　）

17. 在我国境内提供各种劳务的收入，均应缴纳营业税。（　）

18. 娱乐业是指为娱乐活动提供场所和服务的业务，应按5%的税率征收营业税。（　）

19. 由于我国《营业税暂行条例》是由国务院颁布的，故不对外国企业和外国公民起作用。（　）

20. 金融保险业（不包括典当业）的纳税期限为一个季度，自纳税期满之日起10日内申报缴纳。（　）

五、简答题

1. 建筑安装业常见的征税业务有哪些？

2. 简述营业税的作用。

3. 简要说明我国现行营业税的征税范围。

4. 我国《营业税暂行条例》规定的免税项目包括哪些内容？

5. 纳税人除在境外提供保险劳务外，还有哪些情形为《营业税暂行条例》中所称的在中华人民共和国境内提供应税劳务、转让无形资产或者销售不动产？

6. 简述营业税的差额征税。

六、论述题

1. 论述营业税的特点。

2. 论述营业税的纳税义务人。

3. 论述金融保险业的差额征税。

4. 论述营业税的税目。

5. 试述营业税的纳税地点。

七、计算题

1. 某市建筑安装公司于2013年5月份取得全部工程结算收入900万元，其中应支付给其他分包单位分包工程款180万元。

要求：请计算该建筑安装公司5月份应缴纳的营业税额。

2. 某市的一家旅行社于2013年8月收取“成都十日游”旅客旅游费8万元，旅游期间支付旅馆费8 000元、餐费5 000元、交通费10 000元、门票费2 500元，本月20日旅游团返回。

要求：请计算该旅行社8月份应缴纳的营业税额。

3. 景胜龙宾馆经营客房、舞厅、代办长途电话、洗衣、餐厅等业务，2013年6月取得以下业务收入：（1）客房收入15万元；（2）餐厅收入10万元；（3）舞厅门票收入3 500元，饮料收入5 000元，点歌收入2 000元；（4）代办长途电话收费6 000元，支付给电信局长途电话费2 000元；（5）洗衣收入2 000元。

要求：请计算该宾馆6月份应缴纳的营业税额。

项目五 关 税

项目综述

本项目介绍的关税是流转税的最后一个税种，不管是从价税、从量税、复合税还是滑准税，关税的存在都会提高商品在国内的价格，所以，关税的重要作用已经转移为阻挡国外商品的进入，保护国内市场和国内相关产业。关税有哪些作用？如何对关税进行分类？如何计算关税的应纳税额？国家是如何进行关税征管的？这些都是我们在本项目中将要学习的重要内容。

关键概念

关税 国境 关境 普通关税 优惠关税 歧视关税 关税征税对象 关税税则 关税完税价格 关税强制执行 税收保全措施

本项目重点与难点提示

本项目阐述了关税的基本理论。学习本项目，要求着重理解什么是关税，掌握关税的征税对象、纳税义务人、税则、税率、完税价格、应纳税额、税收优惠和征管，在对关税基本知识概括了解的基础上，明确关税应纳税额计算的主要方法。通过本项目的学习，目的在于提高对关税相关知识的全面认识。

本项目的重点是关税的含义、征税对象、税则、税率、完税价格、应纳税额、税收优惠和征管。

本项目的难点是对关税完税价格的理解以及计算。

学习导航

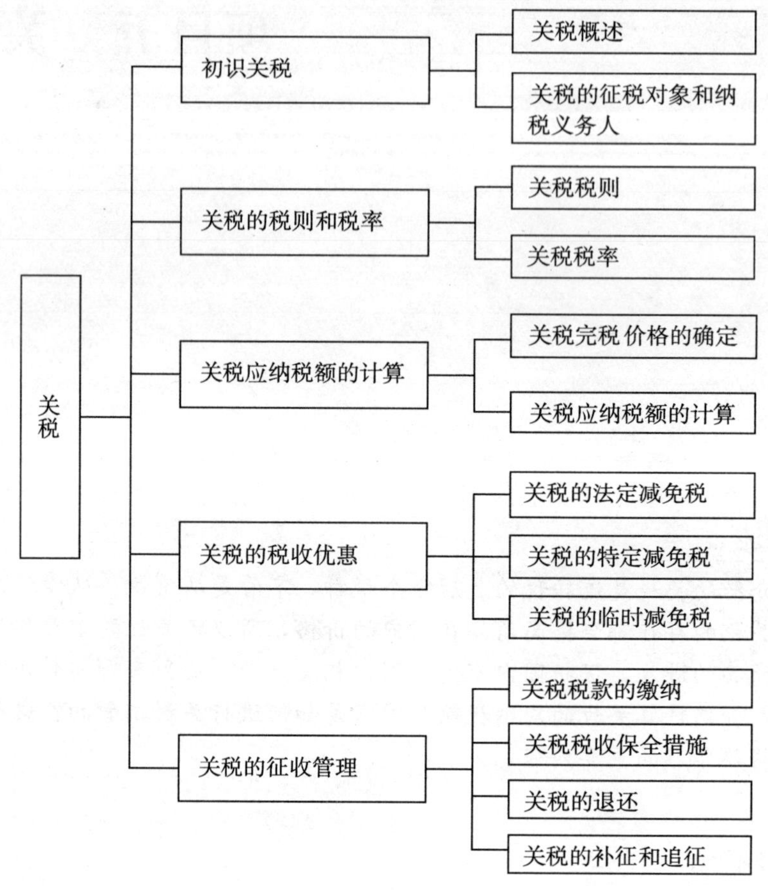

学习目标

通过学习本项目，你会明白以下问题：

- 关税的含义、分类和征税对象等；
- 关税的税则和税率；
- 关税的完税价格；
- 关税的从价税、从量税、复合税和滑准税；
- 关税的税收优惠和征收管理。

任务一　初识关税

一、关税概述

关税是进口商品经过一国关境时，由政府所设置的海关向进出口商所征收的税收。关税是流转税的一种。关税以统一的国境或关境为征税地点。国境是一个国家以边境为界限，全面行使主权的境遇，包括领土、领海和领空。关境是一个国家关税法令完全实施的境域。一般情况下，一个国家的国境与关境是一致的，但当一个国家在国境内设立自由贸易港、自由贸易区、保税区、保税仓库时，关境就会小于国境；当几个国家结成关税同盟，成员国之间相互取消关税，对外实行共同的关税税则时，就其成员国而言，关境就会大于国境。

关税具有强制性、无偿性、预定性的特点。关税还具有维护国家主权和经济利益、增加国家财政收入和调节进出口产品和促进贸易的作用。

按照不同的标准，关税有多种分类方法。按征收对象分类，关税可分为进口税、出口税和过境税三类；按征收目的分类，关税可分为财政关税和保护关税；按计征标准分类，关税可分为从价税、从量税、复合税、滑准税；按货物国别来源而区别对待的原则，关税可分为最惠国关税、协定关税、特惠关税和普通关税等。

（一）按征收对象分类

（1）进口税。

进口税是进口国家的海关在外国商品输入时，对本国进口商所征收的关税。根据税率不同，进口税税率可分为：普通税率，针对没有签订贸易协定的国家实行的税率；最惠国税率：对签有最惠国待遇条款的贸易协定国家实行的税率；普惠制税率：是指发达国家向发展中国家提供的优惠税率，不是互惠的，而是单向的。

（2）出口税。

出口税是指出口国家的海关在本国产品输往国外时，对出口商所征收的关税。出口税的征收不利于扩大出口。目前，世界上大多数国家都不征收出口税。我国在2002年仅对一小部分关系到国计民生的重要出口商品征收出口税，一共有36个税目，其中对23个税目实行出口暂定税率，其余的不征税。

（3）过境税。

过境税是指一国对于通过其关境的外国货物所征收的关税。目前，世界上大多数国家都不征收过境税，我国也不征收过境税。

（二）按征收目的分类

（1）财政关税。

财政关税，又称为收入关税，是以增加国家财政收入为主要目的而计征的关税。

（2）保护关税。

保护关税是以保护本国经济发展为主要目的而课征的关税。保护关税主要是进口税，其税率较高。通过征收高额进口税，使进口商品的成本较高，从而削弱它在进口国市场的竞争能力，以达到保护本国经济发展的目的。

（三）按计征标准分类

（1）从价税。

从价税是一种最常用的关税计税标准。它是以进出口货物的价格为标准计征的。这里的价格不是指成交价格，而是指进出口商品的完税价格。因此，按从价税计算关税，首先要确定货物的完税价格。

(2) 从量税。

从量税是以商品的数量、重量、容量、长度和面积等计量单位为标准，以每计量单位货物的应征税额为税率。它的特点是不因商品价格的涨落而改变税额，计算比较简单。

(3) 复合税。

复合税又称混合税。它是对进口商品既征从量关税又征从价关税的一种办法。一般以从量为主，再加征从价税。

(4) 滑准税。

滑准税是根据货物的不同价格适用不同税率的一类特殊的从价关税。它是一种关税税率随进口货物价格由高至低而由低至高设置计征关税的方法。简单地讲，就是进口货物的价格越高，其进口关税税率越低，进口商品的价格越低，其进口关税税率越高。滑准税的特点是可保持实行滑准税商品的国内市场价格的相对稳定，而不受国际市场价格波动的影响。实行滑准税，进口商品应纳关税税额的计算方法与从价税的计算方法相同。2010年，我国开始对关税配额外进口一定数量的棉花实施滑准税。

(四) 按差别待遇分类

(1) 普通关税。

普通关税是指没有优惠也没有歧视的正常关税，适用原产于某些国家或地区的进口货物。

(2) 优惠关税。

优惠关税是指对来自特定国家的进口货物规定和适用较低的优惠税率而征收的关税。优惠关税通常适用原产于与我国共同适用最惠国待遇条款的 WTO（世界贸易组织）成员方或地区的进口货物，或原产于与我国签订有相互给予最惠国待遇条款的双边贸易协定的国家或地区的进口货物。目前，我国的优惠关税有最惠国待遇关税、协定关税、普遍优惠制关税等。

(3) 歧视关税。

歧视关税是指对来自特定国家的进口货物规定和使用正常税率征税的基础上，再加征一定税额的关税。歧视关税一般是国家采取的临时性措施，目前，我国的歧视关税主要有反倾销税、反补贴税、报复性关税等。

想一想： 对关税进行分类的意义是什么？

二、关税的征税对象和纳税义务人

(一) 征税对象

关税的征税对象是进出口我国国境或关境的货物和物品。货物是指贸易性商品；物品包括入境旅客随身携带的行李物品、个人邮递物品、各种运输工具上的服务人员携带进口的自用物品、馈赠物品以及其他方式进境的个人物品。

(二) 纳税义务人

进口货物的收货人、出口货物的发货人、进出境物品的所有人，是关税的纳税义务人。进出口货物的收、发货人是依法取得对外贸易经营权，并进口或者出口货物的法人或者其他社会团体。进出境物品的所有人包括该物品的所有人和推定为所有人的人。

任务二　关税的税则和税率

一、关税税则

关税税则又称海关税则，是指按照国家关税政策，由国家有关部门制定的对进出口商品计征关税的规章和对进出口的应税与免税商品加以系统分类的一览表。海关凭此征收关税，是关税政策的具体体现。

海关税则一般包括两个部分：一部分是海关课征关税的规章条例及说明；另一部分是关税税目税率表。

二、关税税率

在我国加入世界贸易组织之前，我国进口税则设有两栏税率，即普通税率和优惠税率。自 2002 年 1 月 1 日起，我国进口税则设有最惠国税率、协定税率、特惠税率、普通税率、关税配额税率等税率。

(1) 最惠国税率。

最惠国税率适用原产于与我国共同适用最惠国待遇条款的 WTO 成员或地区的进口货物，或原产于与我国签订有相互给予最惠国待遇条款的双边贸易协定的国家或地区进口的货物，以及原产于我国境内的进口货物。

(2) 协定税率。

协定税率适用原产于我国参加的含有关税优惠条款的区域性贸易协定有关缔约方的进口货物。

(3) 特惠税率。

特惠税率适用原产于与我国签订有特殊优惠关税协定的国家或地区的进口货物。

(4) 普通税率。

普通税率适用于原产于上述国家或地区以外的其他国家或地区的进口货物。按照普通税率征税的进口货物，经国务院关税税则委员会特别批准，可以适用最惠国税率。

任务三　关税应纳税额的计算

一、关税完税价格的确定

进出口货物的完税价格是指海关以该货物的成交价格为基础，按照有关规定进行审定或估定后确定的价格，它是海关征收关税的依据。

（一）一般进口货物的完税价格

进口货物以成交价格为基础计算完税价格。根据我国《海关法》的规定，进口货物的完税价格是以成交价格为基础的到岸价，包括货物的货价、货物运抵我国境内输入地点起卸前的运输费及其相关费用、保险费。

（二）对实付或应付价格进行调整的有关规定

（1）对下列内容应当计入完税价格：

1）由买方负担的除购货佣金以外的佣金和经纪费。“购货佣金”是指买方为购买进口货物而向自己的采购代理人支付的劳务费用。“经纪费”是指买方为购买进口货物而向代表买卖双方利益的经纪人支付的劳务费用。

2）由买方负担的与该货物视为一体的容器费用。

3）由买方负担的包装材料费用和包装劳务费用。

4）与该货物有关并作为卖方向我国销售该货物的一项条件，应当由买方直接或间接支付的特许权使用费。

（2）下列费用，如能与该货物实付或者应付价格区分，不得计入完税价格：

1）厂房、机械、设备等货物进口后的基建、安装、装配、维修和技术服务的费用。

2）货物运抵境内输入地点之后的运输费用。

3）进口关税及其他国内税收。

（三）特殊进口货物的完税价格

（1）运往境外修理的货物，以海关审定的正常修理费和料件费为完税价格，不包括运输费和保险费。

（2）运往境外加工的货物，以海关审定的境外加工费和料件费，以及该货物复运进境的运输费及其相关费用、保险费估定完税价格。

（3）以租赁方式进口的货物，在租赁期间以海关审定的租金作为完税价格；留购的租赁货物，以海关审定的留购价格为完税价格；承租人申请一次性缴纳税款的，经海关同意，按照一般进口货物估价办法的规定，估定完税价格。

（四）进口货物海关估价方法

若海关不接受申报价格，可以按照相同或类似货物的成交价格等方法估定完税价格。为获得合适的相同或类似进出口货物的成交价格，可以与进出口货物的纳税义务人进行价格磋商。

（五）出口货物的完税价格

出口货物的完税价格，由海关以该货物向境外销售的成交价格为基础审查确定，并包括货物运至我国境内输出地点装载前的运输费及其相关费用、保险费，但其中包含的出口关税税额应当扣除。出口货物的成交价格，是指该货物出口销售到我国境外时买方向卖方实付或应付的价格。

（六）运费和保险费的确定

陆运、海运和空运进口货物的运费和保险费，应当按照实际支付的费用计算。如果进口货物的运费无法确定或未实际发生，海关应当按照该货物进口时运输行业公布的运费率计算运费，按照“货价加运费”两者总额的3‰计算保险费。

以其他方式进口的几种情况有：

（1）以邮运进口的货物，应当以邮费作为运输费及相关费用、保险费。

（2）以境外边境口岸价格条件成交的通过铁路或公路运输的进口货物，海关应当按照货价的1%计算运输费及相关费用、保险费。

（3）作为自驾进口的运输工具，海关在审定关税价格时，可以不另行计入运费。

二、关税应纳税额的计算

（一）从价税应纳税额的计算

从价税应纳税额的计算公式如下：

应纳税额＝应税进(出)口货物数量×单位完税价格×适用税率

（二）从量税应纳税额的计算

从量税是依据商品的数量、重量、容量、长度和面积等计量单位为标准来征收的。它的特点是其税额不因商品价格的涨落而改变，计算比较简单。从量税应纳税额的计算公式如下：

应纳税额＝应税进(出)口货物数量×关税单位税额

（三）复合税应纳税额的计算

我国目前实行的复合税都是先计征从量税，再计征从价税。复合税应纳税额的计算公式如下：

应纳税额＝应税进(出)口货物数量×关税单位税额＋应税进(出)口货物数量×单位完税价格×适用税率

（四）滑准税应纳税额的计算

滑准税应纳税额的计算方法与从价税的相同（使用的税率不同），滑准税应纳税额的计算公式如下：

应纳税额＝应税进(出)口货物数量×单位完税价格×滑准税税率

【例5—1】某商场于2014年1月进口一批化妆品，共计100件。该批货物在国外的购买单价为1 000元，货物运抵我国入关前发生的运输费、保险费和其他费用分别为100元、60元、40元。已知该化妆品适用的进口关税税率为10%。计算该批化妆品进口环节应缴纳的关税税额。

单位完税价格＝1 000＋100＋60＋40＝1 200(元)

应纳税额＝应税进(出)口货物数量×单位完税价格×适用税率

＝100×1 200×10%＝12 000(元)

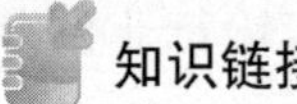

知识链接

某产品的国内价格由该产品的到岸价加上进口关税和增值税（消费税）构成，如图 5—1 所示。

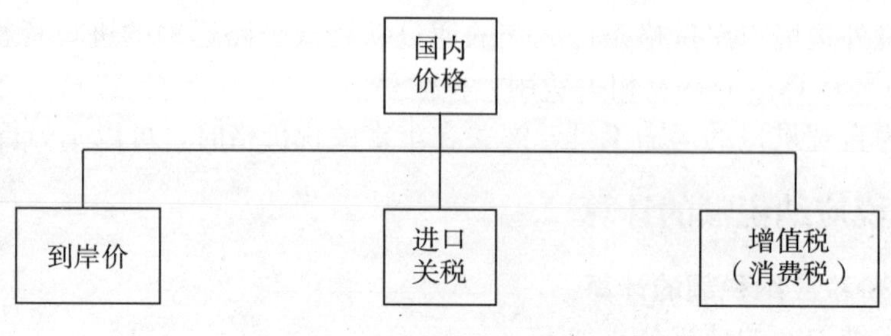

图 5—1　某产品的国内价格组成

任务四　关税的税收优惠

一、关税的法定减免税

法定减免税是税法中明确列出的减税或免税。符合税法的规定可予以减免税的进出口货物，纳税义务人无须提出申请，海关可按规定直接予以减免税。海关对法定减免税货物一般不进行后续管理。

我国《海关法》和《进出口条例》明确规定，下列货物、物品可予以减免关税：

(1) 关税税额在人民币 50 元以下的单一货物。

(2) 无商业价值的广告品和货样。

(3) 国际组织、外国政府无偿赠送的物资。

(4) 进出境运输工具装载途中必需的燃料、物料和饮食用品。

(5) 来料加工进口复出口的材料、零件、配件等。

(6) 经海关核准暂时进境或出境，并在 6 个月内复运出境或进境的展览品、施工机械、仪器等。

(7) 因故退还的中国出口货物，可以免征进口关税，但已征收的出口关税不予退还。

(8) 因故退还的境外进口货物，可以免征出口关税，但已征收的进口关税不予退还。

(9) 进口货物如有以下情形，经海关查明属实的，可酌情减免进口关税：

1) 在境外运输途中或者在起卸时，遭受损坏或者损失的；

2) 起卸后海关放行前，因不可抗力遭受损坏或者损失的；

3) 海关查验时已经破漏、损坏或者腐烂，经证明不是保管不慎造成的。

(10) 法律规定减免税的其他货物。

二、关税的特定减免税

特定减免税也称政策性减免税，是指在法定减免税之外，根据国务院有关进出口货物减免关税规定办理的政策性减免税。特定减免税货物一般有地区、企业和用途的限制，海关需要进行后续管理。如直接用于科学研究或者教学的用品、残疾人个人专用品以及扶贫、慈善性捐赠物资等。

为鼓励、支持部分行业或特定产品的发展，国家制定了部分特定行业或用途的减免税政策，这类政策一般对可减免税的商品列有具体清单。如为支持我国海洋和陆上特定地区石油、天然气开采作业，对相关项目进口国内不能生产或性能不能满足要求的、直接用于开采作业的设备、仪器、零附件、专用工具，免征进口关税和进口环节增值税等。

三、关税的临时减免税

临时减免税是指在法定减免和特定减免之外，由海关审批的减免税。主要是对某个单位、某个发货人或其代理人等，由于特殊原因临时给予的减免税。

任务五 关税的征收管理

一、关税税款的缴纳

关税缴纳是保证国家关税收入的重要环节，必须依法实施管理，要求海关依法征收，同时要求纳税义务人依法缴纳。为了保证国家关税的收入，海关在关税征收和缴纳过程中可以依法采取一定的强制措施。我国《海关法》第六十条做出如下几项规定：

(1) 进出口货物的纳税义务人，应当自海关填发税款缴款书之日起十五日内缴纳税款。

(2) 未按上述规定期限缴纳税款而逾期缴纳的，由海关征收滞纳金（按滞纳税款万分之五的比例按日征收，周末或法定节假日不予以扣除）。

(3) 纳税义务人、担保人超过三个月仍未缴纳的，经直属海关关长或者其授权的隶属海关关长批准，海关可以采取下列强制措施：

1) 书面通知其开户银行或者其他金融机构从其存款中扣缴税款；

2) 将应税货物依法变卖，以变卖所得抵缴税款；

3) 扣留并依法变卖其价值相当于应纳税款的货物或者其他财产，以变卖所得抵缴税款。

(4) 海关采取强制措施时，对前述所列的纳税义务人、担保人未缴纳的滞纳金同时强制执行。

(5) 进出境物品的纳税义务人，应当在物品放行前缴纳税款。

二、关税税收保全措施

为了保证国家的关税收入，海关需要依法采取税收保全措施。因此我国《海关法》第六十一条规定了如下内容。

（一）采取税收保全措施的对象和权限

进出口货物的纳税义务人在规定的纳税期限内有明显的转移、藏匿其应税货物以及其他财产迹象的，海关可以责令纳税义务人提供担保；纳税义务人不能提供纳税担保的，经直属海关关长或者其授权的隶属海关关长批准，海关可以采取税收保全措施。

（二）税收保全措施的内容

税收保全措施的内容有：一是书面通知纳税义务人开户银行或者其他金融机构暂停支付纳税义务人相当于应纳税款的存款；二是扣留纳税义务人的价值相当于应纳税款的货物或者其他财产。

三、关税的退还

关税退还是关税纳税义务人按海关核定的税额缴纳关税后，因某种原因的出现，海关将实际征收多于应当征收的税额退还给原纳税义务人的一种行政行为。

按规定，有下列情形之一的，进出口货物的纳税义务人可以自缴纳税款之日起一年内，书面声明理由，连同原纳税收据向海关申请退税并加算银行同期活期存款利息，逾期不予受理：

(1) 因海关误征，多纳税款的。

(2) 海关核准免验进口的货物，在完税后，发现有短卸情形，经海关审查认可的。

(3) 已征出口关税的货物，因故未将其出口，故申报退关，经海关查验属实的。

海关应当自受理退税申请之日起 30 日内，做出书面答复并通知退税申请人。

四、关税的补征和追征

关税补征和追征是海关在关税纳税义务人按海关核定的税额缴纳关税后，发现实际征收税额少于应当征收的税额时，责令纳税义务人补缴所差税款的一种行政行为。

追征是由于纳税义务人违反海关的规定造成短征关税的，非因纳税人违反海关的规定造成短征关税的，称为补征。根据我国《海关法》的规定，进出境货物和物品放行后，若海关发现少征或者漏征税款，应当自缴纳税款或者货物、物品放行之日起一年内，向纳税义务人补征；因纳税义务人违反规定而造成的少征或者漏征的税款，自纳税义务人应缴纳税款之日起三年内可以追征，并从缴纳税款之日起按日加收少征或者漏征税款万分之五的滞纳金。

知识拓展

关税的经济效应

历史上对进口商品所征收的关税，不管是从量税还是从价税，都曾经是政府收入的重要源泉。但是在当代，关税的主要功能已不再是增加政府的税收，而是阻挡来自国外商品的进入，保护国内市场和国内相关的产业。当然，国家有大有小，同样幅度的进口关税，对小国和大国可能产生不同的经济效应。

假定进口国是一个贸易小国，即该国的进口量的变动不能影响世界市场价格，如同完全竞争的企业，只是价格的接受者。这样，该国征收关税后，进口商品国内价格上涨的幅度等于关税税率，关税全部由进口国消费者负担。

如果进口国是一个贸易大国，即该国某种商品的进口量占了世界进口量的较大份额，那么该国进口量的变动就会影响到世界市场价格。因此，大国征收关税虽然也有上述小国的种种关税经济效应，但由于大国能影响世界市场价格，因此从局部均衡分析所得的征收关税的代价和利益对比的净效果，就不同于小国的情况了。

征收关税会引起进口商品的国际价格和国内价格的变动，从而影响出口国和进口国在生产、贸易和消费等方面的调整，引起收入的再分配。关税对进出口国经济的多方面影响称为关税的经济效应。

一般情况下，当一国的经济实力强大，在国际竞争中处于优势地位时，往往奉行自由贸易政策；相反，当一国经济发展落后，国际竞争力不强时，则往往奉行贸易保护主义政策，这时候关税的保护职能居于重要甚至主要地位。

项目小结

关税是进出口商品时，海关所征收的一种流转税。无论是关税的保护职能还是税收职能，不同的国家有不同的目的。我国之前实行的关税政策，保护职能更明显一些。加入WTO后，为更好地融入到世界市场之中，我国在逐步放开关税，与其他各国互通贸易，以最终实现经济大国的目标。通过学习本项目，应掌握关税的定义、完税价格、税率和应纳税额的计算等。

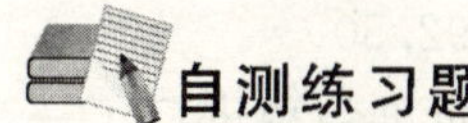

自测练习题

一、单项选择题（在备选答案中只有一个是正确的，将其选出并把它的标号写在题干的括号内）

1. 随进出口商品价格的变动而税率相应增减的进出口关税属于（ ）。

A. 从价税 B. 从量税 C. 滑准税 D. 复合税

2. 关于关税的完税价格，下列说法正确的是（ ）。

A. 进料加工进口料件申报内销时，海关应以料件销售时的成交价格为基础审查确定完税价格

B. 进口货物的成交价格无法确定时，海关应直接采用倒扣价格估价方法

C. 由设备负担的经纪费用应计入完税价格中

D. 设备进口后发生的安装费用应计入完税价格中

3. 某企业2012年将以前年度进口的设备运往境外处理，设备进口时的成交价格为58万元，发生境外费和保险费共计6万元；在海关规定的期限内复运出境，进境

时同类设备的价格为65万元；发生境外修理费8万元，料件费9万元，境外运输费和保险费共计3万元，进口关税率为20%。运往境外修理的设备报关进口时，应纳进口环节税金（　　）万元。

A. 4　　B. 8.08　　C. 12.8　　D. 13

4. 下列关于关税特点的说法中，正确的是（　　）。

A. 关税的高低对进口国的生产影响较大，对国际贸易影响不大

B. 关税是多环节价内税

C. 关税是单一环节的价外税

D. 关税不仅对进出境的货物征税，而且对进出境的劳务征税

5. 某企业进口一批材料，货物价款为95万元，进口运费和保险费为5万元，报关进口后，发现其中的10%有严重质量问题并将其退货，出口方为补偿该企业，发送价值10万元（含进口运费、保险费0.5万元）的无代价抵偿物，进口关税税率为20%，该企业应缴纳进口关税（　　）万元。

A. 18.00　　B. 20.00　　C. 22.00　　D. 22.00

6. 下列项目中，属于进口关税完税价格组成部分的是（　　）。

A. 进口人向自己的境外采购代理人支付的购货佣金

B. 进口人负担的向中介机构支付的经纪费

C. 进口设备报关后的安装调试费用

D. 货物运抵境内输入地点起卸之后的运输费用

7. 某进出口公司于2013年3月份从国外进口一批施工设备，共20台，每台价款为5 000元人民币，该批设备运抵我国大连港起卸前的包装、运输、保险和其他劳务费用共计50 000元，海关于3月15日填发税款缴纳证。由于该公司发生暂时经济困难，于4月11日才缴清税款，假设该类设备适用的进口关税税率为30%。该公司应缴纳的关税是（　　）元。

A. 45 000　　B. 48 131　　C. 47 565.50　　D. 45 292.50

8. 2011年3月1日，某公司由于承担国家大剧院工程项目，经批准免税进口了一套电子设备。使用2年后项目完工，2013年8月31日，公司将该设备出售给了国内另一家企业。该电子设备的到岸价格为300万元，关税税率为10%，海关规定的监管年限为5年，按规定该公司应补缴关税（　　）。

A. 12.5万元　　B. 15万元　　C. 18万元　　D. 20万元

9. 关税的纳税义务人因不可抗力或者在国家税收政策调整的情形下，不能按期缴纳税款的，经海关总署批准，可以延期缴纳税款，但最多不得超过（　　）。

A. 3个月　　B. 6个月　　C. 9个月　　D. 12个月

10. 以下进口货物，海关可以酌情减免关税的是（　　）。

A. 进口1年内在境内使用的货样

B. 为制造外销产品而进口的原材料

C. 在境外运输途中遭受损坏的物品

D. 外国政府赠送的物资

11. 任何国家或者地区对其进口的原产于我国的货物征收歧视性关税或者给予其他歧视性待遇的，我国对原产于该国家或者地区的进口货物征收（ ）。

A. 保障性关税　　B. 报复性关税
C. 反倾销税　　D. 反补贴税

12. 1999 年 9 月 1 日，某公司由于承担国家重要工程项目，经批准免税进口了一套电子设备。使用 2 年后该项目完工，2001 年 8 月 31 日，公司将该设备出售给了国内另一家企业。该电子设备的到岸价格为 300 万元，关税税率为 10%，海关规定的监管年限为 5 年，按规定该公司应补缴关税（ ）。

A. 12 万元　　B. 15 万元　　C. 18 万元　　D. 30 万元

13. 关于进出口货物完税价格中的运费、保险费的计算，下列说法正确的是（ ）。

A. 陆运进口的货物如成交价格中包含运费、保险费、杂费支付至内地到达口岸的，关境的第一口岸至内地的运费和相关费用、保险费应扣除
B. 进口货物以离岸价格成交的，应加上途中实际支付的运保费，如实际支付的运保费无法确定，进口人可按以往的运费率和保险费率计算
C. 进口货物的保险费无法确定时，可按“货价加运费”两者总额的千分之五计算保险费
D. 出口货物的离岸价格应以该项货物运离关境前的最后口岸的价格为实际价格

14. 下列不属于关税征税对象的是（ ）。

A. 从国外进口的设备　　B. 入境旅客随身携带的行李物品
C. 企业出口的设备　　D. 国家禁止出口的物品

15. 根据我国《海关法》的规定，进出口货物的完税价格，由海关以进出口货物的（ ）为基础审定。

A. 到岸价格　　B. 申报价格
C. 实际成交价格　　D. 离岸价格

16. 加工贸易进口料件及其制成品需征税的，海关应按照一般进口货物的规定审定完税价格。下列各项中，符合审定完税价格规定的是（ ）。

A. 进口时需征税的进料加工进口料件，以该料件申报进口时的价格估定
B. 内销的进料加工进口料件或其制成品，以该料件申报进口时的价格估定
C. 内销的来料加工进口料件或其制成品，以该料件申报进口时的价格估定
D. 出口加工区内的加工企业内销的制成品，以该料件申报进口时的价格估定

17. 下列进口货物中，实行滑准税的是（ ）。

A. 原油　　B. 胶卷　　C. 冻鸡肉　　D. 新闻纸

18. 下列各项中，不属于特定减免关税的是（ ）。

A. 科教用品
B. 保税区进出口货物
C. 出口加工区进出口货物
D. 进出境运输工具运输途中必需的燃料、物料和饮食用品

19. 特别关税包括报复性关税、反倾销关税、反补贴关税和保障性关税。征收特别关税由（　　）决定。

A. 海关总署　　B. 国家税务总局

C. 财政部　　D. 国务院关税税则委员会

二、多项选择题（在备选答案中有 2～5 个是正确的，将其全部选出并把它的标号写在题干的括号内）

1. 关税的纳税义务人包括（　　）。

A. 进口货物的收货人　　B. 出口货物的发货人

C. 进出境物品的所有人　　D. 进口货物的发货人

2. 进境物品的纳税义务人是指（　　）。

A. 携带物品进境的入境人员　　B. 进境邮递物品的收件人

C. 以其他方式进口物品的收件人　　D. 进境物品的邮寄人

3. 下列费用中，未包括在进口货物的实付或者应付价格中，应当计入完税价格的有（　　）。

A. 由买方负担的除购货佣金以外的佣金和经纪费

B. 由买方负担的在审查确定完税价格时与该货物视为一体的容器费用

C. 由买方负担的包装材料费

D. 卖方直接从买方对该货物进口后转售中获得的收益

4. 下列费用中，如能与该货物实付或者应付价格区分，不得计入完税价格的有（　　）。

A. 厂房、机械、设备等货物进口后的基建、安装、装配、维修和技术服务的费用

B. 货物运抵境内输入地点之后的运输费用、保险费和其他相关费用

C. 国内增值税

D. 由买方负担的包装劳务费用

5. 下列各项中，属于法定纳税义务人的有（　　）。

A. 进口货物的收货人　　B. 进口货物的代理人

C. 出口货物的发货人　　D. 出口货物的代理人

6. 下列进口货物中，免征关税的有（　　）。

A. 无商业价值的广告品　　B. 商业宣传用（超过 6 个月）的货样

C. 外国政府无偿赠送的物资　　D. 关税税额在人民币 50 元以下的货物

E. 国际组织有偿提供的设备

7. 下列费用中，如能与该货物实付价格区分，不得列入完税价格的是（　　）。

A. 进口关税及其他国内税费

B. 货物运抵境内输入地点之后的运输费用

C. 买方为购进货物而向代表双方利益的经纪人支付的劳务费

D. 工业设施、机械设备类货物进口后发生的基建、安装、调试、技术指导等费用

8. 下列各项中，属于关税征收对象的是（　　）。

A. 贸易性商品

B. 个人邮寄物品

C. 入境旅客随身携带的行李和物品

D. 馈赠物品或以其他方式进入国境的个人物品

9. 下列各项中，属于我国现行进口关税比例税率形式的有（　　）。

A. 普通税率　　B. 协定税率　　C. 优惠税率　　D. 最惠国税率

10. 我国的特别关税包括（　　）。

A. 报复性关税　　B. 财政性关税　　C. 反补贴关税　　D. 保障性关税

11. 进口货物的成交价格不符合规定或者成交价格不能确定的，海关经了解有关情况，并与纳税义务人进行价格磋商后，可以按顺序采用一定方法审查确定该货物的完税价格。下列属于海关可以采用的方法是（　　）。

A. 相同货物成交价格估价方法　　B. 类似货物成交价格估价方法

C. 倒扣价格估价方法　　D. 最大销售总量法

12. 出口货物的完税价格，由海关以该货物向境外销售的成交价格为基础审查确定，并应包括货物运至我国境内输出地点装载前的（　　）。

A. 运输及其相关费用　　B. 保险费

C. 单独列明支付给境外的佣金　　D. 出口关税税额

13. 按征税性质分类，进口关税可以分为（　　）。

A. 普通关税　　B. 优惠关税

C. 过境关税　　D. 差别关税

E. 关税壁垒

14. 下列关于关税政策的说法中，正确的有（　　）。

A. 进口货物关税的完税价格的确定首先应按相同货物成交价格估算

B. 进口货物关税的完税价格不包含关税

C. 无商业价值的货样免征关税

D. "CFR"的含义是到岸价格

E. "CIF"的含义是成本加运费、保险费，又称到岸价格

15. 根据关税的现行规定，下列表述正确的有（　　）。

A. 出口货物关税的完税价格不包含出口关税

B. 进口货物的保险费无法确定时，海关应按照货价的5%计算确定

C. 进口货物成交价格"FOB"的含义是船上交货的价格，又称离岸价格

D. 进口货物成交价格"CFR"的含义是到岸价格

E. 进口货物成交价格"CIF"的含义是成本加工费、保险费，又称离岸加运费价格

16. 下列费用中，应计入到进口货物关税价格的有（　　）。

A. 境外考察费　　B. 境外运输费

C. 境外保险费　　D. 境外包装劳务费

三、名词解释题

1. 特定减免税
2. 关税退还
3. 进口税
4. 出口税
5. 过境税
6. 财政关税
7. 保护关税
8. 普通关税
9. 优惠关税
10. 歧视关税

四、判断题（请在题后的括号内正确的画“√”，错误的画“×”）

1. 我国对少数进口商品计征关税时所采用的滑准税，实质上是一种特殊的从价税。（　）

2. 在海关对进出口货物进行完税价格审定时，如海关不接受申报价格，而认为有必要估定完税价格时，可以与进出口货物的纳税义务人进行价格磋商。（　）

3. 在确定进口货物完税价格时，货物成交价格中含进口人向卖方支付的佣金，应该从完税价格中扣除。（　）

4. 江苏某企业将一批产品从南京出口到日本，日本到岸价格为500万元（其中含有运费40万元，保险费20万元，支付的佣金30万元），另外支付包装费10万元，出口关税税率为40%，则应纳关税为300万元。（　）

5. 某企业向海关报明后将一台价值65万元的机械运往境外修复，机械修复后准时复运进境。假设该机械适用的关税税率为5%，支付的修理费和料件费为35万元（经海关审查确定），该企业缴纳的关税应为1.75万元。（　）

6. 从境外租借进口的设备以海关审查确定的成交价格作为完税价格。（　）

7. 世贸组织成员方中的任何国家对原产于我国的货物征收歧视性关税的，我国对原产于该国家的进口货物征收报复性关税。（　）

8. 征收特别关税的货物、适用国别、税率、期限和征收办法，由国家税务总局和海关总署共同决定。（　）

9. 在纳税义务人同海关发生纳税争议时，可以向海关申请复议，对有争议的应纳税款可以暂缓缴纳。（　）

10. 空运、海运和陆运进口货物的运费和保险费，应当按照实际支付的费用计算。（　）

五、简答题

1. 简述关税的分类。

2. 关税的特点有哪些？

3. 简述特殊进口货物的完税价格。

六、论述题

1. 论述关税的法定减免税。

2. 论述关税的追征。

七、计算题

某公司将一台设备运往境外修理，出境时向海关报明其价值为 100 000 美元，当期汇率为 1∶6.25。支付境外修理费 4 000 美元、料件费 1 000 美元；支付复运进境的运输费 2 000 美元、保险费 500 美元。当期汇率为 1∶6.35。该设备适用的关税税率为 7%。

要求：计算该公司的进口关税。

项目六　企业所得税

项目综述

企业所得税是对企业各种所得征收的一个税种。2007 年 12 月 6 日，国务院公布了《中华人民共和国企业所得税法实施条例》，统一了内、外资企业所得税，实行统一的国民待遇，创造了公平竞争的税收环境。目前，企业所得税的税率是多少？哪些收入需要缴纳企业所得税？哪些费用可以扣除？如何计算企业所得税？如何进行企业所得税的纳税申报？这些都是我们在本项目中将要学习的重点内容。

关键概念

企业所得税　　居民企业　　非居民企业　　征税对象　　税率　　不征税收入　　免税收入　　亏损弥补　　各项扣除　　税收抵免优惠

本项目重点与难点提示

本项目阐述了企业所得税的基本理论。学习本项目，要求着重理解什么是企业所得税，掌握企业所得税的纳税义务人、征税对象、税率、不征税收入、免税收入、亏损弥补、各项扣除、应纳税额的计算、税收抵免优惠，在对企业所得税知识概括了解的基础上，明确会计利润与收入、费用之间的关系。通过本项目的学习，目的在于提高对企业所得税的全面认识。

本项目的重点是企业所得税的含义、征税对象、税率、不征税收入、免税收入、亏损弥补、各项扣除、应纳税额的计算、税收抵免优惠。

本项目的难点是对居民企业和非居民企业的理解以及各种扣除限额的实际运用。

学习导航

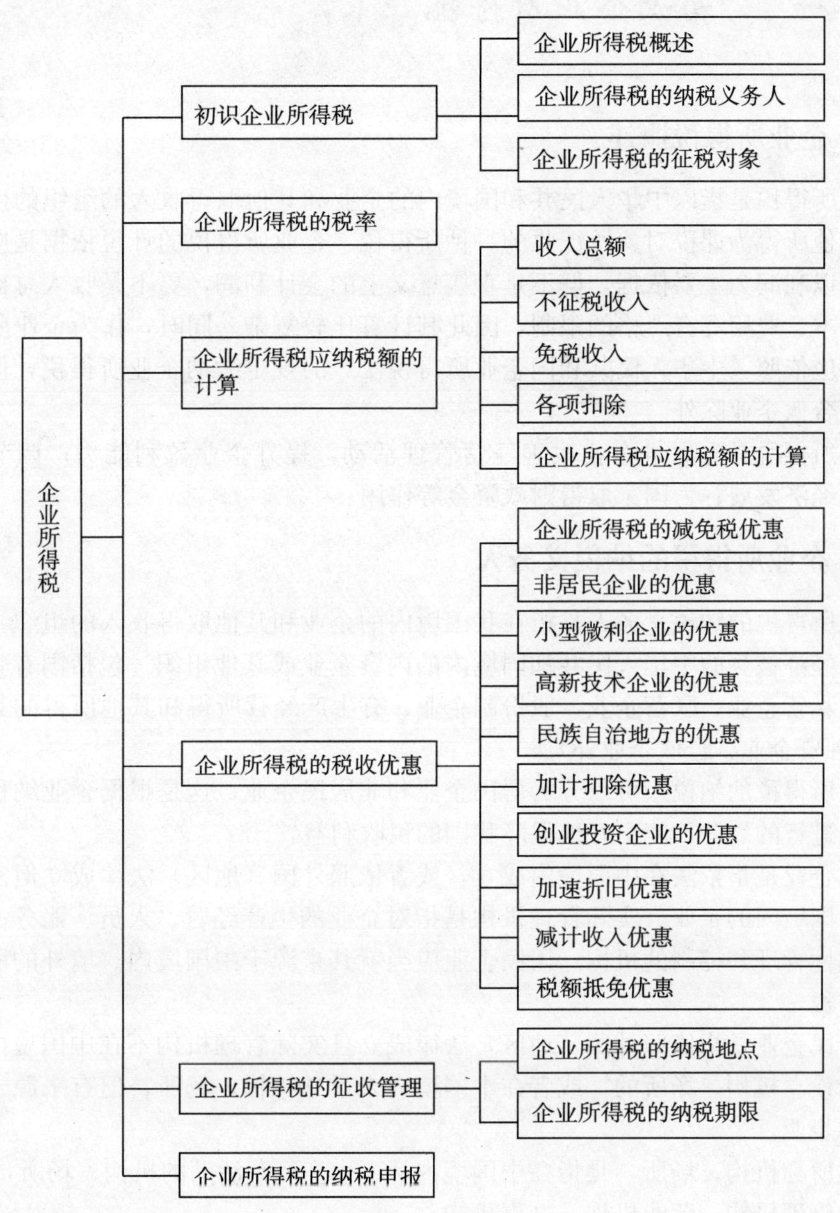

学习目标

通过学习本项目，你会明白以下问题：

- 企业所得税的含义、作用、征税对象等；
- 企业所得税的税率；
- 企业所得税应纳税所得额和应纳税额的计算；
- 企业所得税的税收优惠；
- 企业所得税的税收征管和纳税申报。

任务一　初识企业所得税

一、企业所得税概述

企业所得税是指以中华人民共和国境内的企业和其他取得收入的组织的生产经营所得和其他所得为课税对象所征收的一种所得税。企业所得税的计税依据是应纳税所得额，它以利润为主要依据，但不是直接意义上的会计利润，更不是收入总额，计税依据对成本、费用等有严格的限制，因此其计算比较复杂。同时，作为企业所得税的纳税人，应依照《中华人民共和国企业所得税法》的规定缴纳企业所得税，但个人独资企业及合伙企业除外。

企业所得税具有促进企业改善经营管理活动，提升企业盈利能力；调节产业结构，促进经济发展；为国家取得财政资金等作用。

二、企业所得税的纳税义务人

企业所得税的纳税义务人是指在我国境内的企业和其他取得收入的组织。即所有实行独立经济核算的中华人民共和国境内的内资企业或其他组织，包括国有企业、集体企业、私营企业、联营企业、股份制企业、有生产经营所得和其他所得的其他组织（除个人独资企业、合伙企业外）。

企业所得税的纳税人可以分为居民企业和非居民企业，这是根据企业纳税义务范围的不同进行的划分，能更好地保障我国的税收利益。

居民企业是指依法在中国境内成立，或者依照外国（地区）法律成立但实际管理机构在中国境内的企业。实际管理机构是指对企业的生产经营、人员、账务、财产等实施实质性管理和控制的机构。居民企业应当就其来源于中国境内、境外的所得缴纳企业所得税。

非居民企业是指依照外国（地区）法律成立且实际管理机构不在中国境内，但在中国境内设立机构、场所的，或者在中国境内未设立机构、场所，但有来源于中国境内所得的企业。

上述所称机构、场所，是指在中国境内从事生产经营活动的机构、场所，包括：

（1）管理机构、营业机构、办事机构；

（2）工厂、农场、开采自然资源的场所；

（3）提供劳务的场所；

（4）从事建筑、安装、装配、修理、勘探等工程作业的场所；

（5）其他从事生产经营活动的机构、场所。

三、企业所得税的征税对象

企业所得税的征税对象是指企业的生产经营所得、其他所得和清算所得。

（一）居民企业的征税对象

居民企业应将来源于中国境内、境外的所得作为征税对象。所得包括销售货物所得、提供劳务所得、转让财产所得、股息红利等权益性投资所得、利息所得、租金所得、特许权使用费所得、接受捐赠所得和其他所得。

（二）非居民企业的征税对象

非居民企业在中国境内设立机构、场所的，应当就其所设机构、场所取得的来源于中国境内的所得，以及发生在中国境外但与其所设机构、场所有实际联系的所得缴纳企业所得税；非居民企业在中国境内未设立机构、场所的，或者虽设立机构、场所但取得的所得与其所设机构、场所没有实际联系的，应当就其来源于中国境内的所得缴纳企业所得税。

上述所称实际联系，是指非居民企业在中国境内设立的机构、场所拥有的据以取得所得的股权、债权，以及拥有、管理、控制据以取得所得的财产。

（三）所得来源的确定

（1）销售货物所得，按照交易活动发生地确定。

（2）提供劳务所得，按照劳务发生地确定。

（3）转让财产所得。不动产转让所得按照不动产所在地确定，动产转让所得按照转让动产的企业或者机构、场所所在地确定，权益性投资资产转让所得按照被投资企业所在地确定。

（4）股息、红利等权益性投资所得，按照分配所得的企业的所在地确定。

（5）利息所得、租金所得、特许权使用费所得，按照负担、支付所得的企业或者机构、场所所在地确定，或者按照负担、支付所得的个人的住所地确定。

（6）其他所得，由国务院财政、税务主管部门确定。

想一想：居民企业和非居民企业的区别与联系是什么？

任务二　企业所得税的税率

我国的企业所得税实行比例税率。比例税率简便易行，透明度高，不会因征税而改变企业间收入的分配比例，有利于促进效率的提高。

现行企业所得税的基本税率为25%，适用于居民企业和在中国境内设有机构、场所且所得与该机构、场所有关的非居民企业。低税率为20%，适用于在中国境内未设立机构、场所的，或者虽设立机构、场所但取得的所得与所设机构、场所没有实际联系的非居民企业（实际征税时，按照10%的优惠税率）。符合条件的小型微利企业，适用20%的税率。国家需要重点扶持的高新技术企业，适用15%的税率。具体见表6—1。

表 6—1　　企业所得税税率表

类别	适用范围	税率（%）	法律法规依据
基本税率		25	《企业所得税法》第四条
低税率	(1) 非居民企业在中国境内未设立机构、场所的，或者虽设立机构、场所但取得的所得与其所设机构、场所没有实际联系的，其来源于中国境内的所得；(2) 符合条件的小型微利企业	20	《企业所得税法》第四条、第二十八条
优惠税率	国家需要重点扶持的高新技术企业	15	《企业所得税法》第二十八条
	非居民企业取得《企业所得税法》第二十七条第（五）项规定的所得，亦即《企业所得税法》第三条第三款规定的所得，即非居民企业在中国境内未设立机构、场所的，或者虽设立机构、场所但取得的所得与其所设机构、场所没有实际联系的，其来源于中国境内的所得	10	《企业所得税法实施条例》第九十一条

任务三　企业所得税应纳税额的计算

应纳税所得额是企业所得税的计税依据，按照《企业所得税法》的规定，应纳税所得额为企业每一个纳税年度的收入总额，减去不征税收入、免税收入、各项扣除，以及允许弥补的以前年度亏损后的余额。其基本公式为：

应纳税所得额＝收入总额－不征税收入－免税收入－各项扣除－以前年度亏损

企业应纳税所得额的计算，以权责发生制为原则，属于当期的收入和费用，不论款项是否收付，均作为当期的收入和费用；不属于当期的收入和费用，即使款项已经在当期收付，均不作为当期的收入和费用。国务院财政、税务主管部门另有规定的除外。

应纳税所得额的正确计算直接关系到国家财政收入和企业的税收负担，并且同成本、费用核算关系密切。因此，《企业所得税法》对应纳税所得额的计算作了明确规定，主要内容包括收入总额、扣除范围和标准、资产的税务处理、亏损弥补等。

一、收入总额

企业的收入总额包括货币形式和非货币形式的各种来源的收入，具体包括：销售货物收入、提供劳务收入、转让财产收入、股息及红利等权益性投资收益，以及利息收入、租金收入、特许权使用费收入、接受捐赠收入和其他收入。

企业取得收入的货币形式，包括现金、存款、应收账款、应收票据、准备持有至到期的债券投资以及债务的豁免等。

企业取得收入的非货币形式，包括固定资产、生物资产、无形资产、股权投资、存货、不准备持有至到期的债券投资、劳务以及有关权益等。企业以非货币形式取得的收入，应当按照公允价值确定收入额。公允价值是指按照市场价格确定的价值。

(一) 收入的确认

(1) 销售货物收入。

销售货物收入是指企业销售商品、产品、原材料、包装物、低值易耗品以及其他存货取得的收入。

(2) 提供劳务收入。

提供劳务收入是指企业从事建筑安装、修理修配、交通运输、仓储租赁、金融保险、邮电通信、咨询经纪、文化体育、科学研究、技术服务、教育培训、餐饮住宿、中介代理、卫生保健、社区服务、旅游、娱乐、加工以及其他劳务活动取得的收入。

(3) 转让财产收入。

转让财产收入是指企业转让固定资产、生物资产、无形资产、股权、债权等财产取得的收入。

(4) 股息及红利等权益性投资收益。

股息及红利等权益性投资收益是指企业因权益性投资而从被投资方取得的收入。股息及红利等权益性投资收益，除国务院财政、税务主管部门另有规定外，按照被投资方做出利润分配决定的日期确认其实现。

(5) 利息收入。

利息收入是指企业因将资金提供给他人使用但不构成权益性投资，或者因他人占用本企业资金而取得的收入，包括存款利息、贷款利息、债券利息、欠款利息等。利息收入，按照合同约定的债务人应付利息的日期确认其实现。

(6) 租金收入。

租金收入是指企业因提供固定资产、包装物或者其他有形资产的使用权而取得的收入。租金收入，按照合同约定的承租人应付租金的日期确认其实现。

(7) 特许权使用费收入。

特许权使用费收入是指企业因提供专利权、非专利技术、商标权、著作权以及其他特许权的使用权而取得的收入。特许权使用费收入，按照合同约定的特许权使用人应付特许权使用费的日期确认其实现。

(8) 接受捐赠收入。

接受捐赠收入是指企业接受的来自其他企业、组织或者个人无偿给予的货币性资产、非货币性资产。接受捐赠收入，按照实际收到捐赠资产的日期确认其实现。

(9) 其他收入。

其他收入是指企业取得的除上述八项收入以外的其他收入，包括企业资产溢余收入、逾期未退包装物押金收入、确实无法偿付的应付款项、已作坏账损失处理后又收回的应收款项、债务重组收入、补贴收入、违约金收入、汇兑收益等。

（二）分期确认收入

（1）以分期收款方式销售货物的，按照合同约定的收款日期确认收入的实现。

（2）企业受托加工制造大型机械设备、船舶、飞机，以及从事建筑、安装、装配工程业务或者提供其他劳务等，持续时间超过 12 个月的，按照纳税年度内完工进度或者完成的工作量确认收入的实现。

（3）采取产品分成方式取得收入的，按照企业分得产品的日期确认收入的实现，其收入额按照产品的公允价值确定。

（4）企业发生非货币性资产交换，以及将货物、财产、劳务用于捐赠、偿债、赞助、集资、广告、样品、职工福利或者利润分配等用途的，应当视同销售货物、转让财产或者提供劳务，但国务院财政、税务主管部门另有规定的除外。

二、不征税收入

国家为了扶持和鼓励某些特殊的纳税人和特殊的项目，对企业取得的某些收入不予以征税，这些收入称为不征税收入，具体包括下述内容。

（一）财政拨款

财政拨款是指各级人民政府对纳入预算管理的事业单位、社会团体等组织拨付的财政资金，但国务院和国务院财政、税务主管部门另有规定的除外。

（二）行政事业性收费

行政事业性收费是指依照法律、行政法规等有关规定，按照国务院规定程序批准，在实施社会公共管理，以及在向公民、法人或者其他组织提供特定公共服务过程中，向特定对象收取并纳入财政管理的费用。

（三）政府性基金

政府性基金是指企业依照法律、行政法规等有关规定，代政府收取的具有专项用途的财政资金。

（四）其他不征税收入

其他不征税收入，是指企业取得的，由国务院财政、税务主管部门规定专项用途并经国务院批准的财政性资金。

三、免税收入

国家为了扶持和鼓励某些特殊的纳税人和特殊的项目，对企业取得的某些收入实行免税的特殊政策，这些收入称为免税收入，具体包括：

（1）国债利息收入。是指企业持有国务院财政部门发行的国债所得的利息收入。

（2）符合条件的居民企业之间的股息、红利等权益性收益。是指居民企业直接投资于其他居民企业取得的投资收益。

（3）在中国境内设立机构、场所的非居民企业从居民企业取得与该机构、场所有实际联系的股息、红利等权益性投资收益。

上述所称股息、红利，不包括连续持有居民企业公开发行并上市流通的股票不足

12个月取得的投资收益。

（4）符合条件的非营利组织的收入。非营利组织应符合以下条件：

1）依法履行非营利组织登记手续；

2）从事公益性或者非营利性活动；

3）取得的收入除用于与该组织有关的、合理的支出外，全部用于登记核定或者章程规定的公益性或者非营利性事业；

4）财产及其滋生的利息不用于分配；

5）按照登记核定或者章程规定，该组织注销后的剩余财产用于公益性或者非营利性目的，或者由登记管理机关转赠给予该组织性质、宗旨相同的组织，并向社会公告；

6）投入人对投入该组织的财产不保留或者不享有任何财产权利；

7）工作人员的工资福利等开支控制在规定的比例内，不变相分配该组织的财产；

8）国务院财政、税务主管部门规定的其他条件。

非营利组织的收入不包括非营利组织从事营利性活动取得的收入，但国务院财政、税务主管部门另有规定的除外。

四、各项扣除

《企业所得税法》规定，企业实际发生的与取得收入有关的、合理的支出，包括成本、费用、税金、损失和其他支出，准予在计算应纳税所得额时扣除。有关的支出，是指与取得收入直接相关的支出。合理的支出，是指符合生产经营活动常规，应当计入当期损益或者有关资产成本的必要的和正常的支出。

企业应当区分收益性支出和资本性支出。收益性支出在发生当期直接扣除；资本性支出应当分期扣除或者计入有关资产成本，不得在发生当期直接扣除。

企业的不征税收入用于支出所形成的费用或者财产，不得扣除或者计算对应的折旧、摊销进行扣除。

除《企业所得税法》另有规定外，企业实际发生的成本、费用、税金、损失和其他支出，不得重复扣除。

（一）扣除项目的范围

（1）成本。

成本是指企业在生产经营活动中发生的销售成本、销货成本、业务支出以及其他耗费。

（2）费用。

费用是指企业在生产经营活动中发生的销售费用、管理费用和财务费用，已经计入成本的有关费用除外。

（3）税金。

税金是指企业发生的除企业所得税和允许抵扣的增值税以外的各项税金及其附加。

（4）损失。

损失是指企业在生产经营活动中发生的固定资产和存货的盘亏、毁损、报废损失，转让财产损失，呆账损失，坏账损失，自然灾害等不可抗力因素造成的损失以及其他损失。

企业发生的损失，减除责任人赔偿和保险赔款后的余额，依照国务院财政、税务主管部门的规定扣除。企业已经作为损失处理的资产，在以后纳税年度又全部收回或者部分收回时，应当计入当期收入。

(5) 其他支出。

其他支出是指除成本、费用、税金、损失外，企业在生产经营活动中发生的与生产经营活动有关的、合理的支出。

(二) 扣除项目及其标准

1. 工资薪金

工资薪金是指企业每一纳税年度支付给在本企业任职或者受雇的员工的所有现金形式或者非现金形式的劳动报酬，包括基本工资、奖金、津贴、补贴、年终加薪、加班工资，以及与员工任职或者受雇有关的其他支出。

2. 保险费

企业按照国务院有关主管部门或者省级人民政府规定的范围和标准为职工缴纳的基本养老保险费、基本医疗保险费、失业保险费、工伤保险费、生育保险费等基本社会保险费和住房公积金，准予扣除。

企业为投资者或者职工支付的补充养老保险费、补充医疗保险费，在国务院财政、税务主管部门规定的范围和标准内，准予扣除。

除企业依照国家有关规定为特殊工种职工支付的人身安全保险费和国务院财政、税务主管部门规定可以扣除的其他商业保险费外，企业为投资者或者职工支付的商业保险费，不得扣除。

企业参加财产保险，按照规定缴纳的保险费，准予扣除。

3. 借款费用

企业在生产经营活动中发生的合理的不需要资本化的借款费用，准予扣除。

企业为购置、建造固定资产、无形资产和经过 12 个月以上的建造才能达到预定可销售状态的存货而发生借款的，在有关资产购置、建造期间发生的合理的借款费用，应当作为资本性支出计入有关资产的成本，并依照相关规定扣除。

4. 利息支出

企业在生产经营活动中发生的下列利息支出，准予扣除：

(1) 非金融企业向金融企业借款的利息支出、金融企业的各项存款利息支出和同业拆借利息支出、企业经批准发行债券的利息支出。

(2) 非金融企业向非金融企业借款的利息支出，不超过按照金融企业同期同类贷款利率计算的数额的部分。

5. 汇兑损失

企业在货币交易中，以及纳税年度终了将人民币以外的货币性资产、负债按照期末即期人民币汇率中间价折算为人民币时产生的汇兑损失，除已经计入有关资产成本以及与向所有者进行利润分配的部分外，准予扣除。

6. 职工福利费

企业发生的职工福利费，不超过工资薪金总额14%的部分，准予扣除。

7. 工会经费

企业拨缴的工会经费，不超过工资薪金总额2%的部分，准予扣除。

8. 职工教育经费

除国务院财政、税务主管部门另有规定外，企业发生的职工教育经费，不超过工资薪金总额2.5%的部分，准予扣除；超过部分，准予在以后纳税年度结转扣除。

9. 业务招待费

企业发生的与生产经营活动有关的业务招待费，按照发生额的60%扣除，但最高不得超过当年销售（营业）收入的5‰。

10. 广告费和业务宣传费

企业发生的符合条件的广告费和业务宣传费，除国务院财政、税务主管部门另有规定外，不超过当年销售（营业）收入15%的部分，准予扣除；超过部分，准予在以后纳税年度结转扣除。

11. 专项资金

企业依照法律、行政法规有关规定提取的用于环境保护、生态恢复等方面的专项资金，准予扣除；上述专项资金提取后改变用途的，不得扣除。

12. 租赁费

企业根据生产经营活动的需要租入固定资产支付的租赁费，按照以下方法扣除：

（1）以经营租赁方式租入固定资产发生的租赁费，按照租赁期限均匀扣除。

（2）以融资租赁方式租入固定资产发生的租赁费，按照规定构成融资租入固定资产价值的部分，应当提取折旧费用，分期扣除。

13. 劳动保护支出

企业发生的合理的劳动保护支出，准予扣除。

14. 公益性捐赠

公益性捐赠是指企业通过公益性社会团体或者县级以上人民政府及其部门，用于《中华人民共和国公益事业捐赠法》规定的公益事业的捐赠。

公益性社会团体，是指同时符合下列条件的基金会、慈善组织等社会团体：

（1）依法登记，具有法人资格。

（2）以发展公益事业为宗旨，且不以营利为目的。

（3）全部资产及其增值为法人所有。

（4）收益和营运结余主要用于符合法人设立目的的事业。

（5）终止后的剩余财产不归属任何个人或者营利性组织。

（6）不经营与其设立目的无关的业务。

（7）有健全的财务会计制度。

（8）捐赠者不以任何形式参与社会团体财产的分配。

（9）国务院财政、税务主管部门会同国务院民政部门等登记管理部门规定的其他条件。

企业发生的公益性捐赠支出，不超过年度利润总额12%的部分，准予扣除。年度利润总额，是指企业依照国家统一会计制度的规定计算的年度会计利润。

15. 其他扣除项目

非居民企业在中国境内设立的机构、场所，就其中国境外总机构发生的与该机构、场所生产经营有关的费用，能够提供总机构出具的费用汇集范围、定额、分配依据和方法等证明文件，并合理分摊的，准予扣除。

（三）不得扣除项目

在计算应纳税所得额时，下列支出不得扣除：

（1）向投资者支付的股息、红利等权益性投资收益款项。

（2）企业所得税税款。

（3）税收滞纳金。是指纳税人违反税收法规，被税务机关处以的滞纳金。

（4）罚金、罚款和被没收财物的损失。是指纳税人违反国家有关法律、法规的规定，被有关部门处以的罚款，以及被司法机关处以的罚金和被没收的财物。

（5）超过规定标准的捐赠支出。

（6）赞助支出。是指企业发生的与生产经营活动无关的各种非广告性质的支出。

（7）未经核定的准备金支出。是指不符合国务院财政、税务主管部门规定的各项资产减值准备、风险准备等准备金支出。

根据相关规定，金融企业涉农贷款和中小企业贷款损失准备金税前扣除的政策，继续执行至2013年12月31日。

（8）企业之间支付的管理费，企业内营业机构之间支付的租金和特许权使用费，以及非银行企业内营业机构之间支付的利息。

（9）与取得收入无关的其他支出。

（四）资产的税务处理

企业的各项资产，包括固定资产、生产性生物资产、无形资产、长期待摊费用、投资资产、存货等，以历史成本为计税基础。历史成本，是指企业取得该项资产时实际发生的支出。企业持有各项资产期间，资产发生增值或者减值，除国务院财政、税务主管部门规定可以确认损益外，不得调整该资产的计税基础。

1. 固定资产

固定资产是指企业为生产产品、提供劳务、出租或者经营管理而持有的、使用时间超过12个月的非货币性资产，包括房屋、建筑物、机器、机械、运输工具以及其他与生产经营活动有关的设备、器具、工具等。

固定资产按照以下方法确定计税基础：

（1）外购的固定资产，以购买价款和支付的相关税费以及直接归属于使该资产达到预定用途发生的其他支出为计税基础。

（2）自行建造的固定资产，以竣工结算前发生的支出为计税基础。

（3）融资租入的固定资产，以租赁合同约定的付款总额和承租人在签订租赁合同过程中发生的相关费用为计税基础。租赁合同未约定付款总额的，以该资产的公允价值和承租人在签订租赁合同过程中发生的相关费用为计税基础。

(4) 盘盈的固定资产，以同类固定资产的重置完全价值为计税基础。

(5) 通过捐赠、投资、非货币性资产交换、债务重组等方式取得的固定资产，以该资产的公允价值和支付的相关税费为计税基础。

(6) 改建的固定资产，除上述规定的支出外，以改建过程中发生的改建支出为计税基础。

固定资产按照直线法计提的折旧，准予扣除。企业应当自固定资产投入使用月份的次月起计提折旧；停止使用的固定资产，应当自停止使用月份的次月起停止计提折旧。企业应当根据固定资产的性质和使用情况，合理确定固定资产的预计净残值。固定资产的预计净残值一经确定，不得变更。

除国务院财政、税务主管部门另有规定外，固定资产计算折旧的最低年限如下：

(1) 房屋、建筑物，为20年。

(2) 飞机、火车、轮船、机器、机械和其他生产设备，为10年。

(3) 与生产经营活动有关的器具、工具、家具等，为5年。

(4) 除飞机、火车、轮船以外的运输工具，为4年。

(5) 电子设备，为3年。

从事开采石油、天然气等矿产资源的企业，在开始商业性生产前发生的费用和有关固定资产的折耗、折旧方法，由国务院财政、税务主管部门另行规定。

2. 生产性生物资产

生产性生物资产，是指企业为生产农产品、提供劳务或者出租等而持有的生物资产，包括经济林、薪炭林、产畜和役畜等。生产性生物资产按照以下方法确定计税基础：

(1) 外购的生产性生物资产，以购买价款和支付的相关税费为计税基础。

(2) 通过捐赠、投资、非货币性资产交换、债务重组等方式取得的生产性生物资产，以该资产的公允价值和支付的相关税费为计税基础。

生产性生物资产按照直线法计提的折旧，准予扣除。

企业应当自生产性生物资产投入使用月份的次月起计提折旧；停止使用的生产性生物资产，应当自停止使用月份的次月起停止计提折旧。

企业应当根据生产性生物资产的性质和使用情况，合理确定生产性生物资产的预计净残值。生产性生物资产的预计净残值一经确定，不得变更。

生产性生物资产计提折旧的最低年限如下：林木类生产性生物资产，为10年；畜类生产性生物资产，为3年。

3. 无形资产

无形资产是指企业为生产产品、提供劳务、出租或者经营管理而持有的、没有实物形态的非货币性长期资产，包括专利权、商标权、著作权、土地使用权、非专利技术、商誉等。

无形资产按照以下方法确定计税基础：

(1) 外购的无形资产，以购买价款和支付的相关税费以及直接归属于使该资产达到预定用途发生的其他支出为计税基础。

(2) 自行开发的无形资产，以开发过程中该资产符合资本化条件后至达到预定用途前发生的支出为计税基础。

(3) 通过捐赠、投资、非货币性资产交换、债务重组等方式取得的无形资产，以该资产的公允价值和支付的相关税费为计税基础。

无形资产按照直线法计算的摊销费用，准予扣除。

无形资产的摊销年限不得低于10年。作为投资或者受让的无形资产，有关法律规定或者合同约定了使用年限的，可以按照规定或者约定的使用年限分期摊销。

外购商誉的支出，在企业整体转让或者清算时，准予扣除。

4. 固定资产的改建支出

固定资产的改建支出是指因改变房屋或者建筑物结构、延长使用年限等而发生的支出。该支出应按照固定资产预计尚可使用年限分期摊销或按照合同约定的剩余租赁期限分期摊销。改建后的固定资产延长使用年限的，应当适当延长折旧年限。

5. 固定资产的大修理支出

固定资产的大修理支出，是指同时符合下列条件的支出：

(1) 修理支出达到取得固定资产时的计税基础的50%以上。

(2) 修理后固定资产的使用年限延长2年以上。

上述支出按照固定资产尚可使用年限分期摊销，其他支出应当作为长期待摊费用，自支出发生月份的次月起分期摊销，摊销年限不得低于3年。

6. 投资资产

投资资产是指企业对外进行权益性投资和债权性投资形成的资产。企业在转让或者处置投资资产时，投资资产的成本准予扣除。投资资产按照以下方法确定成本：

(1) 通过支付现金方式取得的投资资产，以购买价款为成本。

(2) 通过支付现金以外的方式取得的投资资产，以该资产的公允价值和支付的相关税费为成本。

7. 存货

存货是指企业持有以备出售的产品或者商品、处在生产过程中的在产品、在生产或者提供劳务过程中耗用的材料和物料等。

存货按照以下方法确定成本：

(1) 通过支付现金方式取得的存货，以购买价款和支付的相关税费为成本。

(2) 通过支付现金以外的方式取得的存货，以该存货的公允价值和支付的相关税费为成本。

(3) 生产性生物资产收获的农产品，以产出或者采收过程中发生的材料费、人工费和分摊的间接费用等必要支出为成本。

企业使用或者销售的存货的成本计算方法，可以在先进先出法、加权平均法、个别计价法中选择一种。计价方法一经选用，不得随意变更。

(五) 亏损弥补

亏损是指企业依照《企业所得税法》及其暂行条例的规定，将每一纳税年度的收入总额减除不征税收入、免税收入和各项扣除后小于零的数额。不过，税法所指亏损的概念，不是企业财务报表中反映的亏损额，而是企业财务报表中的亏损额经主管税务机关按税法的规定核实调整后的金额。

税法规定，纳税人发生年度亏损的，可以用下一纳税年度的所得弥补；下一纳税年度的所得不足弥补的，可以逐年延续弥补，但是延续弥补期最长不得超过五年。

企业在汇总计算缴纳企业所得税时，其境外营业机构的亏损不得抵减境内营业机构的盈利。

想一想： 应纳税所得额包含哪些内容？

五、企业所得税应纳税额的计算

企业所得税应纳税额的计算公式为：

企业所得税应纳税额＝年度应纳税所得额×所得税税率

在直接法下，年度应纳税所得额的计算公式为：

年度应纳税所得额＝收入总额－不征税收入－免税收入－各项扣除－以前年度亏损

在间接法下，年度应纳税所得额的计算公式为：

年度应纳税所得额＝年度会计利润总额＋纳税调增金额－纳税调减金额

【例6—1】 某日用品生产企业为增值税一般纳税人，适用的企业所得税税率为25%。2013年全年实现的销售收入为3 000 000元，利润总额为20 000元（即调整前的应纳税所得额）。税务机关经查账发现以下几项支出：

(1) 当年发生管理费用600 000元，其中业务招待费为80 000元。

(2) 当年发生销售费用700 000元，其中广告费为250 000元。

(3) 全年发生财务费用300 000元，其中支付银行借款的逾期罚息为20 000元。

(4) 取得国债利息收入60 000元。

(5) 全年计入成本、费用的实发工资总额200 000元（属合理限额范围），实际发生职工工会经费60 000元、职工福利费20 000元、职工教育经费10 000元。

(6) 营业外支出共计11 000元，其中税收滞纳金3 000元、通过当地人民政府向贫困山区捐款8 000元。

要求：计算上述几项支出的纳税调整额以及本年度企业应纳所得税额。

(1) 企业发生的与生产经营活动有关的业务招待费支出，按照发生额的60%扣除，但最高不得超过当年销售（营业）收入的5‰。

业务招待费扣除限额＝80 000×60%＝48 000(元)

当年销售收入的5‰＝3 000 000×5‰＝15 000(元)＜48 000元

所以，业务招待费不能全额扣除，只能扣除15 000元，则：

纳税调增额＝80 000－15 000＝65 000(元)

(2) 企业发生的广告费不超过当年销售（营业）收入15%的部分，准予扣除。

当年销售收入的 15%=3 000 000×15%=450 000(元)>250 000 元

所以，今年发生的广告费能全部扣除，不用进行纳税调整。

(3) 罚息等不准扣除，所以，支付银行借款的逾期罚息 20 000 元需要进行纳税调增。

(4) 国债利息收入 60 000 元免交企业所得税，所以，需要纳税调减 60 000 元。

(5) 企业拨缴的工会经费，不超过工资薪金总额 2%的部分，准予扣除。

工会经费扣除限额=200 000×2%=4 000(元)<60 000 元

所以，工会经费只能扣除 4 000 元，需要纳税调增 56 000 元 (60 000−4 000)。

企业发生的职工福利费，不超过工资薪金总额 14%的部分，准予扣除。

职工福利费扣除限额=200 000×14%=28 000(元)>20 000 元

所以，职工福利费能全额扣除，不用进行纳税调整。

企业发生的职工教育经费，不超过工资薪金总额 2.5%的部分，准予扣除。

职工教育经费扣除限额=200 000×2.5%=5 000(元)<10 000 元

所以，职工教育经费只能扣除 5 000 元，需要纳税调增 5 000 元 (10 000−5 000)。

(6) 税收滞纳金不能扣除，所以，税收滞纳金 3 000 元需要进行纳税调增。

企业发生的公益性捐赠支出，不超过年度利润总额 12%的部分，准予扣除。

公益性捐赠支出扣除限额=20 000×12%=2 400(元)<8 000 元

所以，捐款需要纳税调增 5 600 元 (8 000−2 400)。

年度应纳税所得额=年度会计利润总额+纳税调增金额−纳税调减金额
=20 000+65 000+20 000+56 000+5 000
+3 000+5 600−60 000
=114 600(元)

企业应纳所得税额=年度应纳税所得额×所得税税率
=114 600×25%
=28 650(元)

任务四 企业所得税的税收优惠

税收优惠，是指国家对某一部分特定企业和课税对象给予减轻或免除税收负担的一种措施。税法规定的企业所得税的税收优惠方式包括免税、减税、加计扣除、加速折旧、减计收入、税额抵免等。

一、企业所得税的减免税优惠

企业从事农、林、牧、渔业项目的所得，可以免征、减征企业所得税，具体内容如下所述。

（一）企业从事下列项目的所得，免征企业所得税

（1）蔬菜、谷物、薯类、油料、豆类、棉花、麻类、糖料、水果、坚果的种植；

（2）农作物新品种的选育；

（3）中药材的种植；

（4）林木的培育和种植；

（5）牲畜、家禽的饲养；

（6）林产品的采集；

（7）灌溉、农产品初加工、兽医、农技推广、农机作业和维修等农、林、牧、渔服务业项目；

（8）远洋捕捞。

（二）企业从事下列项目的所得，减半征收企业所得税

（1）花卉、茶以及其他饮料作物和香料作物的种植；

（2）海水养殖、内陆养殖。

企业从事国家限制和禁止发展的项目，不得享受本条规定的企业所得税优惠。

（三）从事国家重点扶持的公共基础设施项目

国家重点扶持的公共基础设施项目，是指《公共基础设施项目企业所得税优惠目录》规定的港口码头、机场、铁路、公路、城市公共交通、电力、水利等项目。

企业从事国家重点扶持的公共基础设施项目的投资经营所得，自项目取得第一笔生产经营收入所属纳税年度起，第一年至第三年免征企业所得税，第四年至第六年减半征收企业所得税。企业承包经营、承包建设和内部自建自用上述项目的，不得享受该项企业所得税优惠。

（四）从事符合条件的环境保护、节能节水项目的所得

环境保护、节能节水项目包括公共污水处理、公共垃圾处理、沼气综合开发利用、节能减排技术改造、海水淡化等。项目的具体条件和范围由国务院财政、税务主管部门同国务院有关部门制定，报国务院批准后公布施行。

企业从事符合条件的上述环境保护、节能节水项目的所得，自项目取得第一笔生产经营收入所属纳税年度起，第一年至第三年免征企业所得税，第四年至第六年减半征收企业所得税。

上述规定享受减免税优惠的项目，在减免税期限内转让的，受让方自受让之日起，可以在剩余期限内享受规定的减免税优惠；减免税期限届满后转让的，受让方不得就该项目重复享受减免税优惠。

（五）符合条件的技术转让所得

对技术转让所得免征、减征企业所得税，是指在一个纳税年度内，居民企业技术转让所得不超过500万元的部分，免征企业所得税；超过500万元的部分，减半征收企业所得税。

二、非居民企业的优惠

非居民企业取得的符合规定的所得，减按10%的税率征收企业所得税。

下列所得可以免征企业所得税：

（1）外国政府向中国政府提供贷款取得的利息所得；

（2）国际金融组织向中国政府和居民企业提供优惠贷款取得的利息所得；

（3）经国务院批准的其他所得。

三、小型微利企业的优惠

小型微利企业，是指从事国家非限制和禁止行业，并符合下列条件的企业：

（1）工业企业，年度应纳税所得额不超过30万元，从业人数不超过100人，资产总额不超过3 000万元；

（2）其他企业，年度应纳税所得额不超过30万元，从业人数不超过80人，资产总额不超过1 000万元。

符合条件的小型微利企业，适用20%的企业所得税税率。

四、高新技术企业的优惠

国家需要重点扶持的高新技术企业，是指拥有核心自主知识产权，并同时符合下列条件的企业：

（1）产品（服务）属于《国家重点支持的高新技术领域》规定的范围；

（2）研究开发费用占销售收入的比例不低于规定的比例；

（3）高新技术产品（服务）收入占企业总收入的比例不低于规定的比例；

（4）科技人员占企业职工总数的比例不低于规定的比例；

（5）《高新技术企业认定管理办法》规定的其他条件。

《国家重点支持的高新技术领域》和《高新技术企业认定管理办法》由国务院科技、财政、税务主管部门同国务院有关部门制定，报国务院批准后公布施行。

符合条件的国家需要重点扶持的高新技术企业，适用15%的企业所得税税率。

五、民族自治地方的优惠

民族自治地方，是指依照《中华人民共和国民族区域自治法》的规定，实行民族区域自治的自治区、自治州、自治县。

对民族自治地方内符合条件的项目，可以减征或免征企业所得税；对民族自治地方内从事国家限制和禁止行业的企业，不得减征或者免征企业所得税。

六、加计扣除优惠

研究开发费用的加计扣除，是指企业为开发新技术、新产品、新工艺发生的研究开发费用，未形成无形资产计入当期损益的，在按照规定据实扣除的基础上，按照研究开发费用的50%加计扣除；形成无形资产的，按照无形资产成本的150%摊销。

企业安置残疾人员所支付的工资的加计扣除，是指企业安置残疾人员的，在按照支付给残疾职工工资据实扣除的基础上，按照支付给残疾职工工资的100%加计扣除。残疾人员的范围适用《中华人民共和国残疾人保障法》的有关规定。企业安置国家鼓励安置的其他就业人员所支付的工资的加计扣除办法，由国务院另行规定。

七、创业投资企业的优惠

创业投资企业采取股权投资方式投资于未上市的中小高新技术企业2年以上的，可以按照其投资额的70%在股权持有满2年的当年抵扣该创业投资企业的应纳税所得额；当年不足抵扣的，可以在以后纳税年度结转抵扣。

八、加速折旧优惠

可以采取缩短折旧年限或者采取加速折旧的方法的固定资产包括：

（1）由于技术进步，产品更新换代较快的固定资产；

（2）常年处于强震动、高腐蚀状态的固定资产。

（3）对生物药品制造业，专用设备制造业，铁路、船舶、航空航天和其他运输设备制造业，计算机、通信和其他电子设备制造业，仪器仪表制造业，信息传输、软件和信息技术服务业等6个行业的企业2014年1月1日后新购进的固定资产，可缩短折旧年限或采取加速折旧的方法。

对上述6个行业的小型微利企业2014年1月1日后新购进的研发和生产经营共用的仪器、设备，单位价值不超过100万元的，允许一次性计入当期成本费用在计算应纳税所得额时扣除，不再分年度计算折旧；单位价值超过100万元的，可缩短折旧年限或采取加速折旧的方法。

（4）对所有行业企业2014年1月1日后新购进的专门用于研发的仪器、设备，单位价值不超过100万元的，允许一次性计入当期成本费用在计算应纳税所得额时扣除，不再分年度计算折旧；单位价值超过100万元的，可缩短折旧年限或采取加速折旧的方法。

（5）对所有行业企业持有的单位价值不超过5000元的固定资产，允许一次性计入当期成本费用在计算应纳税所得额时扣除，不再分年度计算折旧。

采取缩短折旧年限方法的固定资产，最低折旧年限不得低于所规定折旧年限的60%；采取加速折旧方法的固定资产，可以采取双倍余额递减法或年数总和法计提折旧。

九、减计收入优惠

减计收入是指企业以《资源综合利用企业所得税优惠目录》规定的资源作为主要原材料，生产国家非限制和非禁止并符合国家和行业相关标准的产品取得的收入，减按90%计入收入总额。

上述所称原材料占生产产品材料的比例不得低于《资源综合利用企业所得税优惠目录》规定的标准。

十、税额抵免优惠

税额抵免优惠是指企业购置并实际使用《环境保护专用设备企业所得税优惠目录》、《节能节水专用设备企业所得税优惠目录》和《安全生产专用设备企业所得税优惠目录》规定的环境保护、节能节水、安全生产等专用设备的，该专用设备的投资额的10%可以从企业当年的应纳税额中抵免；当年不足抵免的，可以在以后5个纳税年度结转抵免。

享受上述规定的企业所得税优惠的企业，应当实际购置并投入使用上述规定的专用设备；企业购置上述专用设备在5年内转让、出租的，应当停止享受企业所得税优惠，并补缴已经抵免的企业所得税税款。

上述规定的企业所得税优惠目录，由国务院财政、税务主管部门同国务院有关部门制定，报国务院批准后公布施行。

企业同时从事适用不同企业所得税待遇的项目的，其优惠项目应当单独计算所得，并合理分摊企业的期间费用；没有单独计算的，不得享受企业所得税优惠。

任务五　企业所得税的征收管理

一、企业所得税的纳税地点

除税收法律、行政法规另有规定外，居民企业以企业登记注册地为纳税地点；但登记注册地在境外的，以实际管理机构所在地为纳税地点。企业登记注册地是指企业依照国家有关规定登记注册的住所地。

居民企业在中国境内设立不具有法人资格的营业机构的，在汇总计算并缴纳企业所得税时，应当统一核算应纳税所得额，具体办法由国务院财政、税务主管部门另行制定。

非居民企业在中国境内设立主要机构、场所的，应当同时符合下列条件：

(1) 对其他各机构、场所的生产经营活动负有监督管理责任；

(2) 设有完整的账簿、凭证，能够准确反映各机构、场所的收入、成本、费用和盈亏情况。

非居民企业经批准汇总缴纳企业所得税后，需要增设、合并、迁移、关闭机构、场所或者停止机构、场所业务的，应当事先由负责汇总申报缴纳企业所得税的主要机构、场所向其所在地税务机关报告；需要变更汇总缴纳企业所得税的主要机构、场所的，依照前款规定办理。

二、企业所得税的纳税期限

企业所得税按年计征，分月或者分季预缴，年终汇算清缴，多退少补。

企业所得税的纳税年度为自公历1月1日起至12月31日止。企业在一个纳税年度的中间开业，或者由于合并、关闭等原因终止经营活动，使该纳税年度的实际经营期不足12个月的，应当以其实际经营期为一个纳税年度。企业清算时，应当将清算期间作为一个纳税年度。

自年度终了之日起5个月内，企业向税务机关报送年度企业所得税纳税申报表，并进行汇算清缴，结清应缴应退税款。

企业在年度中间终止经营活动的，应当自实际经营终止之日起60日内，向税务机关办理当期企业所得税汇算清缴。

任务六 企业所得税的纳税申报

企业所得税实行按期预缴，年末汇算清缴的纳税申报方式。按月或按季预缴的，应当自月份或者季度终了之日起15日内，向税务机关报送预缴企业所得税纳税申报表（见表6—2），预缴税款。

表6—2 **企业所得税季度申报表**

填表日期： 年 月 日 金额单位：元（列至角分）

纳税人识别号：□□□□□□□□□□□□□□□□□□□□

<table>
<tr><td>纳税人名称</td><td colspan="2"></td><td>税款所属时期</td><td colspan="3"></td></tr>
<tr><td colspan="4">项目</td><td>账载金额</td><td>自行依法调整后金额</td><td>备注</td></tr>
<tr><td rowspan="2">利润（亏损）额</td><td colspan="3">1. 本季销售（销货）或营业收入净额</td><td></td><td></td><td></td></tr>
<tr><td colspan="3">2. 本季利润（亏损）额</td><td></td><td></td><td></td></tr>
<tr><td rowspan="17">应纳企业所得税额的计算</td><td colspan="3">3. 本季按实计算的应纳税所得额（3=2）</td><td></td><td></td><td></td></tr>
<tr><td colspan="3">4. 上年度应纳税所得额的四分之一</td><td></td><td></td><td></td></tr>
<tr><td colspan="3">5. 经核定利润率计算的应纳税所得额</td><td></td><td></td><td></td></tr>
<tr><td colspan="3">6. 经税务机关认可的其他方法计算的应纳税所得额</td><td></td><td></td><td></td></tr>
<tr><td colspan="3">7. 税率（%）</td><td></td><td></td><td></td></tr>
<tr><td colspan="3">8. 应纳企业所得税额（3×7或4×7或5×7或6×7）</td><td></td><td></td><td></td></tr>
<tr><td colspan="3">9. 减免企业所得税额</td><td></td><td></td><td></td></tr>
<tr><td colspan="3">10. 实际应缴企业所得税额（8－9）</td><td></td><td></td><td></td></tr>
<tr><td colspan="3">11. 税率（%）</td><td></td><td></td><td></td></tr>
<tr><td colspan="3">12. 应纳地方所得税额（3×11或4×11或5×11或6×11）</td><td></td><td></td><td></td></tr>
<tr><td colspan="3">13. 减免地方所得税额</td><td></td><td></td><td></td></tr>
<tr><td colspan="3">14. 实际应缴地方所得税额（12－13）</td><td></td><td></td><td></td></tr>
<tr><td colspan="3">15. 本季前已预缴所得税额</td><td></td><td></td><td></td></tr>
<tr><td colspan="3">其中：（1）已预缴企业所得税额</td><td></td><td></td><td></td></tr>
<tr><td colspan="3">（2）已预缴地方所得税额</td><td></td><td></td><td></td></tr>
<tr><td colspan="3">16. 本年度累计预缴所得税额（10＋14＋15）</td><td></td><td></td><td></td></tr>
<tr><td colspan="3">其中：（1）累计预缴企业所得税额（10＋15）</td><td></td><td></td><td></td></tr>
<tr><td></td><td colspan="3">（2）累计预缴地方所得税额（14＋15）</td><td></td><td></td><td></td></tr>
<tr><td colspan="3">如纳税人填报，由纳税人填写以下各栏</td><td colspan="4">如委托代理人填报，由代理人填写以下各栏</td></tr>
</table>

<table>
<tr><td rowspan="3">会计主管

（签章）</td><td rowspan="3">纳税人

（公章）</td><td>代理人名称</td><td></td><td colspan="2" rowspan="2">代理人

（公章）</td></tr>
<tr><td>地址</td><td></td></tr>
<tr><td>经办人</td><td></td><td>电话</td><td></td></tr>
<tr><td colspan="6">以下由税务机关填写</td></tr>
<tr><td colspan="2">收到申报表日期</td><td colspan="2"></td><td>接收人</td><td></td></tr>
</table>

填表说明：

（1）本表适用于中国境内企业，按季度预缴企业所得税时申报。

对于企业能够提供完整、准确的成本、费用凭证，能如实计算应纳税所得额以及因不能提供完整、准确的成本、费用凭证，不能正确计算应纳税所得额的，经主管税务机构批准，采用核定利润率方法按季度申报所得税的，都可填报此表。

（2）企业无论盈利还是亏损，都应当向当地税务机关报送本表。填写本表时，账载金额与自行依法调整后金额不符的，还应同时报送调整项目的附表。

（3）企业不能按规定期限报送本表时，应当在规定的报送期限内提交申请，经当地税务机关批准后，可以适当延长报送期限。

（4）未按规定期限向税务机关报送本表及其他有关说明材料的，依照《企业所得税法》的规定予以处罚。

（5）企业所得为外国货币的，应按照国家外汇管理机关公布的外汇牌价折合成人民币缴纳税款，并报送有关折算附表。

（6）填写本表要用中文，也可用中、外两种文字填写。

（7）本表部分栏目的填写方法如下：

1）纳税人识别号：填写办理税务登记时由主管税务机关确定的税务登记号。

2）填表日期：为填写纳税申报表的实际日期。

3）本季销售（销货）或营业收入净额：填写本季度内，按照产品、商品的实际销售价格计算出的货币资金总额（不包括销货退回、销货折让）。如系外币，应在“备注”栏中注明外币名称和单位。

4）企业发生季度亏损的，用红字填写。

（8）对于能够提供完整、准确的成本、费用凭证，能够如实计算应纳税所得额的企业，在计算应纳税所得额时，需填写“本季利润（亏损）额”栏、“本季按实计算的应纳税所得额”栏。

企业在报送企业所得税纳税申报表时，应当按照规定附送财务会计报告和其他有关资料。

企业应当在办理注销登记前，就其清算所得向税务机关申报并依法缴纳企业所得税。

依照《企业所得税法》缴纳的企业所得税，以人民币计算。所得以人民币以外的货币计算的，应当折合成人民币计算并缴纳税款。

企业在纳税年度内无论盈利还是亏损，都应当依照《企业所得税法》规定的期限向税务机关报送预缴企业所得税纳税申报表、企业所得税年度纳税申报表及附表（见表6—3、表6—4，附表略）、财务会计报告和税务机关规定应当报送的其他有关资料。

表6—3　　企业所得税年度申报表

金额单位：万元

<table>
<tr><td colspan="2">纳税人名称</td><td colspan="2"></td></tr>
<tr><td colspan="2">计算机代码</td><td colspan="2"></td></tr>
<tr><td colspan="2">联系电话</td><td colspan="2"></td></tr>
<tr><td colspan="2">所属经济类型</td><td colspan="2"></td></tr>
<tr><td colspan="2">所属行业</td><td colspan="2"></td></tr>
<tr><td colspan="2" rowspan="3">企业所得税征收方式（必选项）</td><td colspan="2">单项选择：</td></tr>
<tr><td colspan="2">查账征收 □</td></tr>
<tr><td colspan="2">核定征收 □</td></tr>
<tr><td colspan="2" rowspan="4">企业类别（必选项）</td><td colspan="2">单项选择：</td></tr>
<tr><td colspan="2">一般企业 □</td></tr>
<tr><td colspan="2">金融企业 □</td></tr>
<tr><td colspan="2">事业单位、社会团体、民办非企业单位 □</td></tr>
<tr><td>注册资本（必填项）</td><td></td><td>资产总额（必填项）</td><td></td></tr>
</table>

纳税人年度申报企业所得税时须填报此表。填表说明：

（1）纳税人名称：填报税务登记证所载纳税人的全称。

（2）计算机代码：填写地税机关核发的征收管理码。

（3）联系电话：填写纳税人单位办税人员的联系电话（或手机号码）。

（4）所属经济类型、所属行业：按照税务登记证中的有关内容填写。

（5）企业所得税征收方式：选择核定征收的企业，是指由税务机关根据其生产经营情况或财务会计核算情况，按照规定的标准、程序、权限和方法，核定应税所得率（纯益率）或应纳税额的一种征收方式。

（6）企业类别：

一般企业：是指除金融企业、事业单位、社会团体、民办非企业单位以外的企业。

金融企业：是指执行《金融企业会计制度》、《企业会计准则》的商业银行、政策银行、保险公司、证券公司、信托投资公司、租赁公司、担保公司、财务公司、典当公司等企业。

事业单位、社会团体、民办非企业单位：是指执行《事业单位会计准则》或《民间非营利组织会计制度》的企业或单位。

（7）注册资本：企业法人按照企业法人营业执照上的注册资本填写；事业单位按照《事业单位法人证书》的开办资金填写；社会团体按照《社会团体法人登记证书》的注册资金填写；民办非企业法人单位按照《民办非企业单位登记证书》的开办资金填写。

资产总额：是指企业拥有或控制的全部资产。包括流动资产、长期投资、固定资产、无形及递延资产、其他长期资产等，即企业资产负债表中的“资产总计”项目。

（8）表中所列单项选择项：在符合选项的“□”中画“√”。

表 6—4　　中华人民共和国企业所得税年度纳税申报表（A 类）

税款所属期间：　　年　月　日至　　年　月　日

纳税人名称：

纳税人识别号：□□□□□□□□□□□□□□□□□□　　金额单位：元（列至角分）

行次	类别	项　目	金　额
1	利润总额计算	一、营业收入	
2		减：营业成本	
3		营业税金及附加	
4		销售费用	
5		管理费用	
6		财务费用	
7		资产减值损失	
8		加：公允价值变动收益	
9		投资收益	
10		二、营业利润（1－2－3－4－5－6－7＋8＋9）	
11		加：营业外收入	
12		减：营业外支出	
13		三、利润总额（10＋11－12）	
14	应纳税所得额计算	减：境外所得	
15		加：纳税调整增加额	
16		减：纳税调整减少额	
17		减：免税、减计收入及加计扣除	
18		加：境外应税所得抵减境内亏损	
19		四、纳税调整后所得（13－14＋15－16－17＋18）	
20		减：所得减免	
21		减：抵扣应纳税所得额	
22		减：弥补以前年度亏损	
23		五、应纳税所得额（19－20－21－22）	

续前表

行次	类别	项　　目	金　额
24	应纳税额计算	税率（25%）	
25		六、应纳所得税额（23×24）	
26		减：减免所得税额	
27		减：抵免所得税额	
28		七、应纳税额（25－26－27）	
29		加：境外所得应纳所得税额	
30		减：境外所得抵免所得税额	
31		八、实际应纳所得税额（28＋29－30）	
32		减：本年累计实际已预缴的所得税额	
33		九、本年应补（退）所得税额（31－32）	
34		其中：总机构分摊本年应补（退）所得税额	
35		财政集中分配本年应补（退）所得税额	
36		总机构主体生产经营部门分摊本年应补（退）所得税额	
37	附列资料	以前年度多缴的所得税额在本年抵减额	
38		以前年度应缴未缴在本年入库所得税额	

（1）“税款所属期间”：正常经营的纳税人，填报公历当年1月1日至12月31日；纳税人年度中间开业的，填报实际生产经营之日至当年12月31日；纳税人年度中间发生合并、分立、破产、停业等情况的，填报公历当年1月1日至实际停业或法院裁定并宣告破产之日；纳税人年度中间开业且年度中间又发生合并、分立、破产、停业等情况的，填报实际生产经营之日至实际停业或法院裁定并宣告破产之日。

（2）“纳税人名称”：填报税务登记证所载纳税人的全称。

（3）“纳税人识别号”：填报税务机关统一核发的税务登记证号码。

（4）营业收入：填报纳税人主要经营业务和其他经营业务取得的收入总额。本行根据“主营业务收入”和“其他业务收入”的数额填报。

（5）营业成本：填报纳税人主要经营业务和其他经营业务发生的成本总额。本行根据“主营业务成本”和“其他业务成本”的数额填报。

（6）营业税金及附加：填报纳税人经营活动发生的营业税、消费税、城市维护建设税、资源税、土地增值税和教育费附加等相关税费。本行根据纳税人相关会计科目填报。纳税人在其他会计科目核算的本行不得重复填报。

（7）销售费用：填报纳税人在销售商品和材料、提供劳务的过程中发生的各种费用。

（8）管理费用：填报纳税人为组织和管理企业生产经营发生的管理费用。

(9) 财务费用：填报纳税人为筹集生产经营所需资金等发生的筹资费用。

(10) 资产减值损失：填报纳税人计提各项资产准备发生的减值损失。本行根据企业“资产减值损失”科目上的数额填报。实行其他会计准则等的比照填报。

(11) 公允价值变动收益：填报纳税人在初始确认时划分为以公允价值计量且其变动计入当期损益的金融资产或金融负债（包括交易性金融资产或负债，直接指定为以公允价值计量且其变动计入当期损益的金融资产或金融负债），以及采用公允价值模式计量的投资性房地产、衍生工具和套期业务中公允价值变动形成的应计入当期损益的利得或损失。本行根据企业“公允价值变动损益”科目的数额填报（损失以“—”号填列）。

(12) 投资收益：填报纳税人以各种方式对外投资确认所取得的收益或发生的损失。根据企业“投资收益”科目的数额计算填报；实行事业单位会计准则的纳税人根据“其他收入”科目中的投资收益金额分析填报（损失以“—”号填列）。实行其他会计准则等的比照填报。

(13) 营业利润：填报纳税人当期的营业利润。根据上述项目计算填列。

(14) 营业外收入：填报纳税人取得的与其经营活动无直接关系的各项收入的金额。

(15) 营业外支出：填报纳税人发生的与其经营活动无直接关系的各项支出的金额。

(16) 利润总额：填报纳税人当期的利润总额。根据上述项目计算填列。

(17) 境外所得：填报纳税人发生的分国（地区）别取得的境外税后所得计入利润总额的金额。

(18) 纳税调整增加额：填报纳税人会计处理与税收规定不一致，进行纳税调整增加的金额。

(19) 纳税调整减少额：填报纳税人会计处理与税收规定不一致，进行纳税调整减少的金额。

(20) 免税、减计收入及加计扣除：填报属于税法规定免税收入、减计收入、加计扣除金额。

(21) 境外应税所得抵减境内亏损：填报纳税人根据税法规定，选择用境外所得抵减境内亏损的数额。

(22) 纳税调整后所得：填报纳税人经过纳税调整、税收优惠、境外所得计算后的所得额。

(23) 所得减免：填报属于税法规定所得减免金额。本行数值小于零时，填写负数。

(24) 抵扣应纳税所得额：填报根据税法规定应抵扣的应纳税所得额。

(25) 弥补以前年度亏损：填报纳税人按照税法规定可在税前弥补的以前年度亏损的数额。

(26) 应纳税所得额：金额等于本表第 19－20－21－22 行计算结果。本行不得为负数。本表第 19 行或者按照上述行次顺序计算结果本行为负数，本行金额填零。

（27）税率：填报税法规定的税率25％。

（28）应纳所得税额：金额等于本表第23×24行。

（29）减免所得税额：填报纳税人按税法规定实际减免的企业所得税额。

（30）抵免所得税额：填报企业当年的应纳所得税额中抵免的金额。

（31）应纳税额：金额等于本表第25－26－27行。

（32）境外所得应纳所得税额：填报纳税人来源于中国境外的所得，按照我国税法规定计算的应纳所得税额。

（33）境外所得抵免所得税额：填报纳税人来源于中国境外所得依照中国境外税收法律以及相关规定应缴纳并实际缴纳（包括视同已实际缴纳）的企业所得税性质的税款（准予抵免税款）。

（34）实际应纳所得税额：填报纳税人当期的实际应纳所得税额。金额等于本表第28＋29－30行。

（35）本年累计实际已预缴的所得税额：填报纳税人按照税法规定本纳税年度已在月（季）度累计预缴的所得税额，包括按照税法规定的特定业务已预缴（征）的所得税额，建筑企业总机构直接管理的跨地区设立的项目部按规定向项目所在地主管税务机关预缴的所得税额。

（36）本年应补（退）的所得税额：填报纳税人当期应补（退）的所得税额。金额等于本表第31－32行。

（37）总机构分摊本年应补（退）所得税额：填报汇总纳税的总机构按照税收规定在总机构所在地分摊本年应补（退）所得税款。

（38）财政集中分配本年应补（退）所得税额：填报汇总纳税的总机构按照税收规定财政集中分配本年应补（退）所得税款。

（39）总机构主体生产经营部门分摊本年应补（退）所得税额：填报汇总纳税的总机构所属的具有主体生产经营职能的部门按照税收规定应分摊的本年应补（退）所得税额。

（40）以前年度多缴的所得税额在本年抵减额：填报纳税人以前纳税年度汇算清缴多缴的税款尚未办理退税、并在本纳税年度抵缴的所得税额。

（41）以前年度应缴未缴在本年入库所得额：填报纳税人以前纳税年度应缴未缴在本纳税年度入库所得税额。

知识拓展

部分国家和地区的企业所得税税率

企业所得税税率在全球范围内已不断下降，其中大部分是西方国家对各自的本籍（即在国内注册成立的）跨国公司把自己产生的大部分应税所得的业务迁往境外的应对之策。有些国家或地区的公司无须支付企业所得税，还有一些国家或地区的公司要把企业利润的三分之一上缴给政府。

1. 巴哈马：巴哈马没有企业所得税，跨国公司最终支付的实际税率介于5％至

15%之间不等。

2. 百慕大：百慕大没有企业所得税。但跨国公司的实际税率平均为12%左右。

3. 开曼群岛：跨国公司最终为它们在开曼群岛注册的业务部门所产生的利润支付约13%的税率。

4. 马来西亚：马来西亚本土公司适用的企业所得税税率平均为19%，跨国公司适用的企业所得税税率平均为17%左右。

5. 印度：印度的法定企业所得税税率为34%。跨国公司实际支付的税率中位数仅为17%，本土公司为22%。

6. 中国台湾地区：中国台湾地区的企业所得税税率为25%。税收减免后，本土公司税率中位数为20%，而跨国公司为18%。

7. 瑞典：瑞典的企业所得税税率为28%，比美国低。本土公司的实际税率仅为10%，跨国公司为18%。

8. 瑞士：瑞士的企业所得税税率是21%。本土公司的实际税率中位数为17%，而跨国公司为19%。

9. 加拿大：加拿大的企业所得税税率为36%。税收减免后，跨国公司税率中位数仅为21%，本土公司为14%。

10. 中国：中国于2008年将企业所得税税率降至25%。税收减免之后，本土公司及跨国公司的实际税率约为22%。

11. 澳大利亚：澳大利亚的企业所得税税率为30%。税收减免后，本土公司及跨国公司的实际税率中位数为22%。

12. 法国：法国的企业所得税基准税率为35%。税收减免后，本土公司的实际税率中位数为25%，跨国公司为23%。

13. 美国：美国跨国公司适用的企业所得税税率是35%。税收减免后，本土公司的实际税率中位数为23%，跨国公司为28%。

14. 德国：德国本土公司及跨国公司的法定企业所得税税率为37%，但缴付的实际税率中位数分别为16%和24%。

15. 英国：英国跨国公司及本土公司的法定企业所得税税率是30%。税收减免之后，本土公司的总税收负担是20%左右，而跨国公司则为24%左右。

16. 日本：日本的法定企业所得税税率为40%。本土公司的实际税率为37%，而大型跨国公司的实际税率为38%，均为全球最高。

项目小结

企业所得税作为所得税制中的重要税种之一，起着稳定经济、公平分配等作用。我国从2008年1月1日起正式统一了内、外资企业所得税，这在企业所得税的核算、企业公平竞争等方面起到了重要作用。通过学习本项目，需要重点掌握企业所得税应纳税额的计算和申报，如收入、费用、不征税收入、免税收入、扣除、亏损抵免等都是计算时需要注意的问题。

自测练习题

一、单项选择题（在备选答案中只有一个是正确的，将其选出并把它的标号写在题干的括号内）

1. 企业所得税是对我国内资企业和经营单位的（　　）所得和其他所得征收的一种税。

A. 生产经营　　B. 筹资　　C. 投资　　D. 企业活动

2. 某企业于 2013 年 3 月 7 日正式经营，该企业第一年的纳税年度时间为（　　）。

A. 2013 年 3 月 1 日至 2013 年 12 月 31 日

B. 2013 年 3 月 7 日至 2013 年 12 月 31 日

C. 2013 年 3 月 7 日至 2014 年 3 月 6 日

D. 2013 年 3 月 1 日至 2013 年 2 月 28 日

3. 企业所得税的适用税率为（　　）。

A. 定额税率　　B. 比例税率　　C. 超额累进税率　　D. 累进税率

4. 一般企业适用的企业所得税税率为（　　）。

A. 33%　　B. 25%　　C. 17%　　D. 13%

5. 符合条件的小型微利企业，减按（　　）的税率征收企业所得税。

A. 20%　　B. 17%　　C. 15%　　D. 13%

6. 企业所得税（　　）。

A. 按月计算　　B. 按季计算　　C. 按年计算　　D. 按半年计算

7. 除国家另有规定外，企业所得税由纳税人在（　　）缴纳。

A. 注册地主管税务机关　　B. 任意县级以上税务机关

C. 国家税务机关　　D. 所在地主管税务机关

8. 企业应当自月份或季度终了之日起（　　）日内，向税务机关报送预缴企业所得税申报表，并预缴税款。

A. 5 日　　B. 7 日　　C. 10 日　　D. 15 日

9. 企业遇有火灾、水灾、地震等严重自然灾害，经主管税务机关批准，可减征或免征所得税（　　）。

A. 一年　　B. 半年　　C. 两年　　D. 三年

10. 企业发生的与生产经营有关的业务招待费支出按照发生额的 60%扣除，但最高不得超过当年营业收入的（　　）。

A. 5%　　B. 5‰　　C. 10%　　D. 10‰

11. 居民企业在中国境内设立不具有法人资格的营业机构的，应当（　　）计算并缴纳企业所得税。

A. 分别　　B. 汇总　　C. 独立　　D. 就地缴纳

12. 按照我国《企业所得税法》及其实施条例的规定，下列各项中，属于非居民企业的有（　　）。

A. 在山西省工商局登记注册的企业

B. 在英国注册但实际管理机构在北京的外资独资企业

C. 在澳大利亚注册的企业设在广州的办事处

D. 在河南省注册但在东南亚开展工程承包的企业

13. 下列各项中，能作为业务招待费税前扣除限额依据的是（　　）。

A. 债务重组收入　　B. 销售产品收入

C. 转让设备所有权的收入　　D. 无法偿还的应付账款

14. 某企业2013年度境内的应纳税所得额为1 000万元，境外的税前所得为200万元，该企业本年度企业所得税应纳税额为（　　）万元。

A. 200　　B. 250　　C. 300　　D. 350

15. 某企业2013年的销售收入为500万元，年实际发生业务招待费8万元，该企业可在所得税前列支的业务招待费金额是（　　）万元。

A. 4.8　　B. 5　　C. 2.5　　D. 3

二、多项选择题（在备选答案中有2～5个是正确的，将其全部选出并把它的标号写在题干的括号内）

1. 企业所得税的征收对象是纳税人取得的所得，包括（　　）。

A. 销售货物所得　　B. 提供劳务所得

C. 转让财产所得　　D. 股息红利所得

2. 在计算应纳税所得额时，下列支出不得扣除的是（　　）。

A. 资本性支出　　B. 赞助支出

C. 违法经营的罚款　　D. 利息支出

3. 税法规定的税收优惠方式包括（　　）。

A. 免税、减税　　B. 加计扣除

C. 加速折旧　　D. 税额抵免

4. 企业所得税的缴纳采用（　　）的办法。

A. 分期按月预缴　　B. 年终汇算清缴

C. 季度汇算清缴　　D. 分期按季预缴

5. 根据我国《企业所得税》的规定，以下适用25%税率的是（　　）。

A. 在中国境内的居民企业

B. 在中国境内设有机构、场所，且所得与其机构、场所有关联的非居民企业

C. 在中国境内设有机构、场所，但所得与其机构、场所没有实际联系的非居民企业

D. 在中国境内未设立机构、场所的非居民企业

6. 根据企业所得税的相关规定，下列属于在资产收购时适用特殊性税务处理条件的有（　　）。

A. 具有合理的目的，且不以减少、免除或者推迟缴纳税款为主要目的

B. 受让企业在资产收购发生时的股权支付金额不低于其交易支付总额的75%

C. 资产收购后的连续 12 个月内不改变收购资产原来的实质性经营活动

D. 取得股权支付的原主要股东，在资产收购后连续 12 个月内不得转让所取得的股权

7. 根据企业所得税的相关规定，下列情形准予确认为损失并可在税前扣除的有（ ）。

A. 被投资方财务严重恶化，累计发生巨额亏损，清算期已达 5 年的股权投资

B. 金额小于清收成本的小额逾期应收账款

C. 企业内部有关技术部门鉴定证明的单项金额为 10 万元以下的存货损失

D. 金融企业银行卡透支额 50 万元，追索 3 年仍无法收回

8. 根据企业所得税的相关规定，下列关于收入确认时间的说法中，正确的有（ ）。

A. 特许权使用费收入以实际取得收入的日期确认收入的实现

B. 利息收入以合同约定的债务人应付利息的日期确认收入的实现

C. 接受捐赠收入按照实际收到捐赠资产的日期确认收入的实现

D. 作为商品销售附带条件的安装费收入在确认商品销售收入时确认其实现

9. 根据企业所得税的相关规定，下列关于研发费用加计扣除的说法中，正确的有（ ）。

A. 企业研发机构同时承担生产经营任务的，研发费用不得加计扣除

B. 企业共同合作开发项目的合作各方就自身承担的研发费分别按照规定加计扣除

C. 企业委托外单位开发的符合条件的研发费用，研发费用可由委托方与受托方协商确定加计扣除额度

D. 企业在一个纳税年度内有多个研发活动的，应按不同项目分别归集加计扣除研发费用

10. 企业取得的下列各项所得中，可以免征企业所得税的有（ ）。

A. 林产品的采集所得　　B. 海水养殖、内陆养殖所得

C. 香料作物的种植所得　　D. 农作物新品种的选育所得

11. 在中国境内未设立机构、场所的非居民企业从中国境内取得的收入，按全额作为企业所得税应纳税所得额的有（ ）。

A. 股息收入　　B. 特许权使用费收入

C. 租金收入　　D. 财产转让收入

12. 企业取得的下列收入，属于企业所得税免税收入的有（ ）。

A. 国债利息收入

B. 金融债券的利息收入

C. 居民企业直接投资于其他居民企业取得的投资收益

D. 居民企业从在中国境内设立机构、场所的非居民企业中取得的股息等权益性投资收益

13. 允许结转以后年度于企业所得税前扣除的费用有（ ）。

A. 业务招待费　B. 职工教育经费　C. 广告费　　D. 业务宣传费

14. 居民企业的判定标准有（　　）。

A. 登记注册地标准　　　　　　　　B. 所得来源地标准

C. 实际管理机构所在地标准　　　　D. 经营行为实际发生地标准

15. 可享受“三免三减半”优惠的所得有（　　）。

A. 从事环境保护项目的所得

B. 从事节能节水项目的所得

C. 从事国家重点扶持的创投企业投资经营的所得

D. 从事国家重点扶持的公共基础设施项目投资经营的所得

三、名词解释题

1. 企业所得税

2. 居民企业

3. 非居民企业

四、判断题（请在题后的括号内正确的画“√”，错误的画“×”）

1. 纳税人的公益、救济性捐赠，在年度会计利润的12%以内的，允许扣除；超过12%的部分，则不得扣除。（　　）

2. 纳税年度是从公历1月1日起至12月31日止。（　　）

3. 企业所得税一律按季预缴。（　　）

4. 企业应当自月份或者季度终了之日起20日内，无论是盈利还是亏损，都应向税务机关报送预缴企业所得税纳税申报表，预缴税款。（　　）

5. 纳税人在规定的申报期申报确有困难的，可报经主管税务机关批准，延期申报。（　　）

6. 预缴方法确定之后，可以申请更改。（　　）

7. 纳税人“所在地”是指纳税人企业注册所在地。（　　）

8. 关于企业所得税应纳税所得额的确定，以分期收款方式销售商品的，可以按合同约定的应付价款的日期确定销售收入的实现。（　　）

9. 国家需要重点扶持的高新技术企业使用10%的优惠税率。（　　）

10. 应纳税所得额＝收入总额－准予扣除项目的金额。（　　）

11. 为避免重复征税个人独资企业、合伙企业的所得税，对这两类企业仅征收个人所得税。（　　）

12. 企业应当自年度终了之日起6个月内，向税务机关报送年度企业所得税纳税申报表，并进行汇算清缴，结清应缴应退税款。（　　）

13. 对国家重点扶持的公共基础设施项目征收企业所得税时，可采用15%的低税率。（　　）

14. 对蔬菜、谷物、油料、豆类、水果等种植企业可免征企业所得税。（　　）

15. 纳税人违反国家税收法规，被税务部门处以的滞纳金和罚款、被司法部门处

以的罚金，以及上述以外的各项罚款，不得在税前扣除。（　　）

五、简答题

1. 简述企业所得税的概念、纳税人、征税范围以及征税对象。
2. 列举五项企业所得税法定扣除项目。
3. 简述企业所得税的各种低税率及其适用范围。
4. 简述高新技术企业的税收优惠。

六、论述题

1. 论述企业收入的确认。
2. 试述不征税收入的范围。
3. 试述免税收入的范围。
4. 论述公益性捐赠支出的扣除。
5. 计算企业所得税应纳税所得额时不得扣除的项目有哪些?
6. 我国《企业所得税法》对固定资产的处理方法有哪些?

项目七　个人所得税

项目综述

个人所得税是对我国居民的境内所得和非居民来源于我国的个人所得征收的一个税种。自2011年9月1日起，施行修改后的《中华人民共和国个人所得税法实施条例》，最大的变化是将个税起征点调整为3 500元。目前，个人所得税的税率是多少？哪些收入需要缴纳个人所得税？哪些费用可以扣除？如何计算个人所得税？如何进行个人所得税的纳税申报？这些都是我们在本项目中将要学习的重点内容。

关键概念

个人所得税　居民纳税人　非居民纳税人　征税范围　税率　代扣代缴　自行申报缴纳　扣缴义务人

本项目重点与难点提示

本项目阐述了个人所得税的基本理论。学习本项目，要求着重理解什么是个人所得税，掌握个人所得税的纳税人、征税范围、应纳税额的计算、税收优惠和税收征管，在对个人所得税税目和税率概括了解的基础上，明确个人所得税应纳税额的主要计算方法及其相互联系。通过本项目的学习，目的在于提高对个人所得税的认识。

本项目的重点是个人所得税的含义、纳税人、征税范围、应纳税额的计算、税收优惠和税收征管。

本项目的难点是对个人不同所得的区别以及各自应纳税额的计算。

学习导航

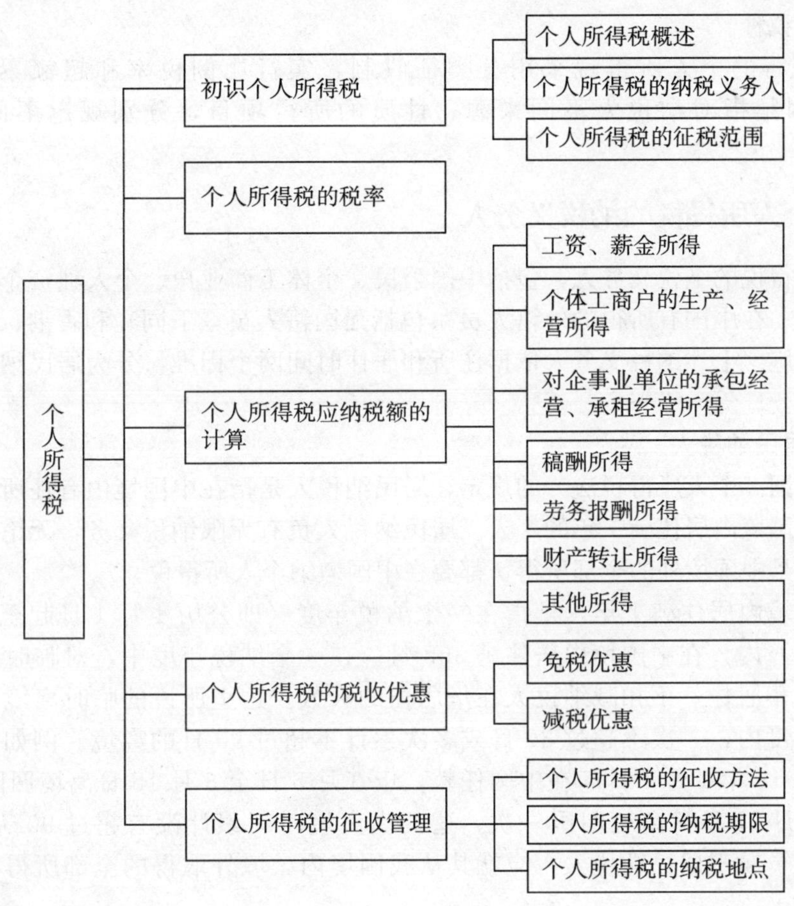

学习目标

通过学习本项目，你会明白以下问题：

- 个人所得税的含义、征税范围等；
- 个人所得税的税率；
- 个人所得税应纳税所得额和应纳税额的计算；
- 个人所得税的税收优惠；
- 个人所得税的征收管理和纳税申报。

任务一 初识个人所得税

一、个人所得税概述

个人所得税是对我国居民的境内外所得和非居民来源于我国的个人所得征收的一

种税，是政府利用税收对个人收入进行调节的一种手段。个人所得税的征税对象不仅包括个人，还包括具有自然人性质的企业（如个体等）。个人所得税是世界各国普遍开征的一个税种。

我国现行的个人所得税采用分类征收制，实行比例税率和超额累进税率。分类征收制是指对纳税人不同来源、性质的所得项目，分别规定不同的税率征税。

二、个人所得税的纳税义务人

个人所得税的纳税义务人，包括中国公民、个体工商业户、个人独资企业、合伙企业投资者、在中国有所得的外籍人员（包括无国籍人员，下同）和香港、澳门、台湾地区的同胞。上述纳税义务人依据住所和居住时间两个标准，分为居民纳税人和非居民纳税人。

（一）居民纳税人

根据我国《个人所得税法》的规定，居民纳税人是指在中国境内有住所，或者无住所但在中国境内居住满1年的个人。居民纳税人负有无限纳税义务，无论是来源于中国境内还是中国境外的全部所得，都要在中国缴纳个人所得税。

在中国境内居住满1年，是指在一个纳税年度（即公历1月1日起至12月31日止，下同）内，在中国境内居住满365日。在一个纳税年度中，对临时离境的情况应视同在华居住，不扣减纳税人在华居住的天数。这里所说的临时离境，是指在一个纳税年度内，一次不超过30日或多次累计不超过90日的离境。例如：一名外籍人员自2013年1月1日起在中国任教，于3月5日至3月15日离境回国，12月23日至12月27日又离境回国一次，这两次离境时间累计没有超过90天，因此，该名外籍人员属于居民纳税人，应就其从我国境内、境外取得的全部所得缴纳个人所得税。

综上可知，个人所得税的居民纳税人包括以下两类：

（1）在中国境内定居的中国公民和外国侨民，但不包括虽具有中国国籍，却没有在中国大陆定居，而是侨居海外的华侨和居住在香港、澳门、台湾地区的同胞。

（2）从公历1月1日起至12月31日止，居住在中国境内的外国人、海外侨胞和香港、澳门、台湾地区的同胞，这些人如果在一个纳税年度内，一次离境不超过30日，或者多次离境累计不超过90日，则仍被视为全年在中国境内居住，从而判定为居民纳税人。

（二）非居民纳税人

非居民纳税人是指在中国境内无住所又不居住或者无住所但在境内居住不满1年的个人。非居民纳税人应当就其从中国境内取得的所得缴纳个人所得税。

想一想：居民纳税人和非居民纳税人的异同点是什么？

三、个人所得税的征税范围

个人所得税共有11个征税项目，如工资、薪金所得，个体工商户生产、经营所得，对企事业单位的承包经营、承租经营所得，劳务报酬所得等。

（一）工资、薪金所得

工资、薪金所得是指个人因任职或受雇而取得的工资、薪金、奖金、年终加薪、劳动分红、津贴、补贴以及与任职或受雇有关的其他所得。个人取得的所得，只要是与任职、受雇有关，不论其单位是以现金、实物还是以有价证券等形式支付，都是工资、薪金所得项目的课税对象。

一般情况下，补贴、津贴都属于工资、薪金的范畴，但对补贴、津贴中的下列项目不予以征税：

（1）独生子女补贴。

（2）执行公务员工资制度，未纳入基本工资总额的补贴、津贴差额和家属成员的副食品补贴。

（3）托儿补助费。

（4）差旅费津贴、误餐补助。

（二）个体工商户的生产、经营所得

个体工商户的生产、经营所得包括以下四个方面：

（1）经工商行政管理部门批准开业并领取营业执照的城乡个体工商户，从事工业、手工业、建筑业、交通运输业、商业、饮食业、服务业、修理业及其他行业的生产、经营活动取得的收入。

（2）个人经政府有关部门批准，取得营业执照，从事办学、医疗、咨询以及其他有偿服务活动取得的收入。

（3）其他个人从事个体工商业生产、经营活动取得的收入，即个人临时从事生产、经营活动取得的收入。

（4）上述个体工商户和个人取得的与生产、经营有关的各项应税收入。

（三）对企事业单位的承包经营、承租经营所得

对企事业单位的承包经营、承租经营所得，是指个人承包经营、承租经营以及转包、转租取得的所得，包括个人按月或者按次取得的工资、薪金性质的所得。

（四）劳务报酬所得

劳务报酬所得是指个人从事设计、装潢、安装、制图、化验、测试、医疗、法律、会计、咨询、讲学、新闻、广播、翻译、审稿、书画、雕刻、影视、录音、录像、演出、表演、广告、展览、技术服务、介绍服务、经济服务、代办服务以及其他劳务取得的收入。

（五）稿酬所得

稿酬所得是指个人因其作品以图书、报纸形式出版、发表而取得的收入。这里所说的“作品”，是指包括中外文字、图片、乐谱等能以图书、报刊方式出版、发表的作品；个人作品包括本人的著作、翻译的作品等。个人取得的遗作稿酬，应按稿酬所得项目计税。

（六）特许权使用费所得

特许权使用费所得，是指个人提供专利权、著作权、商标权、非专利技术以及其他特许权的使用权取得的收入。提供著作权的使用权取得的收入，不包括稿酬所得。作者将自己的文字作品手稿原件或复印件公开拍卖（竞价）取得的收入，应按特许权使用费所得项目计税。

（七）利息、股息、红利所得

利息、股息、红利所得，是指个人拥有债权、股权而取得的利息、股息、红利所得。利息是指个人的存款利息（我国已于2008年10月8日次日开始取消利息税）、贷款利息和购买各种债券的利息。股息，也称股利，是指股票持有人根据股份制公司章程的规定，凭股票定期从股份公司取得的投资利益。红利，也称公司（企业）分红，是指股份公司或企业根据应分配的利润按股份分配超过股息部分的利润。股份制企业以股票形式向股东个人支付股息、红利即派发红股，应以派发的股票面额为收入额计税。

（八）财产租赁所得

财产租赁所得，是指个人出租建筑物、土地使用权、机器设备、车船以及其他财产取得的收入。这里的财产包括动产和不动产。

（九）财产转让所得

财产转让所得，是指个人将有价证券、股权、建筑物、土地使用权、机器设备、车船以及其他自有财产转让给他人或单位而取得的收入，包括转让不动产和动产取得的收入。对个人股票买卖取得的收入暂不征税。

（十）偶然所得

偶然所得，是指个人取得的收入是非经常性的，属于各种机遇性收入，包括得奖、中奖以及其他偶然性质的收入（含奖金、实物和有价证券）。偶然所得应缴纳的个人所得税税款，一律由发奖单位或机构代扣代缴。

（十一）其他所得

除上述10项应税项目以外，应确定征税的其他所得，由国务院、财政部门确定。个人取得的收入，难以界定应纳税所得项目的，由主管税务机关确定。

任务二　个人所得税的税率

我国的个人所得税采用分类征收制，实行比例税率和超额累进税率两种税率形式。

第一，工资、薪金所得。工资、薪金所得适用七级超额累进税率，税率为3%～45%（见表7—1）。

第二，个体工商户的生产、经营所得和对企事业单位的承包经营、承租经营所得。个体工商户的生产、经营所得和对企事业单位的承包经营、承租经营所得适用5%～35%的五级超额累进税率，见表7—2。

表 7—1 工资、薪金所得个人所得税税率表

级数	全月应纳税所得额（含税级距）	税率（%）	速算扣除数
1	不超过 1 500 元	3	0
2	超过 1 500 元至 4 500 元的部分	10	105
3	超过 4 500 元至 9 000 元的部分	20	555
4	超过 9 000 元至 35 000 元的部分	25	1 005
5	超过 35 000 元至 55 000 元的部分	30	2 755
6	超过 55 000 元至 80 000 元的部分	35	5 505
7	超过 80 000 元的部分	45	13 505

注：自 2011 年 9 月 1 日起，实行七级超额累进个人所得税税率表。本表所称“全月应纳税所得额”，是指依照税法的规定，以每月收入额减除费用 3 500 元后的余额或者再减除附加减除费用后的余额。

表 7—2 个体工商户的生产、经营所得和对企事业单位的承包经营、承租经营所得个人所得税税率表

级数	全年应纳税所得额	税率%	速算扣除数
1	不超过 15 000 元	5	0
2	超过 15 000 元至 30 000 元的部分	10	750
3	超过 30 000 元至 60 000 元的部分	20	3 750
4	超过 60 000 元至 100 000 元的部分	30	9 750
5	超过 100 000 元的部分	35	14 750

注：本表所称“全年应纳税所得额”，对个体工商户的生产、经营所得来说，是指以每一纳税年度的收入总额，减除成本、费用、相关税费以及损失后的余额；对企事业单位的承包经营、承租经营所得来说，是指以每一纳税年度的收入总额减除必要费用后的余额。

(1) 承包、承租人对企业经营成果不拥有所有权，仅是按合同（协议）规定取得一定所得的，其所得按工资、薪金所得项目征税，适用 3%～45%的七级超额累进税率。

(2) 承包、承租人按合同（协议）的规定只向发包、出租方交纳一定费用后，企业经营成果归其所有的，承包、承租人取得的所得，按对企事业单位的承包经营、承租经营所得项目，适用 5%～35%的五级超额累进税率。

(3) 个人独资企业和合伙企业的个人投资者取得的生产经营所得，适用 5%～35%的五级超额累进税率。

第三，稿酬所得。稿酬所得适用比例税率，税率为 20%，并按应纳税额减征 30%，实际税负为 14%。

第四，劳务报酬所得。劳务报酬所得适用比例税率，税率为 20%。对劳务报酬所得一次收入畸高的，可以实行加成征收。劳务报酬所得一次收入畸高是指个人一次取得劳务报酬，其应纳税所得额超过 20 000 元，对应纳税所得额超过 20 000～50 000 元的部分，依照税法的规定，应纳税额加征五成；超过 50 000 元的部分，加征十成。因此，劳务报酬所得实际上适用 20%、30%、40%的三级超额累进税率（见表 7—3）。

表 7—3　　劳务报酬所得个人所得税税率表

级数	每次应纳税所得额	税率（%）	速算扣除数
1	不超过 20 000 元	20	0
2	超过 20 000 元到 50 000 元的部分	30	2 000
3	超过 50 000 元的部分	40	7 000

注：本表所称“每次应纳税所得额”，是指每次收入额减除费用 800 元（每次收入额不超过 4 000 元时）或者减除 20%的费用（每次收入额超过 4 000 元时）后的余额。

第五，其他所得。特许权使用费所得，利息、股息、红利所得，财产租赁所得，财产转让所得，偶然所得和其他所得，适用比例税率，税率为 20%。

任务三　个人所得税应纳税额的计算

个人所得税的应税项目不同，并且取得某项所得所需费用也不相同，因此，需按不同应税项目分项计算应纳税额。以某项应税项目的收入额减去税法规定的该项费用减除标准后的余额，为该项应纳税所得额。应纳税所得额乘以相应的税率，经计算后才能得出个人所得税应纳税额。

一、工资、薪金所得

工资、薪金所得，以每月收入减除费用 3 500 元后的余额为应纳税所得额。从 2011 年 9 月 1 日起，下列人员在减除 3 500 元费用的基础上，再减除 1 300 元，即每月扣除 4 800 元：

（1）在中国境内的外商投资企业和外资企业中工作并取得工资、薪金所得的外籍人员。

（2）在中国境内的企事业单位、社会团体、国家机关中工作并取得工资、薪金所得的外籍专家。

（3）在中国境内有住所但在中国境外任职或者受雇并取得工资、薪金所得的个人。

（4）财政部确定的取得工资、薪金所得的其他人员。

（5）华侨和香港、澳门、台湾地区同胞参照上述附加减除费用标准执行。

工资、薪金所得的个人所得税的计算公式如下：

应纳税所得额＝月工资、薪金收入额－3 500(或 4 800)

应纳税额＝各级应纳税所得额×该级税率

＝应纳税所得额×所达到的最高一级税率－速算扣除数

【例 7—1】假定某纳税人 2014 年 1 月的工资收入为 4 500 元，奖金为 600 元。计算该纳税人当月应纳的个人所得税额。

应纳税所得额＝月工资、薪金收入额－3 500＝(4 500＋600)－3 500＝1 600(元)

应纳税额＝各级应纳税所得额×该级税率＝1 500×3%＋100×10%＝55(元)

或

应纳税额＝应纳税所得额×所达到的最高一级税率－速算扣除数
＝1 600×10%－105＝55(元)

【例 7—2】 假定在某外商投资企业工作的英国专家，于 2014 年 1 月取得的由该企业发放的工资收入为 15 000 元人民币。计算该英国专家当月应纳的个人所得税额。

应纳税所得额＝月工资、薪金收入额－4 800＝15 000－4 800＝10 200(元)
应纳税额＝应纳税所得额×所达到的最高一级税率－速算扣除数
＝10 200×25%－1 005＝1 545(元)

对年终加薪、实行年薪制和绩效工资办法的单位根据考核情况兑现的绩效工资和年薪等全年一次性奖金，按收入全额分摊至 12 个月的数额确定适用税率，再按规定的方法计算应纳税额。计税方法分为以下两种情况：

(1) 月工资超过 3 500 元的，将全年一次性奖金除以 12，按照得出的数额找出所对应的税率，然后用奖金全额×税率－速算扣除数，就是最终需要缴纳的税额。计算公式为：

应纳税额＝全年一次性奖金×税率－速算扣除数

(2) 个人月工资不足 3 500 元的，需要将工资与全年一次性奖金相加后，减去 3 500 元，将得出的数额再除以 12，按照结果找出对应的税率，然后用这一数额×税率－速算扣除数，即可得出需要缴纳的税额。计算公式为：

全年一次性奖金应税金额＝全年一次性奖金－(3 500－月工资)
应纳税额＝全年一次性奖金应税金额×税率－速算扣除率

在一个纳税年度内，对每一个纳税人，该计税办法只允许采用一次。

【例 7—3】 李某的年终奖金是 24 000 元，当月工资为 4 000 元。计算李某应缴纳的个人所得税。

月工资为 4 000 元，超过了 3 500 元，则：

24 000÷12＝2 000(元)
应纳税额＝全年一次性奖金×税率－速算扣除数
＝24 000×10%－105＝2 295(元)

【例 7—4】 李某的年终奖金是 24 000 元，当月工资为 2 300 元。计算李某应缴纳的个人所得税。

发放奖金的当月工资低于 3 500 元，要先用奖金把工资补到 3 500，再用剩下的奖金来计算，即：

全年一次性奖金应税金额＝全年一次性奖金－(3 500－月工资)
＝24 000－(3 500－2 300)＝22 800(元)

22 800÷12＝1 900(元)

应纳税额＝全年一次性奖金应税金额×税率－速算扣除率

＝22 800×10%－105＝2 175(元)

二、个体工商户的生产、经营所得

个体工商户的生产、经营所得，以每一纳税年度的收入总额，减除成本、费用、税金以及损失后的余额，为应纳税所得额。

成本、费用是指纳税人从事生产、经营活动所发生的各项直接支出和分配计入成本的间接费用以及销售费用、管理费用、财务费用；损失是指纳税人在生产、经营过程中发生的各项营业外支出。

自 2011 年 9 月 1 日起，个体工商户的费用扣除标准统一确定为 3 500 元/月，即 42 000 元/年。

个体工商户的生产、经营所得的个人所得税计算公式如下：

应纳税所得额＝收入总额－(成本＋费用＋税金＋损失)

应纳税额＝应纳税所得额×适用税率－速算扣除数

【例 7—5】某个体工商户，2013 年全年取得的营业收入为 500 000 元，准许扣除的当月成本、费用及相关税金共计为 380 000 元。计算该个体工商户 2013 年度应缴纳的个人所得税。

应纳税所得额＝收入总额－(成本＋费用＋税金＋损失)

＝500 000－380 000－42 000＝78 000(元)

应纳税额＝应纳税所得额×适用税率－速算扣除数

＝78 000×30%－9 750＝13 650(元)

三、对企事业单位的承包经营、承租经营所得

目前，实行承包、承租经营的形式较多，分配方式也不相同，因此，承包、承租人按照承包、承租经营合同（协议）的规定取得所得的适用税率也不一样。

(1) 承包、承租人对企业经营成果不拥有所有权，仅是按合同（协议）规定取得一定所得的，其所得按工资、薪金所得项目征税，适用 3%～45%的七级超额累进税率。

(2) 承包、承租人按合同（协议）的规定只向发包、出租方交纳一定费用后，企业经营成果归其所有的，承包、承租人的所得按对企事业单位的承包经营、承租经营所得项目，适用 5%～35%的五级超额累进税率。

【例 7—6】张某承包了一片果园，2013 年度取得收入合计为 100 000 元。若收入为承包经营的利润，计算张某 2013 年度的个人所得税应纳税额；若收入为出租方支付给张某的全年工资，计算张某 2013 年度的个人所得税应纳税额。

(1) 若收入为承包经营的利润，则按对企事业单位的承包经营、承租经营所得项目，适用 5%～35%的五级超额累进税率征税。

应纳税所得额＝收入总额－(成本＋费用＋税金＋损失)
＝100 000－42 000＝58 000(元)

应纳税额＝应纳税所得额×适用税率－速算扣除数
＝58 000×20％－3 750＝7 850(元)

(2) 若收入为出租方支付给张某的全年工资，则按工资、薪金所得项目，适用3％～45％的七级超额累进税率征税。

张某每月工资＝100 000÷12＝8 333.33(元)

每月应纳税所得额＝8 333.33－3 500＝4 833.33(元)

每月应纳税额＝应纳税所得额×所达到的最高一级税率－速算扣除数
＝4 833.33×20％－555＝411.67(元)

张某2013年度的个人所得税应纳税额＝411.67×12＝4 940.04(元)

四、稿酬所得

稿酬所得每次不超过4 000元的，减除费用800元；4 000元以上的，减除20％的费用，其余额为应纳税所得额。

稿酬所得，以每次出版、发表取得的收入为一次。具体又可细分为：

(1) 稿酬所得，以每次出版、发表取得的收入为一次，同一作品再版取得的收入，应视作另一次稿酬所得计征个人所得税。

(2) 同一作品先在报刊上连载，然后再出版，或先出版，再在报刊上连载的，应视为两次稿酬所得征税，即连载作为一次，出版作为另一次。

(3) 同一作品在报刊上连载取得收入的，以连载完成取得的所有收入合并为一次计征个人所得税。

(4) 同一作品在出版和发表时，以预付稿酬或分次支付稿酬等形式取得的稿酬收入，应合并计算一次。

(5) 同一作品出版、发表后，因添加印数而追加稿酬的，应与以前出版、发表时取得的稿酬合并计算一次。

稿酬所得的个人所得税计算公式如下：

应纳税所得额＝每次收入额－800

或

应纳税所得额＝每次收入额×(1－20％)

应纳税额＝应纳税所得额×20％×(1－30％)

【例7—7】2014年1月，某作家出版一本书，取得稿酬6 000元，因该书畅销，加印后追加稿酬5 000元，该书又被某报社留用连载，2—4月份分别取得连载收入1 000元。计算该作家的稿酬所得应缴纳的个人所得税。

(1) 同一作品出版、发表后，因添加印数而追加稿酬的，应与以前出版、发表时取得的稿酬合并计算一次。故第一次稿酬6 000元和加印稿酬5 000元合并为一次纳税，即：

6 000＋5 000＝11 000(元)

稿酬所得超过 4 000 元的，减除 20％的费用，则：

应纳税所得额＝每次收入额×(1－20％)＝11 000×(1－20％)＝8 800(元)

应纳税额＝应纳税所得额×20％×(1－30％)

＝8 800×20％×(1－30％)＝1 232(元)

(2) 同一作品在报刊上连载取得收入的，以连载完成取得的所有收入合并为一次计征个人所得税。故将 2～4 月份连载收入加总后进行纳税，即：

1 000＋1 000＋1 000＝3 000(元)

稿酬所得每次不超过 4 000 元的，减除费用 800 元，则：

应纳税所得额＝每次收入额－800＝3 000－800＝2 200(元)

应纳税额＝应纳税所得额×20％×(1－30％)＝2 200×20％×(1－30％)＝308(元)

该作家稿酬所得应缴纳的个人所得税额＝1 232＋308＝1 540(元)

五、劳务报酬所得

劳务报酬所得，每次不超过 4 000 元的，减除费用 800 元；4 000 元以上的，减除 20％的费用，其余额为应纳税所得额。

劳务报酬所得为一次性的，以取得该项收入为一次。例如提供设计、安装、制图、化验、测试等劳务。

属于同一事项连续取得收入的，以 1 个月内取得的收入为一次。例如，某教授去其他学校兼职上课，在一个学期内定期去上课，在计算其劳务报酬所得时，可以将上课所得视为同一事项的连续性收入，以其 1 个月的课时收入作为一次来计征个人所得税，而不能以每次上课取得的收入为一次。

劳务报酬所得的个人所得税计算公式如下：

应纳税所得额＝每次收入额－800

或

应纳税所得额＝每次收入额×(1－20％)

应纳税额＝应纳税所得额×适用税率－速算扣除数

【例 7—8】 某大学教授去其他学校兼职讲课，在一个学期内（共计 4 个月）共取得讲课收入 40 000 元。计算该大学教授劳务报酬所得应缴纳的个人所得税。

每月收入＝40 000÷4＝10 000(元)

劳务报酬所得超过 4 000 元的，减除 20％的费用，则：

每月应纳税所得额＝每次收入额×(1－20％)＝10 000×(1－20％)＝8 000(元)

月应纳税额＝应纳税所得额×适用税率－速算扣除数＝8 000×20％＝1 600(元)

该大学教授应缴纳的个人所得税＝1 600×4＝6 400(元)

六、财产转让所得

财产转让所得以转让财产的收入额减除财产原值和合理费用后的余额为应纳税所得额。财产原值是指：

(1) 有价证券，为买入价以及买入时按照规定交纳的有关费用。

(2) 建筑物，为建造费或者购进价格以及其他有关费用。

(3) 土地使用权，为取得土地使用权所支付的金额、开发土地的费用以及其他有关费用。

(4) 机器设备、车船，为购进价格、运输费、安装费以及其他有关费用。

(5) 其他财产，参照以上方法确定。

纳税人未提供完整、准确的财产原值凭证，不能正确计算财产原值的，由主管税务机关核定其财产原值。

合理费用是指卖出财产时按照规定支付的有关费用。

财产转让所得的个人所得税计算公式如下：

应纳税所得额＝收入总额－财产原值－合理费用

应纳税额＝应纳税所得额×适用税率

【例 7—9】李某转让房子一套，取得收入 1 000 000 元，五年前购入时该房子的原值是 600 000 元，支付其他费用 50 000 元。计算李某应纳个人所得税额。

应纳税所得额＝财产转让收入－财产原值－合理费用

＝1 000 000－600 000－50 000＝350 000(元)

应纳税额＝应纳税所得额×适用税率＝350 000×20％＝70 000(元)

七、其他所得

(一) 特许权使用费所得、财产租赁所得

特许权使用费所得、财产租赁所得，每次不超过 4 000 元的，减除费用 800 元；4 000 元以上的，减除 20％的费用，其余额为应纳税所得额。

特许权使用费所得，以某项使用权的一次转让所取得的收入为一次。如果该次转让取得的收入是分笔支付的，则应将各笔收入相加作为一次收入计征个人所得税。

财产租赁所得，以 1 个月内取得的收入为一次。

特许权使用费所得、财产租赁所得的个人所得税计算公式如下：

应纳税所得额＝每次收入额－800

或

应纳税所得额＝每次收入额×(1－20％)

应纳税额＝应纳税所得额×20％

【例 7—10】李某发明一项专利，将其转让给一家企业，取得专利转让收入 80 000 元。计算李某应缴纳的个人所得税。

应纳税所得额＝每次收入额×(1－20%)＝80 000×(1－20%)＝64 000(元)
应纳税额＝应纳税所得额×20%＝64 000×20%＝12 800(元)

(二) 利息、股息、红利所得，偶然所得和其他所得

利息、股息、红利所得，偶然所得和其他所得以每次收入额为应纳税所得额，没有任何的费用扣除，也没有税率的优惠，适用 20%的税率。

利息、股息、红利所得，偶然所得和其他所得的计算公式如下：

应纳税额＝应纳税所得额×适用税率＝每次收入额×20%

【例 7—11】李某在参加某商场的有奖销售过程中，抽中小汽车一辆，该汽车的市场价值为 200 000 元。计算李某应缴纳的个人所得税额。

应纳税额＝应纳税所得额×适用税率＝每次收入额×20%
＝200 000×20%＝40 000(元)

任务四　个人所得税的税收优惠

我国《个人所得税法》及其实施条例以及财政部、国家税务总局制定的若干规定等，都对个人所得项目给予了减免税优惠。

一、免税优惠

我国《个人所得税法》第四条规定，对下列各项所得免纳个人所得税：

(1) 省级人民政府、国务院部委和中国人民解放军军以上单位，以及外国组织、国际组织颁发的科学、教育、技术、卫生、体育、环境保护等方面的奖金。

(2) 国债利息和国家发行的金融债券利息。其中，国债利息是指个人持有的中华人民共和国财政部发行的债券利息所得；国家发行的金融债券利息是指个人持有的经国务院批准发行的金融债券利息所得。

(3) 按照国家统一规定发给的补贴、津贴。是指按国务院的规定发放的政府特殊津贴、院士津贴、资深院士津贴，以及国务院规定免纳个人所得税的其他补贴、津贴。

(4) 福利费、抚恤金、救济金。福利费是指根据国家的有关规定，从企业、事业单位、国家机关、社会团体提留的福利费或者工会经费中支付给个人的生活补助费；救济金是指国家民政部门支付给个人的生活困难补助费。

(5) 保险赔款。

(6) 军人的转业费、复员费。

(7) 按照国家统一规定发给干部、职工的安家费、退职费、退休工资、离休工资、离休生活补助费。

(8) 依照我国有关法律的规定应予以免税的各国驻华使馆、领事馆的外交代表、领事官员和其他人员的所得。是指依据《中华人民共和国领事特权与豁免条例》和《中华人民共和国外交特权与豁免条例》的规定确定的免税所得。

（9）中国政府参加的国际公约、签订的协议中规定免税的所得。

（10）经国务院财政部门批准免税的所得。

《财政部、国家税务总局关于个人所得税若干政策问题的通知》〔财税字（1994）020号〕规定：

（1）个体工商户或个人专营种植业、养殖业、饲养业、捕捞业，其经营项目属于农业税（包括农业特产税，下同）、牧业税征税范围并已征收了农业税、牧业税的，不再征收个人所得税。

（2）以下项目暂予免征个人所得税：

1）外籍个人以非现金形式或实报实销形式取得的住房补贴、伙食补贴、搬迁费、洗衣费。

2）外籍个人按合理标准取得的境内外出差补贴。

3）外籍个人取得的探亲费、语言训练费、子女教育费等，经当地税务机关审核批准为合理的部分。

4）个人举报、协查各种违法、犯罪行为而获得的奖金。

5）个人办理代扣代缴税款手续，按规定取得的扣缴手续费。

6）个人转让自用达五年以上，并且是唯一的家庭生活用房取得的所得。

7）对达到离休、退休年龄，但确因工作需要，适当延长离休、退休年龄的高级专家（指享受国家发放的政府特殊津贴的专家、学者，以及中国科学院、中国工程院院士），其在延长离休、退休期间的工资、薪金所得视同退休工资、离休工资，免征个人所得税。

高级专家延长离休、退休期间取得的工资薪金所得，其免征个人所得税政策口径按下列标准执行：对高级专家从其劳动人事关系所在单位取得的，单位按国家有关规定向职工统一发放的工资、薪金、奖金、津贴、补贴等收入，视同离休、退休工资，免征个人所得税；除上述所述收入以外的各种名目的津贴、补贴收入等，以及高级专家从其劳动人事关系所在单位之外的其他地方取得的培训费、讲课费、顾问费、稿酬等各种收入，依法计征个人所得税。

此外，高级专家从两处以上取得应税工资、薪金所得以及具有税法规定应当自行纳税申报的其他情形的，应在税法规定的期限内自行向主管税务机关办理纳税申报。

8）外籍个人从外商投资企业取得的股息、红利所得。

9）凡符合下列条件之一的外籍专家取得的工资、薪金所得，可免征个人所得税：

根据世界银行专项贷款协议由世界银行直接派往我国工作的外国专家；联合国组织直接派往我国工作的专家；为联合国援助项目来华工作的专家；援助国派往我国专为该国无偿援助项目工作的专家；因两国政府签订的文化交流项目来华工作两年以内的文教专家，其工资、薪金所得由该国负担的；因我国大专院校国际交流项目来华工作两年以内的文教专家，其工资、薪金所得由该国负担的；因民间科研协定来华工作的专家，其工资、薪金所得由该国政府机构负担的。

二、减税优惠

根据我国《个人所得税法》及其实施条例的规定，有下列情形之一的，经批准可以减征个人所得税：

（1）残疾、孤老人员和烈属的所得。

（2）因严重自然灾害造成重大损失的。

（3）稿酬所得，按20%税率计算的应纳税额减征30%。

（4）个人将其所得通过中国境内的社会团体、国家机关向教育事业、其他社会公益事业以及遭受严重自然灾害地区、贫困地区的捐赠，捐赠额未超过纳税人申报的应纳税所得额30%的部分，可以从其应纳税所得额中扣除。

（5）其他经国务院财政部门批准减税的情况。

其中，残疾人是指按照国家有关规定标准界定为残疾，并取得民政部门、劳动部门、残联颁发的残疾人有效证件的个人；烈属是指烈士的父母、配偶及不满18周岁的子女；孤老人员是指男年满60周岁、女年满55周岁无法定抚养义务人的个人。

上述三类人和遭受严重自然灾害的个人按月取得的工资、薪金所得，个人按次取得的劳务报酬所得、稿酬所得，特许权使用费所得，报经主管地税机关按程序审批同意后，区别情况予以减征：一次所得在10万元（含10万元）以下的，按应纳税额减征30%；一次所得超过10万元至50万元（含50万元）的，按应纳税额减征20%；一次所得超过50万元以上的，按应纳税额减征10%。其中，稿酬所得、劳务报酬所得应先按《个人所得税法》的规定计算应纳税额后，再按本条规定减征。

办理减税时，纳税人应提供以下资料：民政部门、残联核发的残疾人有效证件和街道、乡、镇或区、县民政部门出具的相关证明；本人身份证（复印件）；由就职单位申请的，就职单位应提供上述证件和申请人的收入情况；遭受严重自然灾害的个人，在受灾后应及时报请税务机关派人到现场核查，并提供有关损失材料。

任务五　个人所得税的征收管理

一、个人所得税的征收方法

个人所得税的征收办法，有代扣代缴和自行申报缴纳两种。

（一）代扣代缴

代扣代缴是指按照税法规定负有扣缴税款义务的单位或者个人，在向个人支付应纳税所得时，应计算应纳税额，从其所得中扣除并缴入国库，同时向税务机关报送扣缴个人所得税报告表。这种方法有利于控制税源、防止漏税和逃税。

扣缴义务人是指支付个人应纳税所得的企业（公司）、事业单位、机关、社团组织、军队、驻华机构、个体户等单位或者个人。

扣缴义务人向个人支付下列所得时，应代扣代缴个人所得税：

（1）工资、薪金所得。

（2）对企事业单位的承包经营、承租经营所得。

（3）劳务报酬所得。

（4）稿酬所得。

（5）特许权使用费所得。

（6）利息、股息、红利所得。

（7）财产租赁所得。

（8）财产转让所得。

（9）偶然所得。

（10）经国务院财政部门确定征税的其他所得。

（二）自行申报缴纳

自行申报缴纳是由纳税人自行在税法规定的纳税期限内，向税务机关申报取得的应税所得项目和数额，如实填写个人所得税纳税申报表，并按照税法的规定计算应纳税额，据此缴纳个人所得税的一种方法。

自行申报缴纳的纳税义务人有以下几种情况：

（1）自 2006 年 1 月 1 日起，年所得 12 万元以上的。

（2）从中国境内两处或者两处以上取得工资、薪金所得的。

（3）从中国境外取得所得的。

（4）取得应税所得，没有扣缴义务人的。

（5）国务院规定的其他情形。

纳税人可以采取数据电文、邮寄等方式申报，也可以直接到主管税务机关申报，或者采取主管税务机关规定的其他方式申报。纳税人采取邮寄方式申报的，以邮政部门挂号信函收据作为申报凭据，以寄出信函的邮戳日期为实际申报日期。

此外，纳税人可以委托有税务代理资质的中介机构或者他人代为办理纳税申报。

二、个人所得税的纳税期限

（1）工资、薪金所得应纳的税款，按月计征，由扣缴义务人或者纳税人在次月 7 日内缴入国库，并向税务机关报送纳税申报表。特定行业的工资、薪金所得应纳的税款，可以实行按年计算、分月预缴的方式计征，具体办法由国务院规定。

（2）个体工商户和个人独资、合伙企业投资者取得的生产、经营所得应纳的税款，分月预缴的，纳税人在每月终了后 15 日内办理纳税申报；分季预缴的，纳税人在每个季度终了后 15 日内办理纳税申报；纳税年度终了后，纳税人在 3 个月内进行汇算清缴，多退少补。

（3）纳税人年终一次性取得对企事业单位的承包经营、承租经营所得的，自取得所得之日起 30 日内办理纳税申报；在一个纳税年度内分次取得承包经营、承租经营所得的，在每次取得所得后的次月 15 日内申报预缴；纳税年度终了后 3 个月内汇算清缴，多退少补。

（4）从中国境外取得所得的纳税人，在纳税年度终了后 30 日内向中国境内主管税务机关办理纳税申报。

（5）扣缴义务人每月所扣的税款，应当在次月 15 日内缴入国库，并向主管税务机关报送《扣缴个人所得税报告表》（见表 7—4）、代扣代缴凭证等资料。

表 7—4

扣缴个人所得税报告表

扣缴义务人编码：

扣缴义务人名称（公章）：　　　　填表日期：　　年　月　日　　　　金额单位：元（列至角分）

序号	纳税人姓名	身份证照类型	身份证照号码	国籍	所得项目	所得期间	收入额	免税收入额	允许扣除的税费	费用扣除标准	准予扣除的捐赠额	应纳税所得额	税率（%）	速算扣除数	应扣税额	已扣税额	备注
1	2	3	4	5	6	7	8	9	10	11	12	13	14	15	16	17	18
合计										—	—	—	—	—			
1																	
2																	
3																	

扣缴义务人声明	我声明：此扣缴报告表是根据国家税收法律、法规的规定填报的，我确定它是真实的、可靠的、完整的。 声明人签字：

会计主管签字：　　　　负责人签字：　　　　扣缴单位（或法定代表人）（签章）：

受理人（签章）：　　　　受理日期：　　年　月　日　　　　受理税务机关（章）：

（6）年所得12万元以上的纳税人，在纳税年度终了后3个月内向主管税务机关办理纳税申报。

除以上规定的情形外，纳税人取得其他各项所得须申报纳税的，在取得所得的次月15日内向主管税务机关办理纳税申报。

本表一式两份，一份扣缴义务人留存，一份报主管税务机关。填表说明如下：

（1）本表根据《中华人民共和国税收征收管理法》（以下简称《征管法》）及其实施细则、《中华人民共和国个人所得税法》（以下简称《税法》）及其实施条例制定。

（2）本表适用于扣缴义务人申报扣缴的所得税额。扣缴义务人必须区分纳税人、所得项目逐人逐项填写本表。扣缴义务人不能按规定期限报送本表时，应当在规定的报送期限内提出申请，经当地税务机关批准，可以适当延长期限。

（3）填写本表要用中文，也可用中、外两种文字填写。

（4）表头填写说明如下：

1）扣缴义务人编码：填写税务机关为扣缴义务人确定的税务识别号。

2）扣缴义务人名称：填写扣缴义务人单位名称全称并加盖公章，不得填写简称。

3）填表日期：是指扣缴义务人填制本表的具体日期。

（5）本表各栏的填写说明如下：

1）纳税人姓名：纳税人如在中国境内无住所，其姓名应当用中文和外文两种文字填写。

2）身份证照类型：填写纳税人的有效证件（身份证、户口簿、护照、回乡证等）名称。

3）所得项目：按照《税法》规定的项目填写。同一纳税人有多项所得时，应分别填写。

4）所得期间：填写扣缴义务人支付所得的时间。

5）收入额：如支付外币的，应折算成人民币。外币折合人民币时，如为美元、日元和港币，应当按照缴款上一月最后一日中国人民银行公布的人民币基准汇价折算；如为美元、日元和港币以外的其他外币，应当按照缴款上一月最后一日中国银行公布的人民币外汇汇率中的现钞买入价折算。

6）免税收入额：是指按照国家的规定，单位为个人缴付和个人缴付的基本养老保险费、基本医疗保险费、失业保险费、住房公积金，按照国务院的规定发放的政府特殊津贴、院士津贴、资深院士津贴和其他经国务院批准免税的补贴、津贴等按照《税法》及其实施条例和国家有关政策规定免于纳税的所得。

此栏只适用于工资、薪金所得项目，其他所得项目不得填列。

7）允许扣除的税费：只适用劳务报酬所得、特许权使用费所得、财产租赁所得和财产转让所得项目。

劳务报酬所得允许扣除的税费是指劳务发生过程中实际缴纳的税费；特许权使用费允许扣除的税费是指提供特许权过程中发生的中介费和相关税费；适用财产租赁所得时，允许扣除的税费是指修缮费和出租财产过程中发生的相关税费；适用财产转让所得时，允许扣除的税费是指财产原值和转让财产过程中发生的合理税费。

8）准予扣除的捐赠额：除法律法规另有规定的外，准予扣除的捐赠额不得超过应纳税所得额的30%。

9）已扣税额：是指扣缴义务人当期实际扣缴的个人所得税税款及减免税额。

10）扣缴非本单位职工的税款，须在“备注”栏反映。

11）表间关系：

应纳税额＝应纳税所得额×税率－速算扣除数

应纳税所得额＝收入额(人民币合计)－免税收入额－允许扣除的税费－费用扣除标准－准予扣除的捐赠额

注：全年一次性奖金等符合特殊政策的应纳税所得额计算除外。

收入额(人民币合计)＝收入额(人民币)＋收入额(外币折合人民币)

12）声明人：填写扣缴义务人的名称。

三、个人所得税的纳税地点

（1）在中国境内有任职、受雇单位的，向任职、受雇单位所在地主管税务机关申报。

（2）从两处或者两处以上取得工资、薪金所得的，选择并固定向其中一处单位所在地主管税务机关申报。

（3）从中国境外取得所得的，向中国境内户籍所在地主管税务机关申报。在中国境内有户籍，但户籍所在地与中国境内经常居住地不一致的，选择并固定向其中一地主管税务机关申报。在中国境内没有户籍的，向中国境内经常居住地主管税务机关申报。

（4）个体工商户向实际经营所在地主管税务机关申报。

（5）个人独资、合伙企业投资者兴办两个或两个以上企业的，区分不同情形确定纳税申报地点：

1）兴办的企业全部是个人独资性质的，分别向各企业的实际经营管理所在地主管税务机关申报。

2）兴办的企业中含有合伙性质的，向经常居住地主管税务机关申报。

3）兴办的企业中含有合伙性质，个人投资者经常居住地与其兴办企业的经营管理所在地不一致的，选择并固定向其参与兴办的某一合伙企业的经营管理所在地主管税务机关申报。

4）除以上情形外，纳税人应当向取得所得所在地的主管税务机关申报。

知识拓展

中国个人所得税的发展史

1950年，政务院发布了新中国税制建设的纲领性文件《全国税政实施要则》，其中涉及对个人所得征税的税种主要是薪酬所得税和存款利息所得税，但由于种种原因，一直没有开征。

1980 年 9 月，《中华人民共和国个人所得税法》正式颁布，该法的征税对象包括中国公民和中国境内的外籍人员，但由于规定的免征额较高（每月或每次 800 元），而国内居民工资收入普遍偏低，因此绝大多数国内居民不在征税范围之内。

1986 年 1 月，为了有效调节社会成员收入水平的差距，国务院发布了《中华人民共和国城乡个体工商业户所得税暂行条例》，同年 9 月颁布了《中华人民共和国个人收入调节税暂行条例》，上述规定仅适用于本国居民。

1994 年，我国颁布实施了新的个人所得税法——《中华人民共和国个人所得税法实施条例》，初步建立起内外统一的个人所得税制度。

1999 年，第九届全国人大常务委员会第十一次会议通过了《关于修改〈中华人民共和国个人所得税法〉的决定》，把个税法第四条第二款储蓄存款利息免征个人所得税项目删去，而开征了个人储蓄存款利息所得税。

2002 年 1 月 1 日，个人所得税的收入实行中央与地方按比例分享。

2005 年 10 月 27 日，第十届全国人大常委会第十八次会议再次审议《个人所得税法修正案草案》，会议表决通过全国人大常委会《关于修改〈中华人民共和国个人所得税法〉的决定》，免征额 1 600 元于 2006 年 1 月 1 日起施行。

2007 年 12 月 29 日，第十届全国人大常委会第三十一次会议表决通过了《关于修改〈中华人民共和国个人所得税法〉的决定》。个人所得税免征额自 2008 年 3 月 1 日起由 1 600 元提高到 2 000 元。

2011 年 6 月 30 日，第十一届全国人大常委会第二十一次会议通过了《关于修改〈中华人民共和国个人所得税法〉的决定》，个人所得税免征额拟调至 3 500 元，并于 2011 年 9 月 1 日起施行。

项目小结

个人所得税作为所得税制中的重要税种之一，具有组织财政收入功能、收入分配功能、资源配置与宏观调控功能等。自 2011 年 9 月 1 日起，正式实行 3 500 元的个税起征点，进一步加大了对个人收入的调节。通过学习本项目，需要重点掌握个人所得税的征收范围、税率，个人所得税应纳税额的计算及个人所得税的征收管理等内容。

自测练习题

一、单项选择题（在备选答案中只有一个是正确的，将其选出并把它的标号写在题干的括号内）

1. 个人财产拍卖时，纳税人如不能提供合法、完整、准确的财产原值凭证，不能正确计算财产原值，按（　　）计算缴纳个人所得税。

A. 转让收入额和 20%的税率　　B. 转让收入额和 10%的征收率

C. 转让收入额和 3%的征收率　　D. 转让收入额和 2%的征收率

2. 王先生2013年3月购买体育彩票中得奖金15 500元，他应缴纳的个人所得税为（　　）。

A. 免缴　　B. 3 100　　C. 1 500　　D. 4 500

3. 下列所得中，免缴个人所得税的是（　　）。

A. 年终加薪　　B. 拍卖本人文字作品原稿的收入

C. 个人保险所获赔款　　D. 从投资管理公司取得的派息分红

4. 部分单位和部门在年终总结、各种庆典、业务往来及其他活动中，为其他单位和部门的有关人员发放现金、实物或有价证券，对个人取得的该项所得应（　　）。

A. 按劳务报酬所得征收个人所得税　B. 不征收个人所得税

C. 按偶然所得征收个人所得税　　D. 按其他所得征收个人所得税

5. 个人取得的下列所得中，按其他所得项目征收个人所得税的是（　　）。

A. 境外博彩所得　　B. 为他人提供担保获得报酬

C. 保险赔偿收入　　D. 企业自然人获得的股息

6. 企业为股东购买轿车并将其所有权办到股东个人名下，股东个人应按（　　）项目计算缴纳个人所得税。

A. 工资、薪金所得　　B. 劳务报酬所得

C. 个体工商户的生产经营所得　　D. 利息、股息、红利所得

7. 代开货运发票的个人所得税纳税人，统一按开票金额的（　　）预征个人所得税。

A. 3%　　B. 2.5%　　C. 2%　　D. 1.5%

8. 个人独资、合伙企业每一纳税年度发生的广告费和业务宣传费，不超过当年销售（营业）收入（　　）的部分，可以税前据实扣除；超过部分，准予在以后纳税年度内结转扣除。

A. 8.5%　　B. 15%　　C. 2.5%　　D. 5%

9. 计征个人所得税时，保险营销员佣金中的展业成本的比例暂定为（　　）。

A. 20%　　B. 30%　　C. 40%　　D. 50%

10. 中国公民王先生有一件拍卖品经文物部门认定为海外回流文物，财产原值凭证金额栏的填写没有封顶，转让收入额为25万元，应缴纳个人所得税（　　）元。

A. 30 000　　B. 5 000　　C. 3 000　　D. 15 000

11. 某调酒师与酒吧签约，2013年一年内每天到酒吧为顾客表演一次调酒，每次收取报酬100元，则对其征收个人所得税应按（　　）。

A. 每天　　B. 每周　　C. 每月　　D. 每季

12. 某人为某公司设计广告方案图纸，获得设计费收入30 000元，其应纳个人所得税的税额为（　　）。

A. 8 000元　　B. 6 000元　　C. 5 200元　　D. 12 000元

13. 税法规定，个体工商户通过有关部门进行公益、救济性捐赠时，捐赠额不得超过其应纳税所得额的（　　）。

A. 3%　　B. 10%　　C. 15%　　D. 30%

14. 提供著作权的使用权取得的所得，属于（ ）所得。

A. 劳务报酬所得　　B. 稿酬所得

C. 偶然所得　　D. 特许权使用费所得

15. 个人取得的所得，难以界定应纳税所得项目的，由（ ）。

A. 扣缴义务人确定　　B. 纳税人自行确定

C. 主管税务机关确定　　D. 纳税人与主管税务机关协商确定

二、多项选择题（在备选答案中有2～5个是正确的，将其全部选出并把它的标号写在题干的括号内）

1. 下列应税项目在计算应纳所得税额时，定额扣除费用的有（ ）。

A. 财产转让所得

B. 承包所得（不拥有所有权的承包方式）

C. 设计费

D. 工资

2. 下列所得中，采用五级超额累进税率计算个人所得税的有（ ）。

A. 个体工商户的生产经营所得

B. 个人独资企业和合伙企业

C. 承包经营者取得的承租、承包所得

D. 财产租赁所得

3. 下列选项中，属于免税项目的是（ ）。

A. 国债利息和国家发行的金融债券利息

B. 因严重自然灾害造成重大损失的

C. 军人的转业费、复员费

D. 按照国家统一规定发给干部、职工的退休工资、离休工资、离休生活补助费

4. 下列所得项目中，采用代扣代缴方式征收个人所得税的是（ ）。

A. 工资、薪金所得　　B. 劳务报酬所得

C. 偶然所得　　D. 个体工商户的生产经营所得

5. 在计算个体工商户的生产、经营所得时，个体工商户按规定所缴纳的下列税金中，可以扣除的有（ ）。

A. 增值税　　B. 消费税

C. 教育费附加　　D. 印花税

6. 对补贴、津贴中的下列项目，不予征税的是（ ）。

A. 独生子女补贴

B. 执行公务员工资制度未纳入基本工资总额的补贴、津贴差额和家属成员的副食品补贴

C. 托儿补助费

D. 差旅费津贴、误餐补助

7. 下列所得中，属于劳务报酬所得的是（　　）。

A. 个人独立从事制图取得的所得

B. 教师为任职学校讲课取得的所得

C. 临时工为单位安装作业取得的所得

D. 雇员取得的年终劳动分红

8. 下列各项所得中，能按个体工商户生产经营所得项目征税的有（　　）。

A. 个人因从事彩票代销业务取得的所得

B. 个体工商户对外投资取得的股利

C. 个人独资企业的投资者取得的所得

D. 私人开诊所取得的所得

9. 在计算缴纳个人所得税时，个人通过非营利性的社会团体和国家机关进行公益性捐款，允许在应纳税所得额中全额扣除的是（　　）。

A. 向红十字事业捐赠　　B. 向农村义务教育事业捐赠

C. 向中国绿化基金会捐赠　　D. 向公益性青少年活动场所捐赠

10. 以下各项所得中，适用累进税率形式的有（　　）。

A. 工资、薪金所得　　B. 个体工商户生产经营所得

C. 财产转让所得　　D. 承包、承租经营所得

11. 下列关于个人所得税应纳税额计算的说法中，正确的有（　　）。

A. 退休人员再任职取得的收入按劳务报酬所得项目缴纳个人所得税

B. 个人兼职取得的收入按劳务报酬所得项目缴纳个人所得税

C. 个人取得公务交通、通信补贴收入应并入工资、薪金所得项目计征个人所得税

D. 对在中国境内无住所的个人一次取得的数月奖金或年终加薪，可单独作为一个月的工资、薪金所得计算纳税

12. 下列关于个体工商户个人所得税前的扣除规定中，说法正确的有（　　）。

A. 个人独资企业向其从业人员实际支付的合理的工资、薪金，允许在税前据实扣除

B. 个人独资企业每一纳税年度发生的与其生产经营业务直接相关的业务招待费，按照发生额的60%扣除，但最高不得超过当年销售（营业）收入的5‰

C. 个人独资企业拨缴的工会经费以及发生的职工福利费、职工教育经费，分别在工资、薪金总额2%、14%、2.5%的标准内据实扣除

D. 个人独资企业计提的各种准备金可以在税前扣除

13. 根据个人所得税的有关规定，下列各项准予定额或定率扣除费用的是（　　）。

A. 财产转让所得　　B. 财产租赁所得

C. 中奖所得　　D. 特许权使用费所得

14. 个人取得的应纳税所得，包括（　　）。

A. 现金　　B. 实物　　C. 有价证券　　D. 其他经济利益

15. 单位为个人缴付和个人缴付的“三险一金”是指（　　）。

A. 基本养老保险费　　　　　　　　B. 基本医疗保险费
C. 失业保险费　　　　　　　　　　D. 住房公积金

16. 下列关于个人所得税的相关税务处理办法中，正确的有（　　）。
A. 纳税人对企事业单位承包、承租经营所得中承包期在一个纳税年度内，经营期不足 12 个月的，应将收入换算为 12 个月计算缴纳个人所得税
B. 个体工商户的生产经营所得在一个纳税年度内，经营期不足 12 个月的，应将收入换算为 12 个月计算缴纳个人所得税
C. 外商投资企业采取发包、出租经营且经营人为个人的，对经营人从外商投资企业分享的收益，按照个人对企事业单位的承包、承租经营所得征收个人所得税
D. 企事业单位承包经营、承租经营所得适用五级超额累进税率，以其应纳税所得额按适用税率计算应纳税额

17. 下列项目中，经批准可减征个人所得税的有（　　）。
A. 通过民间科研协定来华工作的专家，其取得的工资、薪金所得
B. 烈属的所得
C. 残疾人员取得的所得
D. 因自然灾害遭受重大损失的

18. 下列各项中，属于个人所得税中的居民纳税人的有（　　）。
A. 在中国境内无住所，但一个纳税年度中在中国境内居住满 365 天的个人
B. 在中国境内无住所且不居住的个人
C. 在中国境内无住所，而在境内居住超过 90 天（或 183 天）但不满 1 年的个人
D. 在中国境内有住所的个人

三、名词解释题

1. 居民纳税人
2. 代扣代缴
3. 个人所得税
4. 非居民纳税人
5. 工资、薪金所得

四、判断题（请在题后的括号内正确的画“√”，错误的画“×”）

1. 个人将其应税所得全部用于公益救济性捐赠，将不承担缴纳所得税义务。（　　）

2. 个人因各种原因终止投资、联营、经营合作等行为，从被投资企业或合作项目、被投资企业的其他投资者以及合作项目的经营合作人取得股权转让收入、违约金、补偿金、赔偿金及以其他名目收回的款项等，均属于个人所得税应税收入，应按照财产转让所得项目计算缴纳个人所得税。（　　）

3. 个人取得稿酬收入，其应纳税所得额可减按 70%计算个人所得税。（　　）

4. 张某获得县级体育比赛一等奖奖金10万元，应该免征个人所得税。（　　）

5. 不动产转让所得以实现转让的地点为所得地。（　　）

6. 某保险公司的营销员，取得的佣金收入在计算缴纳个人所得税时不能扣除成本。（　　）

7. 中秋节，公司为员工发放月饼，不应并入工资、薪金所得项目代扣代缴个人所得税。（　　）

8. 纳税人（在中国境内无住所的个人除外）一次取得数月奖金或年终加薪，应将全部奖金或年终加薪同当月的工资、薪金合并计征个人所得税。（　　）

9. 员工个人缴纳的商业（人寿）保险，因公司予以报销，故不缴纳个人所得税。（　　）

10. 扣缴义务人可将税务机关支付的代扣代缴的个人所得税手续费用于代扣代缴费用开支和奖励代扣代缴工作做得较好的办税人员。（　　）

11. 由个人独资企业变更为个体经营户，可以享受下岗职工再就业优惠政策。（　　）

12. 对个人将承租房屋转租取得的租金收入不再征收个人所得税。（　　）

13. 获得劳务报酬所得的纳税人从其收入中支付给中介人和相关人员的报酬，在计征个人所得税时，可以在扣除20%的费用前扣除该费用。（　　）

14. 机关、企事业单位对未达到法定退休年龄、正式办理提前退休手续的个人，按照统一标准向提前退休工作人员支付的一次性补贴，属于免税的离休工资。（　　）

15. 一位中国公民同时在两个单位任职，从A单位每月取得工薪收入4 000元，从B单位每月取得工薪收入1 500元。根据我国《个人所得税法》的规定，其应纳个人所得税已由单位负责扣缴，个人不需申报缴纳。（　　）

五、简答题

1. 自行申报纳税的情况有哪些？
2. 稿酬所得如何纳税？
3. 简述个体工商户生产经营所得的来源。
4. 哪些人员个人所得税的免征额是4 800元？
5. 简述承包、承租经营如何缴纳个人所得税。

六、论述题

1. 论述对全年一次性奖金征收个人所得税的计算方法。
2. 论述劳务报酬个人所得税应纳税额的计算方法。
3. 论述个人所得税的免征优惠。
4. 论述可以减征个人所得税的情况。

七、计算题

某研究所高级工程师张先生2013年10月份的收入情况如下：

（1）月工资收入为 5 600 元。

（2）向某家公司转让专有技术一项，获得特许权使用费 6 000 元。

（3）为某企业进行产品设计，取得报酬 50 000 元。

（4）抽奖获得奖金 10 000 元。

要求：计算张先生 10 月份应纳个人所得税额。

项目八　其他小税种

项目综述

除四大流转税和两大所得税外，还有很多小税种，在我国税收体系中发挥着重要的作用。如和“三税”紧密相关的城市维护建设税和教育费附加；资源税中的资源税、城镇土地使用税及财产税中的房产税、车船税等。城市维护建设税和教育费附加如何征收？哪些项目需要交资源税？什么时候交房产税？如何计算城镇土地使用税？这些都是我们在本项目中将要学习的重点内容。

关键概念

城市维护建设税　　教育费附加　　印花税　　车辆购置税　　资源税　　城镇土地使用税　　房产税　　车船税

本项目重点与难点提示

本项目阐述其他小税种的基本知识。学习本项目，要求掌握行为税中的城市维护建设税和教育费附加、印花税和车辆购置税，资源税中的资源税、城镇土地使用税及财产税中的房产税、车船税的含义及计算方法。在对这些小税种基本理论了解的基础上，明确应纳税额的主要计算方法及各税种之间的相互联系。通过本项目的学习，目的在于提高对各个小税种的认识。

本项目的重点是行为税中的城市维护建设税和教育费附加、印花税和车辆购置税，资源税中的资源税、城镇土地使用税及财产税中的房产税、车船税的含义及计算方法。

本项目的难点是各税种应纳税额的计算以及对各税种之间关系的理解。

学习导航

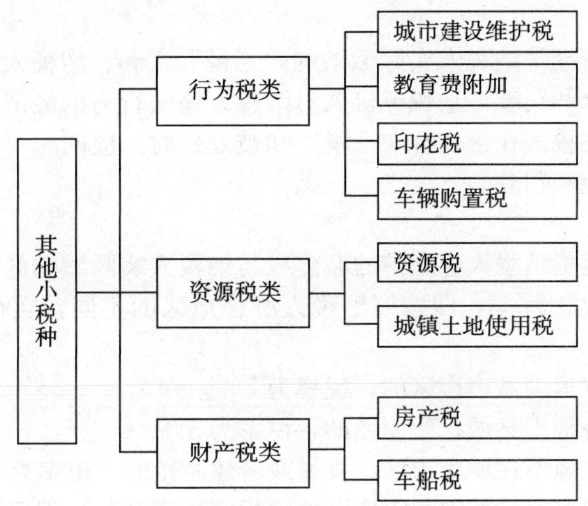

学习目标

通过学习本项目，你会明白以下问题：

- 城市维护建设税的含义、征税范围、应纳税额的计算等；
- 教育费附加的含义、征税范围、应纳税额的计算等；
- 印花税、车辆购置税的含义、征税范围、应纳税额的计算等；
- 资源税、城镇土地使用税的含义、征税范围、应纳税额的计算等；
- 房产税、车船税的含义、征税范围、应纳税额的计算等。

任务一 行为税类

一、城市建设维护税

城市建设维护税（以下简称城建税）是国家对缴纳增值税、消费税、营业税（以下简称“三税”）的单位和个人就其缴纳的“三税”税额为计税依据而征收的一种税。我国现行的《中华人民共和国城市维护建设税暂行条例》是国务院于 1985 年 2 月 8 日发布，并与同年 1 月 1 日起实施的。

（一）城建税的纳税人

城建税的纳税人，是指负有缴纳“三税”义务的单位和个人，包括国有企业、集团企业、私营企业、股份制企业、其他企业和行政单位、事业单位、军事单位、社会团体、其他单位，以及个体工商户及其他个人。自 2010 年 12 月 1 日起，我国对外资企业恢复征收城建税和教育费附加。

（二）城建税的征税范围

城建税的征收范围包括城市、县城、建制镇以及税法规定征收“三税”的其他地区。城市、县城、建制镇的范围，应根据行政区划作为标准。

（三）城建税的计税依据和税率

1. 计税依据

城建税的计税依据是纳税人实际缴纳的“三税”之和。纳税人违反“三税”有关规定而加收的滞纳金和罚款，是税务机关对纳税人违法行为的经济制裁，不作为城建税的计税依据。但纳税人在被查补“三税”和被处罚时，应同时对其偷逃的城建税进行补税、缴纳滞纳金和罚款。

2. 税率

城建税的税率是指纳税人应缴纳的城建税与纳税人实际缴纳的“三税”税额之间的比例。实行差别比例税率，即按照纳税人所在地区的不同，实行三档差别比例税率。具体为：

（1）纳税人所在地为城市市区的，税率为7%。

（2）纳税人所在地为县城、建制镇的，税率为5%。

（3）纳税人所在地不在城市市区、县城或者建制镇的，税率为1%。

城建税的适用税率，应按纳税人所在地的规定税率执行。但下列两种情况可按缴纳“三税”所在地的规定税率就地缴纳城建税：

（1）由受托方代征代扣“三税”的单位和个人，其代收代扣的城建税按受托方所在地适用税率计算。

（2）流动经营等无固定纳税地点的单位和个人，在经营期间就地缴纳“三税”的，城建税按经营地适用税率计算。

（四）城建税应纳税额的计算

城建税的应纳税额按以下公式计算：

应纳税额＝实际缴纳的“三税”税额之和(即增值税＋消费税＋营业税)×适用税率

【例8—1】 地处市区的某企业2014年1月实际缴纳增值税20 000元、消费税10 000元。计算该企业应缴纳的城建税。

应纳税额＝实际缴纳的“三税”税额之和(即增值税＋消费税＋营业税)×适用税率
＝(20 000＋10 000)×7%＝2 100(元)

（五）城建税的税收优惠

（1）城建税随“三税”的减免而减免。

（2）城建税随“三税”的退库而退库。

（3）对海关进口产品代征的增值税、消费税，不征收城建税。

（4）为支持国家重大水利工程建设，对国家重大水利工程建设基金免征城建税。

（六）城建税的征收管理

1. 纳税期限和纳税地点

城建税应与“三税”同时缴纳，故其纳税期限和纳税地点与“三税”相同。其他具体规定如下：

（1）代扣代缴、代收代缴“三税”的单位和个人，同时也是城建税的代扣代缴、代收代缴义务人，其城建税的纳税地点在代扣代收地。

（2）跨省开采的油田，下属生产单位与核算单位不在一个省内的，其生产的原油在油井所在地缴纳增值税，其应纳税款由核算单位按照各油井的产量和规定税率，计算汇拨各油井缴纳。所以，各油井应纳的城建税，应由核算单位计算，随同增值税一并汇拨油井所在地，由油井在缴纳增值税的同时，一并缴纳。

（3）对管道局输油部分的收入，由取得收入的各管道局于所在地缴纳营业税，所以，其应纳城建税也应由取得收入的各管道局所在地缴纳营业税时一并缴纳。

（4）对流动经营等无固定纳税地点的单位和个人，应随同“三税”在经营地按适用税率缴纳。

2. 纳税申报

城建税的纳税申报表如表 8—1 所示。

表 8—1　城市维护建设税申报表

（适用于增值税、消费税、营业税纳税人）

填表日期：　　年　　月　　日

纳税人识别号：

纳税人名称：

申报所属期起：

申报所属期止：　　　　单位：元（列至角分）

<table>
<tr><td rowspan="2">税（费）种</td><td colspan="3">计税（费）依据</td><td rowspan="2">税（费）率</td><td rowspan="2">应纳税（费）额</td><td rowspan="2">减免税（费）额</td><td rowspan="2">应缴纳税（费）额</td></tr>
<tr><td>增值税额</td><td>消费税额</td><td>营业税额</td></tr>
<tr><td>1</td><td>2</td><td>3</td><td>4</td><td>5</td><td>6=(2+3+4)×5</td><td>7</td><td>8=6−7</td></tr>
<tr><td>城市维护建设税</td><td></td><td></td><td></td><td></td><td></td><td></td><td></td></tr>
<tr><td colspan="4">如纳税人填报，由纳税人填写以下各栏</td><td colspan="4">如委托税务代理机构填报，由税务代理机构填写以下各栏</td></tr>
<tr><td colspan="2" rowspan="3">会计主管（签章）</td><td colspan="2" rowspan="3">经办人（签章）</td><td colspan="2">税务代理机构名称</td><td></td><td rowspan="3">税务代理机构（公章）</td></tr>
<tr><td colspan="2">税务代理机构地址</td><td></td></tr>
<tr><td colspan="2">代理人（签章）</td><td></td></tr>
<tr><td rowspan="4">申报声明</td><td colspan="3" rowspan="4">此纳税申报表是根据国家税收法律的规定填报的，我确信它是真实的、可靠的、完整的。
申明人：
法定代表人（负责人）签字或盖章
（公章）</td><td colspan="4">以下由税务机关填写</td></tr>
<tr><td>受理日期</td><td></td><td colspan="2">受理人</td></tr>
<tr><td>审核日期</td><td></td><td colspan="2">审核人</td></tr>
<tr><td>审核记录</td><td colspan="3"></td></tr>
</table>

二、教育费附加

教育费附加是对缴纳增值税、消费税、营业税的单位和个人，就其实际缴纳的税额为计算依据征收的一种附加费。为开辟多种渠道筹措经费，增拨国家教育经费，为此，国务院于 1986 年 4 月 28 日颁布了《征收教育费附加的暂行规定》，并于同年 7 月 1 日施行。

（一）教育费附加的纳费人

凡缴纳增值税、消费税、营业税的单位和个人，均为教育费附加的纳费义务人

(以下简称纳费人)。凡代征增值税、消费税、营业税的单位和个人，亦为代征教育费附加的义务人。农业、乡镇企业，由乡镇人民政府征收农村教育事业附加，不再征收教育费附加。国务院和财政部、国家税务总局明确了外商投资企业、外国企业和外籍人员适用现行城建税和教育费附加的政策规定，凡是缴纳增值税、消费税和营业税的外商投资企业、外国企业和外籍人员纳税人均需按规定缴纳城建税和教育费附加。

(二) 教育费附加的计征依据和征收率

教育费附加的征费范围与增值税、消费税、营业税的征收范围相同，以纳税人实际缴纳的“三税”税额为计征依据，与“三税”同时缴纳。现行教育费附加的征收率为3%。

(三) 教育费附加的计算

教育费附加按以下公式计算：

应纳教育费附加＝实际缴纳的“三税”税额之和(即增值税＋消费税＋营业税)×征收率

【例 8—2】 某企业于2014年1月实际缴纳增值税20 000元、消费税10 000元。计算该企业应缴纳的教育费附加。

应纳教育费附加＝实际缴纳的“三税”税额之和(即增值税＋消费税＋营业税)×征收率

＝(20 000＋10 000)×3%＝900(元)

(四) 教育费附加的优惠

对海关进口的产品征收的增值税、消费税，不征收教育费附加；对由于减免增值税、消费税和营业税而发生退税的，可同时退还已征收的教育费附加；对国家重大水利工程建设基金免征教育费附加。

(五) 教育费附加的征收管理

纳费人申报缴纳增值税、消费税、营业税的同时，申报、缴纳教育费附加。教育费附加的纳税申报表见表8—2。

表 8—2　　教育费附加申报表

(适用于增值税、消费税、营业税纳税人)

填表日期：　　年　　月　　日

纳税人识别号：

纳税人名称：

申报所属期起：

申报所属期止：　　　　单位：元 (列至角分)

税（费）种	计税（费）依据			税（费）率	应纳税（费）额	减免税（费）额	应缴纳税（费）额
	增值税额	消费税额	营业税额				
1	2	3	4	5	6=(2+3+4)×5	7	8=6−7
教育费附加							
如纳税人填报，由纳税人填写以下各栏				如委托税务代理机构填报，由税务代理机构填写以下各栏			

<table>
<tr><td colspan="2" rowspan="3">会计主管（签章）</td><td rowspan="3">经办人（签章）</td><td colspan="2">税务代理机构名称</td><td colspan="2"></td><td rowspan="3">税务代理
机构
（公章）</td></tr>
<tr><td colspan="2">税务代理机构地址</td><td colspan="2"></td></tr>
<tr><td colspan="2">代理人（签章）</td><td colspan="2"></td></tr>
<tr><td rowspan="4">申
报
声
明</td><td colspan="2" rowspan="4">此纳税申报表是根据国家税收法律的规定填报的，我确信它是真实的、可靠的、完整的。
申明人：
法定代表人（负责人）签字或盖章
（公章）</td><td colspan="5">以下由税务机关填写</td></tr>
<tr><td>受理日期</td><td colspan="2"></td><td colspan="2">受理人</td></tr>
<tr><td>审核日期</td><td colspan="2"></td><td colspan="2">审核人</td></tr>
<tr><td>审核记录</td><td colspan="4"></td></tr>
</table>

三、印花税

印花税是以经济活动和经济交往中，书立、领受应税凭证的行为为征税对象征收的一种税。印花税因其采用在应税凭证上粘贴印花税票的方法缴纳税款而得名。我国于1988年8月颁布了《中华人民共和国印花税暂行条例》，自1988年10月1日起施行。

（一）印花税的纳税人

印花税的纳税人包括在中国境内书立、领受规定的经济凭证的企业、行政单位、事业单位、军事单位、社会团体、其他单位、个体工商户和其他个人。

上述单位和个人，按照书立、使用、领受应税凭证的不同，可以划分为立合同人、立据人、立账簿人、领受人、使用人和各类电子应税凭证的签订人。

1. 立合同人

立合同人是指合同的当事人。所谓当事人，是指对凭证有直接权利义务关系的单位和个人，但不包括合同的担保人、证人、鉴定人。各类合同的纳税人是立合同人。合同包括购销、加工承揽、建设工程勘察设计、建设工程承包、财产租赁、货物运输、仓储保管、借款、财产保险、技术合同或者具有合同性质的凭证。

2. 立据人

产权转移书据的纳税人是立据人。立据人是指土地、房屋权属转移过程中买卖双方的当事人。

3. 立账簿人

营业账簿的纳税人是立账簿人。立账簿人是设立并使用营业账簿的单位和个人。一般企业成立、经营后，都要设立营业账簿，该企业就成为纳税人。

4. 领受人

权利、许可证照的纳税人是领受人。领受人是指领取或接受并持有该项凭证的单位和个人。

5. 使用人

在国外书立、领受，但在国内使用的应税凭证，其纳税人是使用人。

6. 各类电子应税凭证的签证人

签订各类电子应税凭证的纳税人是签订凭证的当事人。

对应税凭证，凡由两方或两方以上当事人共同书立的，其当事人各方都是印花税的纳税人，应各就其所持凭证的计税金额履行纳税义务。

（二）印花税的征税范围

印花税是一种行为税，针对经济活动和经济交往过程中的特定凭证的相关行为进行征收的一种税。依法征收印花税的凭证有：合同和具有合同性质的凭证、产权转移书据、营业账簿、权利及许可证照和其他凭证。

1. 合同和具有合同性质的凭证

合同包括购销合同、加工承揽合同、建设工程勘察设计合同、建筑安装工程承包合同、财产租赁合同、货物运输合同、仓储保管合同、借款合同、财产保险合同、技术合同 10 大类。对纳税人以电子形式签订的各类应税凭证，按规定征收印花税。

在确定应税经济合同的范围时，特别需要注意以下三个问题：

（1）具有合同性质的凭证应视同合同征税。

（2）未按期兑现的合同亦应贴花。

（3）同时书立合同和开立单据的贴花方法。办理同一项业务，既书立合同，又开立单据，只就合同贴花；不书立合同，只开立单据，以单据作为合同使用的，其使用的单据应按规定贴花。

2. 产权转移书据

产权转移书据包括财产所有权（包括股票）、版权、商标专用权、专利权、专有技术使用权共 5 项产权的转移书据。

对土地使用权出让合同、土地使用权转让合同，按产权转移书据征收印花税。

对商品房销售合同，按照产权转移书据征收印花税。

3. 营业账簿

营业账簿分为资金账簿和其他营业账簿两类。资金账簿是反映生产经营单位“实收资本”和“资本公积”金额增减变化的账簿。其他营业账簿是反映除资金以外的其他生产经营活动内容的账簿。

4. 权利、许可证照

权利、许可证照，包括政府部门发放的房屋产权证、工商营业执照、商标注册证、专利证、土地使用证等。

5. 其他凭证

其他凭证是指经财政部门确定征税的其他凭证。

（三）印花税的税目和税率

印花税的税目是指明确规定的应当缴纳印花税的项目，它具体划定了印花税的征税范围。印花税共有 13 个税目。

根据应纳税凭证性质的不同，印花税分别采用比例税率和定额税率。在印花税的 13 个税目中，各类合同以及具有合同性质的凭证（含以电子形式签订的各类应税凭证）、产权转移书据、营业账簿中记载资金的账簿，适用比例税率。印花税的比例税率分为 4 个档次，分别是 0.05‰、0.3‰、0.5‰和 1‰。权利、许可证照和营业账簿税目中的其他账簿，适用定额税率，均为按件贴花，税额为 5 元。

印花税的具体税目、税率（税额标准）见表8—3。

表8—3　**印花税税目、税率（税额标准）表**

税目	征收范围	税率（税额标准）	纳税人	说明
一、购销合同	包括供应、预购、采购、购销结合及协作、调剂、补偿、易货等合同	按购销金额的0.3‰贴花	立合同人	
二、加工承揽合同	包括加工、定做、修缮、修理、印刷、广告、测绘、测试等合同	按加工或承揽收入的0.5‰贴花	立合同人	
三、建设工程勘察设计合同	包括勘察、设计合同	按收取费用的0.5‰贴花	立合同人	
四、建筑安装工程承包合同	包括建筑、安装工程承包合同	按承包金额的0.3‰贴花	立合同人	
五、财产租赁合同	包括租赁房屋、船舶、飞机、机动车辆、机械、器具、设备等合同	按租赁金额的1‰贴花。税额不足1元的，按1元贴花	立合同人	
六、货物运输合同	包括民用航空运输、铁路运输、海上运输、内河运输、公路运输和联运合同	按运输费用的0.5‰贴花	立合同人	单据作为合同使用的，按合同贴花
七、仓储保管合同	包括仓储、保管合同	按仓储、保管费用的1‰贴花	立合同人	仓单或栈单作为合同使用的，按合同贴花
八、借款合同	银行及其他金融组织和借款人（不包括银行同业拆借）所签订的借款合同	按借款金额的0.05‰	立合同人	单据作为合同使用的，按合同贴花
九、财产保险合同	包括财产、责任、保证、信用等保险合同	财产保险合同按保险费收入的1‰贴花，责任、保证和信用保险合同暂按定额5元贴花	立合同人	单据作为合同使用的，按合同贴花
十、技术合同	包括技术开发、转让、咨询、服务等合同	按合同所载金额的0.3‰贴花	立合同人	
十一、产权转移书据	包括财产所有权和版权、商标专用权、专利权、专有技术使用权等产权转移书据，土地使用权出让、转让合同和商品房销售合同	按书据所载金额的0.5‰贴花	立据人	

续前表

税目	征收范围	税率（税额标准）	纳税人	说明
十二、营业账簿	生产、经营用账册	记载资金的账簿，按实收资本和资本公积合计金额的0.5‰贴花。其他账簿按件贴花，每件5元	立账簿人	
十三、权利、许可证照	包括政府部门发放的房屋产权证、工商营业执照、商标注册证、专利证、土地使用证	按件贴花，每件5元	领受人	

此外，根据国务院的专门规定，股份制企业向社会公开发行的股票，因买卖、继承、赠与所书立的股权转让书据，应当按照订立书据时证券市场当日实际成交价格计算的金额，由出让方按照1‰的税率缴纳印花税。

（四）印花税的计税方法

印花税以应纳税凭证所记载的金额、费用、收入额和凭证的件数为计税依据，按照适用税率或者税额标准计算应纳税额。其计算公式为：

应纳数额＝应纳税凭证记载的金额(费用、收入额)×适用税率

或

应纳税额＝应纳税凭证的件数×适用税额标准

【例8—3】某企业于2014年1月份开业，当月发生以下有关业务事项：领受工商营业执照、土地使用证各1件；订立产品购销合同1份，所载金额为100 000元；订立借款合同1份，所载金额为200 000元；企业记载资金的账簿中，“实收资本”、“资本公积”项目的合计金额为500 000元；设立其他营业账簿10本。计算该企业当月应缴纳的印花税额。

(1) 企业领受权利、许可证照2件，应纳税额为：

应纳税额＝应纳税凭证的件数×适用税额标准＝2×5＝10(元)

(2) 企业订立购销合同1份，应纳税额为：

应纳税额＝应纳税凭证记载的金额(费用、收入额)×适用税率
＝100 000×0.3‰＝30(元)

(3) 企业订立借款合同1份，应纳税额为：

应纳税额＝应纳税凭证记载的金额(费用、收入额)×适用税率
＝200 000×0.05‰＝10(元)

(4) 企业资金账簿的应纳税额为：

应纳税额＝应纳税凭证记载的金额(费用、收入额)×适用税率
＝500 000×0.5‰＝250(元)

(5) 企业其他营业账簿的应纳税额为：

应纳税额＝应纳税凭证的件数×适用税额标准＝10×5＝50(元)

该企业当月应缴纳的印花税额＝10＋30＋10＋250＋50＝350(元)

(五) 印花税的税收优惠

1. 免征印花税的凭证

下列凭证可以免征印花税：

(1) 已经缴纳印花税的凭证的副本、抄本，但是视同正本使用的除外。

(2) 财产所有人将财产赠给政府、抚养孤老伤残人员的社会福利单位、学校书立的书据。

(3) 国家指定的收购部门与村民委员会、农民个人书立的农副产品收购合同。

(4) 无息、贴息贷款合同。

(5) 外国政府、国际金融组织向中国政府、国家金融机构提供优惠贷款所书立的合同。

(6) 企业因改制而签订的产权转移书据。

(7) 农民专业合作社与本社成员签订的农业产品和农业生产资料购销合同。

(8) 个人出租、承租住房时签订的租赁合同，廉租住房、经济适用住房经营管理单位与廉租住房、经济适用住房有关的凭证，廉租住房承租人、经济适用住房购买人与廉租住房、经济适用住房有关的凭证。

2. 免征印花税的项目

下列项目可以暂免征收印花税：

(1) 农林作物、牧业畜类保险合同。

(2) 图书、报刊发行单位之间，发行单位与订阅单位、个人之间书立的凭证。

(3) 投资者买卖证券投资基金。

(4) 经国务院和省级人民政府决定或者批准进行政企脱钩、对企业（集团）进行改组和改变管理体制、变更企业隶属关系，国有企业改制、盘活国有企业资产，发生的国有股权无偿划转行为。

(5) 个人销售、购买住房。

此外，自 2010 年 9 月 27 日起 3 年以内，公共租赁住房（以下简称公租房）经营管理单位建造公租房涉及的印花税可以免征。在其他住房项目中配套建设公租房，根据政府部门出具的相关材料，可以按照公租房建筑面积占总建筑面积的比例免征建造、管理公租房涉及的印花税。公租房经营管理单位购买住房作为公租房，可以免征印花税；公租房租赁双方签订租赁协议涉及的印花税可以免征。

(六) 印花税的征收管理

印花税的纳税办法，根据税额大小、贴花次数以及征收管理的需要，分别采用下

述两种纳税办法。

1. 一般纳税方法

一般纳税方法也称为自行贴花办法，由纳税人根据规定自行计算应纳税额，购买并一次贴足印花税票，缴纳税款。贴花后应自行注销，注销标记应与骑缝处相交。纳税人必须自行贴花并注销或划销，这样才算完整地完成了纳税义务。通常称为“三自”纳税办法，即自行购买印花税票、自行贴花、自行注销或划销。

2. 简化纳税方法

为简化贴花手续，对应纳税额较大或贴花次数频繁的情况，税法规定了三种简化的缴纳方法：

（1）以缴款书或完税证代替贴花。

一份凭证应纳税额超过500元的，应向当地税务机关申请填写缴款书或者完税证，将其中一联粘贴在凭证上或者由税务机关在凭证上加注完税标记代替贴花。如资金账簿、大宗货物的购销合同、建筑工程承包合同等凭证，一份凭证应纳税额均超过500元。

（2）按期汇总缴纳印花税。

同一种应纳税凭证，需频繁贴花的，纳税人可以根据实际情况自行决定是否采用按期汇总缴纳的方式。汇总缴纳的期限为1个月。采用按期汇总缴纳方式的纳税人应事先告知税务机关，缴纳方式一经选定，1年内不得改变。

（3）委托代征办法。

通过税务机关的委托，可由发放或者办理应纳税凭证的单位代为征收印花税款。税务机关应与代征单位签订代征委托书。所谓发放或者办理应纳税凭证的单位，是指发放权利、许可证照的单位和办理凭证的鉴证、公证及其他有关事项的单位。

印花税应当在书立或领受时贴花。具体是指在合同签订时、账簿启用时和证照领受时贴花。如果合同是在国外签订，并且不便在国外贴花的，应在将合同带入境时办理贴花纳税手续。

印花税一般实行就地纳税。对于在全国性商品物资订货会（包括展销会、交易会等）上所签订合同应纳的印花税，由纳税人回其所在地后及时办理贴花完税手续；对地方主办、不涉及省际关系的订货会、展销会上所签订合同应纳的印花税，其纳税地点由各省、自治区、直辖市人民政府自行确定。

印花税的纳税人应按照有关规定及时办理纳税申报，并如实填写《印花税纳税申报表》（见表8—4）。

表 8—4　　**印花税纳税申报表**

纳税人识别号：

纳税人名称：(公章)

税款所属期限：自　　年　月　日至　　年　月　日

填表日期：　　年　月　日　　　　　　　　金额单位：元（列至角分）

应税凭证	计税金额或件数	适用税率	计税金额	本期应纳税额	本期已缴税额	本期应补（退）税额
	1	2	3	4＝1×2＋2×3	5	6＝4－5
购销合同		0.3‰				
加工承揽合同		0.5‰				
建设工程勘察设计合同		0.5‰				
建筑安装工程承包合同		0.3‰				
财产租赁合同		1‰				
货物运输合同		0.5‰				
仓储保管合同		1‰				
借款合同		0.05‰				
财产保险合同		1‰				
技术合同		0.3‰				
产权转移书据		0.5‰				
营业账簿（记载资金的账簿）		0.5‰				
营业账簿（其他账簿）		5元	—			
权利、许可证照		5元	—			
合计						

<table>
<tr><td rowspan="7">纳税人或代理人声明：
此纳税申报表是根据国家税收法律的规定填报的，我确信它是真实的、可靠的、完整的。</td><td colspan="6">如纳税人填报，由纳税人填写以下各栏</td></tr>
<tr><td>经办人（签章）</td><td></td><td>会计主管（签章）</td><td>法定代表人（签章）</td><td></td><td></td></tr>
<tr><td colspan="6">如委托代理人填报，由代理人填写以下各栏</td></tr>
<tr><td colspan="2">代理人名称</td><td colspan="2"></td><td colspan="2" rowspan="3">代理人（公章）</td></tr>
<tr><td colspan="2">经办人（签章）</td><td colspan="2"></td></tr>
<tr><td colspan="2">联系电话</td><td colspan="2"></td></tr>
<tr><td colspan="6"></td></tr>
</table>

以下由税务机关填写

<table>
<tr><td>受理人</td><td></td><td>受理日期</td><td></td><td>受理税务机关（签章）</td><td></td></tr>
</table>

填表说明：

（1）本表适用于印花税（股票交易印花税除外）纳税人填报。

（2）纳税人识别号：是办理税务登记时由税务机关确定的税务登记号。

（3）计税金额：填写征收印花税的应税凭证所对应的费用、收入金额。如购销合同对应采购金额、销售收入；加工承揽合同对应加工承揽金额；建筑安装承包合同对应承包金额等。

（4）对于购、销业务量较大的纳税人，在此申报表后须附送《购、销合同编号目录》。

四、车辆购置税

车辆购置税是以在中国境内购置的规定车辆为课税对象、在特定的环节向车辆购置者征收的一种税。车辆购置税是于2001年1月1日开征的税种，是在原交通部门收取的车辆购置税附加费的基础上，通过“费改税”方式改革而来的。车辆购置税基本保留了车辆购置税附加费的特点，具有征税范围单一、征税环节单一、税率单一、征收方法单一、价外征收、税负不发生转嫁、特定的征税目的等特点。

（一）车辆购置税的作用

（1）有利于合理筹集建设资金。

国家通过开征车辆购置税参与国民收入的再分配，可以更好地将一部分消费基金转化为财政资金，为国家筹集更多的资金，以满足国家行使职能的需要。

（2）有利于规范政府行为。

首先，以费改税，开征车辆购置税，有利于理顺税费关系，进一步完善财税制度，实现税制结构的不断优化。其次，进行“费改税”改革，不但能规范政府行为，遏制乱收费，而且对正确处理税费关系、深化和完善财税体制改革能起到积极作用。

（3）有利于调节收入差距。

车辆购置税在消费环节对消费应税车辆的使用者征收，能更好地体现两条原则：第一，调节过高收入。开征车辆购置税可以对过高的消费支出进行调节。第二，纳税能力原则。即高收入者多负税，低收入者少负税，具有较高消费能力的人比一般消费能力的人要多负税。

（4）有利于配合打击走私和维护国家权益。

车辆购置税在车辆上牌使用时征收，具有源泉控制的特点，它可以配合有关部门在打击走私、惩治犯罪等方面起到积极的作用。对进口自用的应税车辆，以含关税、消费税的组成计税价格为计税依据，对进口应税车辆征收较高的税收，以限制其进口，有利于保护国内汽车工业的发展。

（二）车辆购置税的征税范围

境内购置应税车辆的单位和个人为车辆购置税的纳税人。纳税人购置国家规定的特定车辆时需要缴纳车辆购置税。征税范围包括下述各种车辆。

1. 汽车

包括各类汽车。

2. 摩托车

(1) 轻便摩托车。是指最高设计车速不大于 50km/h，发动机气缸总排量不大于 50ml 的两个或三个车轮的机动车。

(2) 二轮摩托车。是指最高设计车速大于 50km/h，发动机气缸总排量大于 50ml 的两个车轮的机动车。

(3) 三轮摩托车。是指最高设计车速大于 50km/h，发动机气缸总排量大于 50ml，空车质量不大于 400kg 的三个车轮的机动车。

3. 电车

(1) 无轨电车。是指以电能为动力，由专用输电电缆供电的轮式公共车辆。

(2) 有轨电车。是指以电能为动力，在轨道上行驶的公共车辆。

4. 挂车

(1) 全挂车。是指无动力设备，独立承载，由牵引车辆牵引行驶的车辆。

(2) 半挂车。是指无动力设备，与牵引车共同承载，由牵引车辆牵引行驶的车辆。

5. 农用运输车

(1) 三轮农用运输车。是指具有柴油发动机，功率不大于 7.4kW，载重量不大于 500kg，最高车速不大于 40km/h 的三个车轮的机动车。

(2) 四轮农用运输车。是指具有柴油发动机，功率不大于 28kW，载重量不大于 1 500kg，最高车速不大于 50km/h 的四个车轮的机动车。

为了体现税法的统一性、固定性、强制性和法律的严肃性特征，车辆购置税征收范围的调整，由国务院决定，其他任何部门、单位和个人无权擅自扩大或缩小车辆购置税的征税范围。

(三) 车辆购置税的税率和计税依据

车辆购置税实行统一的比例税率，税率为 10%。车辆购置税以应税车辆为课税对象，应税车辆的价格即计税价格就成为车辆购置税的计税依据。由于应税车辆购置的来源不同，发生的应税行为不同，计税价格的组成也就不一样。

(1) 购买自用应税车辆。

纳税人购买自用的应税车辆的计税依据为纳税人因购买应税车辆而支付给销售方的全部价款和价外费用（不含增值税）。

(2) 进口自用应税车辆。

纳税人进口自用的应税车辆以组成计税价格为计税依据，组成计税价格的计算公式为：

组成计税价格＝关税完税价格＋关税＋消费税

(3) 其他自用应税车辆。

纳税人自产、受赠、获奖和以其他方式取得并自用的应税车辆的计税依据，凡不能或不能准确提供车辆价格的，一般以国家税务机关核定的最低计税价格为计税依据。最低计税价格由国家税务总局依据全国市场的平均销售价格制定。

（四）车辆购置税的计算

车辆购置税实行从价定率的方法计算应纳税额，其计算公式为：

应纳税额＝计税依据×税率

【例 8—4】李某购买了一辆价值为 200 000 元的国产车（含税价），计算其应缴纳的车辆购置税。

应纳税额＝计税依据×税率＝200 000÷(1＋17%)×10%＝17 094.02(元)

（五）车辆购置税的税收优惠

我国车辆购置税实行法定减免政策。减免税范围的具体规定如下：

(1) 外国驻华使馆、领事馆和国际组织驻华机构及其外交人员自用车辆免税。

(2) 中国人民解放军和中国人民武装警察部队列入军队武器装备订货计划的车辆免税。

(3) 设有固定装置的非运输车辆免税。

(4) 有国务院规定予以免税或者减税的其他情形的，按照规定免税或减税。其他情形主要有：

1) 防汛部门和森林消防部门用于指挥、检查、调度、报汛（警）、联络的设有固定装置的指定型号的车辆。

2) 回国服务的留学人员用现汇购买 1 辆自用国产小汽车。

3) 长期来华定居专家的 1 辆自用小汽车。

(5) 城市公交企业自 2012 年 1 月 1 日起至 2015 年 12 月 31 日止，购置的公共汽电车辆免征车辆购置税。

对已缴纳车辆购置税的车辆，因质量原因发生退车的以及公安机关车辆管理机关不予办理车辆登记注册的，准予纳税人申请退税。

（六）车辆购置税的征收管理

车辆购置税的征税环节为使用环节，即最终消费环节。具体而言，纳税人应当在向公安机关等车辆管理机构办理车辆登记注册手续前，缴纳车辆购置税。

购置应税车辆，应当向车辆登记注册地的主管国税机关申报纳税；购置不需要办理车辆登记注册手续的应税车辆，应当向纳税人所在地的主管国税机关申报纳税。

纳税人购买自用的应税车辆，自购买之日起 60 日内申报纳税；进口自用的应税车辆，应当自进口之日起 60 日内申报纳税；自产、受赠、获奖和以其他方式取得并自用的应税车辆，应当自取得之日起 60 日内申报纳税。

纳税人办理纳税申报时，应如实填写《车辆购置税纳税申报表》（见表 8—5），同时提供相关资料的原件和复印件。复印件和机动车销售统一发票（以下简称统一发票）报税联由主管税务机关留存，其他原件经主管税务机关审核后退还纳税人。

表 8—5　　车辆购置税纳税申报表

填表日期：　　年　月　日　　行业代码：　　注册类型代码：

纳税人名称：　　金额单位：元

<table>
<tr><td>纳税人证件名称</td><td colspan="3"></td><td>证件号码</td><td colspan="2"></td></tr>
<tr><td>联系电话</td><td></td><td>邮政编码</td><td></td><td>地址</td><td colspan="2"></td></tr>
<tr><td colspan="7">车辆基本情况</td></tr>
<tr><td>车辆类别</td><td colspan="6">1. 汽车；2. 摩托车；3. 电车；4. 挂车；5. 农用运输车</td></tr>
<tr><td>生产企业名称</td><td colspan="2"></td><td colspan="2">机动车销售统一发票（或有效凭证）价格</td><td colspan="2"></td></tr>
<tr><td>厂牌型号</td><td colspan="2"></td><td colspan="2">关税完税价格</td><td colspan="2"></td></tr>
<tr><td>发动机号码</td><td colspan="2"></td><td colspan="2">关税</td><td colspan="2"></td></tr>
<tr><td>车辆识别代号（车架号码）</td><td colspan="2"></td><td colspan="2">消费税</td><td colspan="2"></td></tr>
<tr><td>购置日期</td><td colspan="2"></td><td colspan="2">免（减）税条件</td><td colspan="2"></td></tr>
<tr><td>申报计税价格</td><td>计税价格</td><td>税率</td><td colspan="2">免税、减税额</td><td colspan="2">应纳税额</td></tr>
<tr><td>1</td><td>2</td><td>3</td><td colspan="2">4＝2×3</td><td colspan="2">5＝1×3 或 2×3</td></tr>
<tr><td></td><td></td><td>10%</td><td colspan="2"></td><td colspan="2"></td></tr>
<tr><td></td><td></td><td></td><td colspan="2"></td><td colspan="2"></td></tr>
<tr><td colspan="3">申报人声明</td><td colspan="4">授权声明</td></tr>
<tr><td colspan="3">此纳税申报表是根据《中华人民共和国车辆购置税暂行条例》的规定填报的，我相信它是真实的、可靠的、完整的。

声明人签字：</td><td colspan="4">如果你已委托代理人申报，请填写以下资料：
为代理一切税务事宜，现授权（　　），地址（　　　　）为本纳税人的代理申报人，任何与本申报表有关的往来文件，都可寄予此人。

授权人签字：</td></tr>
<tr><td rowspan="6">纳税人签名或盖章</td><td colspan="6">如委托代理人填报，代理人应填写以下各栏</td></tr>
<tr><td colspan="2">代理人名称</td><td colspan="2"></td><td colspan="2" rowspan="4">代理人（章）</td></tr>
<tr><td colspan="2">地址</td><td colspan="2"></td></tr>
<tr><td colspan="2">经办人</td><td colspan="2"></td></tr>
<tr><td colspan="2">电话</td><td colspan="2"></td></tr>
<tr><td colspan="6"></td></tr>
<tr><td colspan="3">接收人：

接收日期：</td><td colspan="4">主管税务机关（章）：</td></tr>
</table>

填表说明：

(1) 本表由车辆购置税纳税人（或代理人）在办理纳税申报时填写。

(2)“纳税人名称”栏，填写车主名称。

(3)“纳税人证件名称”栏，单位车辆填写“组织机构代码证书”；个人车辆填写“居民身份证”或其他身份证明名称。

(4)“证件号码”栏，填写组织机构代码证书、居民身份证及其他身份证件的号码。

(5)“车辆类别”栏，在表中所列项目中画“√”。

(6)“生产企业名称”栏，国产车辆填写国内生产企业名称，进口车辆填写国外生产企业名称。

(7)“厂牌型号”、“发动机号码”、“车辆识别代号（车架号码）”栏，分别填写车辆整车出厂合格证或《中华人民共和国海关货物进口证明书》或《中华人民共和国海关监管车辆进（出）境领（销）牌照通知书》或《没收走私汽车、摩托车证明书》中注明的产品型号、车辆识别代号（VIN，车架号码）。

(8)“购置日期”栏，填写机动车销售统一发票（或有效凭证）上注明的日期。

(9)“机动车销售统一发票（或有效凭证）价格”栏，填写机动车销售统一发票（或有效凭证）上注明的价费合计金额。

(10)“免（减）税条件”栏，按下列项目选择字母填写：

A. 外国驻华使馆、领事馆和国际组织驻华机构及其外交人员自用的车辆；

B. 中国人民解放军和中国人民武装警察部队列入军队武器装备订货计划的车辆；

C. 设有固定装置的非运输车辆；

D. 在外留学人员（含港、澳）回国服务的，购买的国产汽车；

E. 来华定居专家进口自用或在境内购置的汽车；

F. 其他免税、减税车辆。

(11) 下列栏次由进口自用车辆的纳税人填写：

1)“关税完税价格”栏，填写海关关税专用缴款书中注明的关税计税价格；“关税”栏，填写海关关税专用缴款书中注明的关税税额。

2)“消费税”栏，填写海关代征消费税专用缴款书中注明的消费税税额。

(12)“申报计税价格”栏，分别按下列要求填写：

1) 境内购置车辆，按“机动车销售统一发票注明的价费合计金额÷（1+17%）”计算出的金额填写。

2) 进口自用车辆，填写计税价格。计税价格=关税完税价格+关税+消费税。

3) 自产、受赠、获奖或者以其他方式取得并自用的车辆，按“机动车销售统一发票（或有效凭证）注明的价费合计金额÷（1+17%）”计算出的金额填写。

(13)“计税价格”栏，经税务机关辅导后填写。

1) 填写最低计税价格。

2）底盘发生更换的车辆，按主管税务机关提供的最低计税价格的70%填写。

3）免税条件消失的车辆，自初次办理纳税申报之日起，使用年限未满10年的，按主管税务机关提供的最低计税价格每满1年扣减10%填写；未满1年的，按主管税务机关提供的最低计税价格填写；使用年限10年（含）以上的，填写“0”。

(14)“应纳税额”栏，其计算公式如下：

1）计税依据为申报计税价格的，应纳税额＝申报计税价格×税率。

2）计税依据为计税价格的，应纳税额＝计税价格×税率。

(15) 本表一式两份（一车一表），一份由纳税人留存；一份由主管税务机关留存。

任务二　资源税类

一、资源税

资源税是对在我国境内开采应税矿产品和生产盐的单位和个人，就其应税数量征收的一种税，属于对自然资源占用课税的范畴。资源税是对自然资源征税的税种的总称。

资源税有促进企业公平竞争、调节资源产品的级差收入、促进自然资源的合理开发、为国家筹集财政资金等作用。

（一）资源税的纳税义务人和扣缴义务人

资源税是对在中华人民共和国领域及管辖海域从事应税矿产品开采和生产盐的单位和个人课征的一种税。资源税的纳税义务人是指在中华人民共和国领域及管辖海域开采应税矿产品或者生产盐的单位和个人。

单位是指国有企业、集体企业、私营企业、股份制企业、其他企业和行政单位、事业单位、军事单位、社会团体及其他单位；个人是指个体经营者和其他个人。

资源税的扣缴义务人是指收购未税矿产品的单位。为加强资源税的征管，适应其税源小、零散、不定期开采、易漏税的特点，扣缴义务具体包括：

(1) 独立矿山、联合企业收购未税矿产品的，按照本单位应税产品的税额、税率标准，依据收购的数量代扣代缴资源税。

(2) 其他收购单位收购未税矿产品的，按税务机关核定的应税产品的税额、税率标准，依据收购的数量代扣代缴资源税。

（二）资源税的税目和税率

资源税的征税范围包括下列项目：原油、天然气、煤炭（焦炭和其他煤炭）、其他非金属矿原矿（普通非金属矿原矿和贵重非金属矿原矿）、黑色金属矿原矿、有色金属矿原矿（稀土矿和其他有色金属矿原矿）、盐（固体盐和液体盐）。

(1) 原油。是指开采的天然原油，不包括人造石油。

(2) 天然气。是指专门开采或者与原油同时开采的天然气。

(3) 煤炭。是指原煤，不包括洗煤、选煤及其他煤炭制品。

(4) 其他非金属矿原矿。是指上列产品和井矿盐以外的非金属矿原矿。包括宝石、金刚石、玉石、膨润土、石墨、石英砂、萤石、重晶石、毒重石、硅石、长石、氟石、滑石、白云石、硅灰石、高岭石土、耐火土、云母、大理石、花岗石、石灰石、菱镁矿、天然碱、石膏、硅线石、工业用金刚石、石棉、硫铁矿、自然硫、磷铁矿等。

(5) 黑色金属矿原矿。是指纳税人开采后自用、销售的，用于直接入炉冶炼或作为主产品先入选精矿、制造人工矿，再最终入炉冶炼的黑色金属矿石原矿，包括铁矿石、锰矿石和铬矿石。

(6) 有色金属矿原矿。包括铜矿石、铅锌矿石、铝土矿石、钨矿石、锡矿石、锑矿石、钼矿石、镍矿石、黄金矿石、钒矿石（含钒石煤）等。

(7) 盐。具体包括两种：一是固体盐，包括海盐原盐、湖盐原盐和井矿盐；二是液体盐（卤水），是指氯化钠含量达到一定浓度的溶液，是用于生产碱和其他产品的原料。

资源税通常分产品类别从量定额计征，实行等级幅度税额标准，其税目、税额见表 8—6。

表 8—6　　资源税税目、税额表

税目		税率
一、原油		销售额的 5%～10%
二、天然气		销售额的 5%～10%
三、煤炭	焦煤	每吨 8～20 元
	其他煤炭	每吨 0.3～5 元
四、其他非金属矿原矿	普通非金属矿原矿	每吨或者每立方米 0.5～20 元
	贵重非金属矿原矿	每千克或者每克拉 0.5～20 元
五、黑色金属矿原矿		每吨 2～30 元
六、有色金属矿原矿	稀土矿	每吨 0.4～60 元
	其他有色金属矿原矿	每吨 0.4～30 元
七、盐	固体盐	每吨 10～60 元
	液体盐	每吨 2～10 元

(三) 资源税应纳税额的计算

资源税采取从价定率或者从量定额的办法计征，其应纳税额分别以应税产品的销售额乘以纳税人具体适用的比例税率或者以应税产品的销售数量乘以纳税人具体适用的定额税率计算。

1. 从价定率征收的计税依据

从价定率征收的计税依据是应税产品的销售额。销售额是指为纳税人销售应税产品时向购买方收取的全部价款和价外费用，但不包括收取的增值税销项税额。

价外费用，包括价外向购买方收取的手续费、补贴、基金、集资费、返还利润、奖励费、违约金、滞纳金、延期付款利息、赔偿金、代收款项、代垫款项、包装费、包装物租金、储备费、优质费、运输装卸费以及其他各种性质的价外收费。

2. 从量定额征收的计税依据

从量定额征收的计税依据为应税产品的销售数量。纳税人不能准确提供应税产品的销售数量或移送使用数量的，以应税产品的产量或主管税务机关确定的折算比换算成的数量为征税数量。

3. 应纳税额的计算

实行从价定率征收的，根据应税产品的销售额和规定的适用税率计算应纳税额。具体计算公式为：

应纳税额＝销售额×适用税率

【例 8—5】某企业于 2015 年 1 月销售天然气 100 吨，开具增值税专用发票，取得的销售额为 100 000 元，增值税为 17 000 元。假设该企业适用的资源税税率为 5%。计算该企业 1 月应缴纳的资源税额。

应纳税额＝销售额×适用税率＝100 000×6%＝6 000(元)

实行从量定额征收的，根据应税产品的课税数量和规定的单位税额计算应纳税额。具体计算公式为：

应纳税额＝课税数量×单位税额

或

代扣代缴应纳税额＝收购未税产品的数量×适用的单位税额

【例 8—6】某企业于 2014 年 1 月销售铁矿石 100 吨，假设其适用 10 元/吨的单位税额。计算该企业 1 月应缴纳的资源税额。

应纳税额＝课税数量×单位税额＝100×10＝1 000(元)

(四) 资源税的税收优惠

资源税的主要免税、减税规定如下：

(1) 开采原油过程中用于加热、修井的原油，可以免征资源税。

(2) 纳税人开采或者生产应税产品过程中，因意外事故或者自然灾害等原因遭受重大损失的，由省、自治区、直辖市人民政府酌情决定减税或者免税。

（3）国务院规定的其他可以免征、减征资源税的项目。

（五）资源税的征收管理

资源税的征收方法分为直接征收和扣缴税款两种。在征收管理过程中，有下述几方面内容需要注意。

1. 纳税义务发生时间

纳税人销售应税产品，其纳税义务发生时间为：

（1）纳税人采取分期收款结算方式的，其纳税义务发生时间为销售合同规定的收款日期的当天。

（2）纳税人采取预收货款结算方式的，其纳税义务发生时间为发出应税产品的当天。

（3）纳税人采取其他结算方式的，其纳税义务发生时间为收讫销售款或者取得索取销售款凭据的当天。

纳税人自产自用应税产品的纳税义务发生时间为移送使用应税产品的当天。

扣缴义务人代扣代缴税款的纳税义务发生时间为支付货款的当天。

2. 纳税期限

纳税期限是指纳税人发生纳税义务后缴纳税款的期限。资源税的纳税期限为1日、3日、5日、10日、15日或者1个月，纳税人的纳税期限由主管税务机关根据实际情况具体核定。不能按固定期限计算纳税的，可以按次计算纳税。

纳税人以1个月为一期纳税的，自期满之日起10日内申报纳税；以1日、3日、5日、10日或者15日为一期纳税的，自期满之日起5日内预缴税款，于次月1日起10日内申报纳税并结清上月税款。

3. 纳税地点

凡是缴纳资源税的纳税人，都应当向应税产品的开采或者生产所在地主管税务机关缴纳税款；如果纳税人在本省、自治区、直辖市范围内开采或者生产应税产品，其纳税地点需要调整的，由所在地省、自治区、直辖市税务机关决定；如果纳税人跨省开采应税矿产品，其下属生产单位与核算单位不在同一省、自治区、直辖市的，对其开采的矿产品一律在开采地纳税，其应纳税款由独立核算、自负盈亏的单位按照开采地的实际销售量（或者自用量）及适用的单位税额计算划拨；扣缴义务人代扣代缴的资源税，也应当向收购地主管税务机关缴纳。

4. 纳税申报

资源税的纳税申报表见表8—7、表8—8。

表 8—7　　资源税纳税申报表（一）

（按从价定率办法计算应纳税额的纳税人适用）

税款所属期限：自　年　月　日至　年　月　日

填表日期：　年　月　日

纳税人识别号：□□□□□□□□□□□□□□□□□□□□　　金额单位：元至角分

栏次	征收品目	征收子目	销售量	销售额	折算率	适用税率或实际征收率	本期应纳税额	减征比例	本期减免税额	减免性质代码	本期已缴税额	本期应补（退）税额
	1	2	3	4	5	6	7	8	9=7×8	10	11	12=7−9−11
合计												

以下由纳税人填写：					
纳税人声明	此纳税申报表是根据《中华人民共和国资源税暂行条例》及其《实施细则》的规定填报的，是真实的、可靠的、完整的。				
纳税人签章		代理人签章		代理人身份证号	
以下由税务机关填写：					
受理人		受理日期	年　月　日	受理税务机关签章	

本表一式两份，一份纳税人留存，一份税务机关留存。

填表说明：

（1）本表适用于资源税纳税人填报（国家税务总局另有规定者除外）。

（2）“纳税人识别号”是纳税人在办理税务登记时由主管税务机关确定的税务编码。

（3）煤炭的征收品目是指财税［2014］72 号通知规定的原煤和洗选煤，征收子目按适用不同的折算率和不同的减免性质代码，将原煤和洗选煤这两个税目细化，分行填列。其他从价计征的征收品目是指资源税实施细则规定的税目，征收子目是同一税目下属的子目。

（4）“销售量”包括视同销售应税产品的自用数量。煤炭、原油的销售量，按吨填报；天然气的销售量，按千立方米填报。原油、天然气应纳税额＝油气总销售额×实际征收率。

(5) 原煤应纳税额＝原煤销售额×适用税率；洗选煤应纳税额＝洗选煤销售额×折算率×适用税率。2014 年 12 月 1 日后销售的洗选煤，其所用原煤如果此前已按从量定额办法缴纳了资源税，这部分已缴税款可在其应纳税额中抵扣。

(6)“减免性质代码”，按照国家税务总局制定下发的最新《减免性质及分类表》中的最细项减免性质代码填报。如有免税项目，“减征比例”按 100%填报。

表 8—8　　资源税纳税申报表（二）

（按从量定额办法计算应纳税额的纳税人适用）

税款所属期限：自　　年　　月　　日至　　年　　月　　日

填表日期：　　年　　月　　日

纳税人识别号：□□□□□□□□□□□□□□□□□□□□　　金额单位：元至角分

栏次	征收品目	征收子目	计税单位	销售量	单位税额	本期应纳税额	本期减免销量	本期减免税额	减免性质代码	本期已缴税额	本期应补（退）税额
	1	2	3	4	5	6＝4×5	7	8	9	10	11＝6－8－10
合计											

以下由纳税人填写：					
纳税人声明	此纳税申报表是根据《中华人民共和国资源税暂行条例》及其《实施细则》的规定填报的，是真实的、可靠的、完整的。				
纳税人签章		代理人签章		代理人身份证号	
以下由税务机关填写：					
受理人		受理日期	年　月　日	受理税务机关签章	

本表一式两份，一份纳税人留存，一份税务机关留存。

填表说明：

(1) 本表适用于资源税纳税人填报（国家税务总局另有规定者除外）。

(2)“纳税人识别号”是纳税人在办理税务登记时由主管税务机关确定的税务编码。

(3) 征收品目是指资源税实施细则规定的税目，征收子目是同一税目下属的子目。

(4)“计税单位”是指资源税实施细则所附“资源税税目税率明细表”所规定的计税单位。“销售量”包括视同销售应税产品的自用数量。

(5)“本期减免销量”是指“本期减免税额”对应的应税产品减免销售量。

(6)“减免性质代码”按照国家税务总局制定下发的最新《减免性质及分类表》中的最细项减免性质代码填报。

二、城镇土地使用税

城镇土地使用税是以国有土地为征税对象，对拥有土地使用权的单位和个人征收的一种税。征收城镇土地使用税，对合理利用城镇土地，调节土地级差收入，筹集地方财政收入，提高土地使用效益等有重要作用。

(一) 城镇土地使用税的纳税义务人

城镇土地使用税是以国有土地为征税对象，对拥有土地使用权的单位和个人征收的一种税。在城市、县城、建制镇、工矿区范围内使用土地的单位和个人，为城镇土地使用税的纳税人。

单位包括国有企业、集体企业、私营企业、股份制企业、外商投资企业、外国企业以及其他企业和事业单位、社会团体、国家机关、军队以及其他单位；个人包括个体工商户以及其他个人。

对纳税人的具体规定如下：

(1) 拥有土地使用权的单位和个人。

(2) 拥有土地使用权的单位和个人不在土地所在地的，其土地的实际使用人和代管人为纳税人。

(3) 土地使用权未确定或权属纠纷未解决的，其实际使用人为纳税人。

(4) 共有土地使用权的，共有各方都是纳税人，由共有各方分别纳税。

(二) 城镇土地使用税的征税范围

城镇土地使用税的征税范围包括在城市、县城、建制镇和工矿区内使用的土地。具体包括：

(1) 城市是指经国务院批准设立的市，其征税范围包括市区和郊区。

(2) 县城是指县人民政府所在地。县城的土地是指县人民政府所在地的城镇的土地。

(3) 建制镇是指经省、自治区、直辖市人民政府批准设立的建制镇。建制镇的土地是指镇人民政府所在地的土地。

(4) 工矿区是指工商业比较发达，人口比较集中，符合国务院规定的建制镇标准，但尚未设立建制镇的大中型工矿企业所在地。

(三) 城镇土地使用税的税率

城镇土地使用税实行定额税率，即采用有幅度的差别税额，按大、中、小城市和县城、建制镇、工矿区分别规定每平方米土地应缴纳的年应纳税额。具体标准如表8—9所示。

表 8—9　　城镇土地使用税税率表

土地所在地区	人口（人）	每平方米税额幅度（元）
大城市	50 万以上	1.5～30
中等城市	20 万～50 万	1.2～24
小城市	20 万以下	0.9～18
县城、建制镇、工矿区		0.6～12

大、中、小城市以公安部门登记在册的非农业正式户口人数为依据，按照国务院颁发的《城市规划条例》规定的标准划分。人口在 50 万以上的为大城市；市区及郊区非农业人口在 20 万～50 万人的为中等城市；人口在 20 万以下的为小城市。

（四）城镇土地使用税应纳税额的计算

城镇土地使用税的应纳税额可以通过纳税人实际占用的土地面积乘以该土地所在地段的适用税额求得。其计算公式为：

全年应纳税额＝实际占用应税土地面积(平方米)×适用税额

（1）计税依据。

城镇土地使用税的计税依据为纳税人实际占用的土地面积，土地面积的计量标准为平方米。纳税人实际占用的土地面积一般由省、自治区、直辖市人民政府确定的单位组织测定的，以测定的面积为准；尚未测定的，以政府部门核发的土地使用证书确认的土地面积为准；尚未核发证书的，由纳税人先申报土地面积，核发证书后再做调整。

（2）应纳税额的计算。

【例 8—7】设在某城市的一家企业使用土地的面积为 100 平方米，已经政府测量确定。假设该土地每平方米税额为 10 元。计算该企业全年应纳的土地使用税。

全年应纳税额＝实际占用应税土地面积(平方米)×适用税额
＝100×10＝1 000(元)

（五）城镇土地使用税的税收优惠

1. 法定免税优惠

享受法定免税优惠的土地有：

（1）国家机关、人民团体、军队自用的土地。但如果是对外出租或经营用，则还是要交城镇土地使用税。

（2）由国家财政部门拨付事业经费的单位自用的土地。

（3）宗教寺庙、公园、名胜古迹自用的土地，经营用地则不免。

（4）市政街道、广场、绿化地带等公共用地。

（5）直接用于农、林、牧、渔业的生产用地。

（6）经批准开山填海整治的土地和改造的废弃土地，从使用的当月起免缴城镇土地使用税 5 年至 10 年。

(7) 非营利性医疗机构、疾病控制机构和妇幼保健机构等卫生机构自用的土地。对营利性医疗机构自用的土地，自 2000 年起免征城镇土地使用税 3 年。

(8) 企业办的学校、医院、托儿所、幼儿园，其用地能与企业其他用地明确区分的。

(9) 免税单位无偿使用纳税单位的土地（如公安、海关等单位使用铁路、民航等单位的土地）。纳税单位无偿使用免税单位的土地，纳税单位应照章缴纳城镇土地使用税。纳税单位与免税单位共同使用、共有使用权的土地上的多层建筑，对纳税单位可按其占用的建筑面积占建筑总面积的比例计征城镇土地使用税。

(10) 行使国家行政管理职能的中国人民银行总行（含国家外汇管理局）所属分支机构自用的土地。

(11) 其他特殊用地。

2. 省、自治区、直辖市地方税务局确定的减免税优惠

享受省、自治区、直辖市地方税务局确定的减免税优惠的土地有：

(1) 个人所有的居住房屋及院落用地。

(2) 房产管理部门在房租调整改革前租用的居民住房用地。

(3) 免税单位职工家属的宿舍用地。

(4) 民政部门举办的安置残疾人占一定比例的福利工厂用地。

(5) 集体和个人办的学校、医院、托儿所、幼儿园用地。

(6) 其他享受减免税优惠的土地。

(六) 城镇土地使用税的征收管理

城镇土地使用税的纳税义务发生时间如下：

(1) 从当月起交税，如填海、开荒整治的土地和废弃的用地自使用之日起开始。

(2) 纳税人新征用的耕地，自批准征用之日起满一年时开始缴纳土地使用税，其余都是从次月起缴纳，如出租、出借房产，自交付出租、出借房产之次月起计征城镇土地使用税。

(3) 购置新建商品房，自房屋交付使用之次月起计征城镇土地使用税；购置存量房，自办理房屋权属转移、变更登记手续，房地产权属登记机关签发房屋权属证书之次月起计征城镇土地使用税。

(4) 房地产开发企业自用、出租、出借该企业建造的商品房，自房屋使用或交付之次月起计征城镇土地使用税。

城镇土地使用税由土地所在地的地方税务机关征收，实行按年计算、分期缴纳的征收方法，纳税人应按照有关规定及时办理城镇土地使用税的纳税申报表。其纳税申报表见表 8—10。

表 8—10　　　　　　　　　　**城镇土地使用税纳税申报表**

税务登记证件号码：□□□□□□□□□□□□□□□□□□□□

纳税人名称：　　　税款所属时期：　年　月　日至　年　月　日　　　金额单位：元（列至角分）

坐落地点	上期占地面积	本期增减	本期实际占地面积	法定免税面积	应税面积	土地等级	适用税额	全年应缴税款	缴纳次数	本期		
										应纳税额	已纳税额	应补（退）税额
1	2	3	4=2+3	5	6=4−5	7	8	9=6×8	10	11=9÷10	12	13=11−12
合计												
备注												

<table>
<tr><td rowspan="4">纳税人或代理人声明：
此纳税申报表是根据国家税收法律的规定填报的，我确定它是真实的、可靠的、完整的。</td><td colspan="5">如纳税人填报，由纳税人填写以下各栏：</td><td rowspan="2">受理机关
（签章）</td></tr>
<tr><td>办税人员
（签章）</td><td>财务负责人
（签章）</td><td>法定代表人
（签章）</td><td>联系电话</td><td></td></tr>
<tr><td colspan="5">如委托代理人填报，由代理人填写以下各栏：</td><td rowspan="2">受理日期：
年　月　日</td></tr>
<tr><td>代理人名称</td><td>经办人
（签章）</td><td>联系电话</td><td></td><td>代理人
（公章）</td></tr>
</table>

填表说明：

（1）税款所属时期：填写格式为“年月—年月”，跨度最长不超过半年。如纳税人申报2012年半年税款，则填写“201201—201206”或“201207—201212”；一次性申报全年税款的，则分两个所属期填写。

（2）应税面积：应税面积=实际占用土地面积−法定免税面积。

（3）全年应缴税款：年税额=应税面积×适用税额。

任务三　财产税类

一、房产税

房产税是以房屋为征税对象，按房价或出租租金收入，向产权所有人征收的一种财产税，又称房屋税。房产税有筹集地方财政收入、加强房产管理等作用。

（一）房产税的征税范围

房产税的征税范围包括在城市、县城、建制镇和工矿区内拥有的房产。城市、县城、建制镇、工矿区的具体征税范围，由各省、自治区、直辖市人民政府确定。

房产是指有屋面和围护结构（有墙或两边有柱），能够遮风避雨，可供人们在其中生产、学习、工作、娱乐、居住或储藏物资的场所。房产税的征税范围不包括农村。

（二）房产税的纳税人

房产税的纳税人是指负有缴纳房产税义务的单位与个人。房产税由房屋产权所有人缴纳。具体分为以下几种情况：

（1）产权属于国家所有的，由经营管理单位纳税；产权属于集体和个人所有的，由集体单位和个人纳税。

（2）产权出典的，由承典人纳税。承典人是指以押金形式付出一定费用，在一定的期限内享有典当房产使用权、收益权的人。

（3）产权所有人、承典人不在房屋所在地的，由房产代管人或者使用人纳税。

（4）产权未确定及租典纠纷未解决的，亦由房产代管人或者使用人纳税。

（5）无租使用其他房产的问题。纳税单位和个人无租使用房产管理部门、免税单位及纳税单位的房产，应由使用人代为缴纳房产税。

对外商投资企业和外国企业、外籍个人、海外华侨、港澳台同胞所拥有的房产，不征收房产税。

（三）房产税的税率

我国现行房产税采用的是比例税率。房产税的计税依据分为从价计征和从租计征两种形式。

（1）按房产余值计征的，年税率为1.2%。

（2）按房产出租的租金收入计征的，税率为12%。从2001年1月1日起，对个人按市场价格出租的居民住房，用于居住的，可减按4%的税率征收房产税。

（四）房产税应纳税额的计算

房产税的计税依据有两种，与之相适应的应纳税额的计算也分为两种：一是从价计征的计算；二是从租计征的计算。

（1）从价计征。

从价计征是按房产的原值减除一定比例后的余值计征，其计算公式为：

应纳税额＝应税房产原值×(1－扣除比例)×1.2%

房产原值是指纳税人按照会计制度的规定，在账簿“固定资产”科目中记载的房屋原价；没有记载原价的，参照同类房屋确定房产原值。扣除比例按房产原值一次减除10%～30%，各地扣除比例由省、自治区、直辖市人民政府确定。

【例8—8】某企业经营性用房的房产原值为1 000 000元，按照当地政府的规定，允许减除的比例为20%，适用税率为1.2%。计算该企业应缴纳的房产税。

应纳税额＝应税房产原值×(1－扣除比例)×1.2%

$$=1\ 000\ 000\times(1-20\%)\times1.2\%=9\ 600(\text{元})$$

（2）从租计征。

从租计征是以房产的租金收入为房产税的计税依据。房产的租金收入，是房屋产权所有人出租房产使用权所得的报酬，包括货币收入和实物收入。应纳税额的计算公式为：

应纳税额＝租金收入×12%(或 4%)

【例 8—9】某企业出租房屋一间，年租金收入为 24 000 元，适用税率为 12%。计算该企业应缴纳的房产税。

应纳税额＝租金收入×12%＝24 000×12%＝2 880(元)

（五）房产税的税收优惠

（1）国家机关、人民团体、军队自用的房产，免征房产税。

（2）由国家财政部门拨付事业经费的单位自用的房产，免征房产税。

（3）宗教寺庙、公园、名胜古迹自用的房产，免征房产税。

（4）个人所有非营业用的房产，免征房产税。

（5）对行使国家行政管理职能的中国人民银行总行所属分支机构自用的房产，免征房产税。

（6）自 2011 年至 2020 年，为支持国家天然林资源保护二期工程的实施，对天然林二期工程实施企业和单位在特定情况下自用的房产，给予免税优惠。

（7）经财政部批准免税的其他房产。

（六）房产税的征收管理

房产税在房产所在地缴纳。房产不在同一地方的纳税人，应按房产的坐落地点分别向房产所在地的税务机关纳税。房产税实行按年计算、分期缴纳的征收方法，具体纳税期限由省、自治区、直辖市人民政府确定。

（1）纳税人将原有房产用于生产经营，从生产经营之月起，缴纳房产税。

（2）纳税人将自行新建房屋用于生产经营，从建成之次月起，缴纳房产税。

（3）纳税人委托施工企业建设的房屋，从办理验收手续之次月起，缴纳房产税。

（4）纳税人购置新建商品房，自房屋交付使用之次月起，缴纳房产税。

（5）纳税人购置存量房，自办理房屋权属转移、变更登记手续，房地产权属登记机关签发房屋权属证书之次月起，缴纳房产税。

（6）纳税人出租、出借房产，自交付出租、出借房产之次月起，缴纳房产税。

（7）房地产开发企业自用、出租、出借该企业建造的商品房，自房屋使用或交付之次月起，缴纳房产税。

房产税的纳税人应按照有关规定，及时办理纳税申报，并如实填写《房产税纳税申报表》(见表 8—11)。

表 8—11　　　　　　　　　　　　**房产税纳税申报表**

税款所属时期：　　　年　月　日至　　　年　月　日计算单位：元、平方米

<table>
<tr><td rowspan="2">纳税人名称</td><td rowspan="2"></td><td>纳税编码</td><td colspan="2"></td><td colspan="2">身份证号码（个人）</td><td colspan="3"></td><td>电话</td></tr>
<tr><td>房产所属税务机关</td><td colspan="2"></td><td colspan="2">组织机构代码（单位）</td><td colspan="3"></td><td></td></tr>
<tr><td>房产登记编号</td><td>房产地址</td><td>房屋名称（楼名、栋号、房号）</td><td>房产用途</td><td>房产原值</td><td>计税余值</td><td>适用税率</td><td>年应缴纳税额</td><td>本期应缴税额</td><td>本期减免税额</td><td>本期实缴税额</td></tr>
<tr><td></td><td></td><td></td><td></td><td></td><td></td><td></td><td></td><td></td><td></td><td></td></tr>
<tr><td></td><td></td><td></td><td></td><td></td><td></td><td></td><td></td><td></td><td></td><td></td></tr>
<tr><td></td><td></td><td></td><td></td><td></td><td></td><td></td><td></td><td></td><td></td><td></td></tr>
<tr><td></td><td></td><td></td><td></td><td></td><td></td><td></td><td></td><td></td><td></td><td></td></tr>
<tr><td></td><td></td><td></td><td></td><td></td><td></td><td></td><td></td><td></td><td></td><td></td></tr>
<tr><td colspan="2">合计</td><td>—</td><td>—</td><td></td><td></td><td>—</td><td></td><td></td><td></td><td></td></tr>
</table>

<table>
<tr><td>申报人声明</td><td>本人对所提交的文件、证件以及填写内容的真实性、有效性和合法性承担责任，如有虚假内容，申报人依法承担相关责任。
法定代表人（自然人申报人）签名（盖章）：
年　月　日</td><td>授权人声明</td><td>现授权________为本申报人本次申报事项的代理人，其法人代表________，电话________。若采取邮寄方式送达申报有关往来文件，请寄给下列收件人：□申报人；□代理人。
委托代理合同编号：
授权人（法定代表、自然人申报人）签名（盖章）：
年　月　日</td><td>代理人声明</td><td>本申报事项根据国家税收法律法规及国家、税务机关的有关规定填报，如有虚假内容，代理人依法承担相关责任。
代理人（法定代表、自然人申报人）签名（盖章）：
年　月　日</td><td>特别声明</td><td>本人同意按照税务机关登记的本申报人的房地产信息申报纳税。
法定代表人（自然人申报人）签名（盖章）：
年　月　日</td></tr>
<tr><td colspan="8">受理税务机关（章）：　　　　受理录入日期：　　　　受理录入人：</td></tr>
</table>

填表说明：

（1）房产所属税务机关：是指房产所在地的主管税务机关。

（2）房产用途：用数字表示为“1. 工业；2. 商业；3. 居住；4. 办公；5. 旅馆业；6. 其他”。

（3）房产原值：是指取得房产时的账面价值或购买价值（包括企业出租房产原值）。

（4）计税余值：是指按房产原值申报缴纳房产税的房产，其计税余值等于房产原值的70%。

（5）适用税率分三种：按房产原值征税的适用1.2%的税率；按租金征税的适用

12%的税率；个人出租房产暂适用4%的税率。

（6）本期应缴税额：等于年应缴纳税额÷4。

（7）本期实缴税额：等于本期应缴税额－本期减免税额。

二、车船税

车船税是以车船为征税对象，向拥有车船的单位和个人征收的一种税。车船税具有筹集地方财政资金、利于车辆管理、调节财富差异等作用。

（一）车船税的纳税义务人

车船税的纳税义务人是指在中华人民共和国境内，车辆、船舶（以下简称车船）的所有人或者管理人。即在我国境内拥有车船的单位和个人。车船的所有人或者管理人未缴纳车船税的，使用人应当代为缴纳车船税。所称的管理人，是指对车船具有管理使用权，不具有所有权的单位。

（二）车船税的征税范围

车船税的征收范围，是指依法应当在我国车船管理部门登记的车船（除按规定可减免的车船外）。

（1）车辆。

车辆，包括机动车辆和非机动车辆。机动车辆，是指将燃油、电力等能源作为动力运行的车辆，如汽车、拖拉机、无轨电车等；非机动车辆，是指依靠人力、畜力运行的车辆，如三轮车、自行车、畜力驾驶车等。

（2）船舶。

船舶，包括机动船舶和非机动船舶。机动船舶，是指将燃料等能源作为动力运行的船舶，如客轮、货船、气垫船等；非机动船舶，是指依靠人力或者其他力量运行的船舶，如木船、帆船、舢板等。

（三）车船税的税目与税率

车船税实行定额税率。定额税率也称固定税额，是税率的一种特殊形式。使用定额税率计算简便，适用于从量计征的税种。车船税的税目税额如表8—12所示。

表8—12　　车船税税目税额表

税目	计税单位	每年税额（元）	备注
载客汽车	每辆	60～660	包括电车
载货汽车、专项作业车	按自重每吨	16～120	包括半挂牵引车、挂车
三轮汽车、低速货车	按自重每吨	24～120	
摩托车	每辆	36～180	
船舶	按净吨位每吨	3～6	拖船和非机动驳船分别按船舶税额的50%计算

（四）车船税应纳税额的计算

车船税的应纳税额计算公式如下：

年应纳税额＝计税车船辆（吨位）数×适用税额

应纳税额＝年应纳税额÷12×应纳税月份数

【例 8—10】 某公司拥有小汽车 5 辆，每辆小汽车的年应税额为 700 元。计算该公司应缴纳的年车船税应纳税额。

年应纳税额＝计税车船辆（吨位）数×适用税额＝5×700＝3 500（元）

（五）车船税的税收优惠

1. 法定减免

（1）非机动车船（不包括非机动驳船）。

（2）拖拉机。拖拉机是指在农业（农业机械）部门登记为拖拉机的车辆。

（3）捕捞、养殖渔船。

（4）军队、武警专用的车船。

（5）警用车船。

（6）按照有关规定已经缴纳船舶吨税的船舶。

（7）依照我国有关法律和我国缔结或者参加的国际条约的规定应当予以免税的外国驻华使馆、领事馆和国际组织驻华机构及其有关人员的车船。我国有关法律是指《中华人民共和国外交特权与豁免条例》、《中华人民共和国领事特权与豁免条例》。

2. 特定减免

（1）对尚未在车辆管理部门办理登记、属于应予减免税的新购置车辆，车辆所有人或管理人可提出减免税申请，并提供机构或个人身份证明文件和车辆权属证明文件以及地方税务机关要求的其他相关资料。经税务机关审验符合车船税减免条件的，税务机关可为纳税人出具该纳税年度的减免税证明，以方便纳税人购买机动车交通事故责任强制保险。

新购置应予减免税的车辆所有人或管理人在购买机动车交通事故责任强制保险时已缴纳车船税的，在办理车辆登记手续后可向税务机关提出减免税申请，经税务机关审验符合车船税减免税条件的，税务机关应退还纳税人多缴的税款。

（2）省、自治区、直辖市人民政府可以根据当地实际情况，对城市、农村公共交通车船给予定期减税、免税。

（六）车船税的征收管理

车船税的纳税义务发生时间，为车船管理部门核发的车船登记证书或者行驶证书所记载日期的当月。车船税由地方税务机关负责征收，纳税地点由省、自治区、直辖市人民政府根据当地实际情况确定。跨省、自治区、直辖市使用的车船，纳税地点为车船的登记地。

车船税按年申报缴纳，纳税年度自公历 1 月 1 日起至 12 月 31 日止，具体申报纳税期限由省、自治区、直辖市人民政府确定。车船税的纳税人应按照有关规定及时办理纳税申报，并如实填写《车船税纳税申报表》（见表 8—13）。

表 8—13 **车船税纳税申报表（车辆/船舶）**

填表日期：　　　年　月　日税款所属年度：　　　　　　　　　　　　单位：元（列至角分）

<table>
<tr><td colspan="2">纳税人名称（单位盖章）</td><td colspan="3"></td><td colspan="2">纳税人识别号/证照号码</td><td colspan="2"></td><td>电话</td><td></td></tr>
<tr><td>序号</td><td>车牌号或船名</td><td>车主或船舶所有人</td><td>机动车号牌种类代码或船舶登记号</td><td>证件种类</td><td>证件号码</td><td>应纳税额</td><td>批准减免税额</td><td>实际缴纳税额</td><td>欠缴税额</td><td>备注</td></tr>
<tr><td></td><td></td><td></td><td></td><td></td><td></td><td></td><td></td><td></td><td></td><td></td></tr>
<tr><td></td><td></td><td></td><td></td><td></td><td></td><td></td><td></td><td></td><td></td><td></td></tr>
<tr><td></td><td></td><td></td><td></td><td></td><td></td><td></td><td></td><td></td><td></td><td></td></tr>
<tr><td></td><td></td><td></td><td></td><td></td><td></td><td></td><td></td><td></td><td></td><td></td></tr>
<tr><td></td><td></td><td></td><td></td><td></td><td></td><td></td><td></td><td></td><td></td><td></td></tr>
<tr><td colspan="3">申报车辆合计：</td><td colspan="3">应纳税额合计：</td><td colspan="5">减免税额合计：</td></tr>
<tr><td colspan="3">实际缴纳税额合计：</td><td colspan="3">欠缴税额合计：</td><td colspan="5">滞纳金合计：</td></tr>
<tr><td>纳税人声明</td><td colspan="2">上述申报内容是真实的，如有虚假，愿承担法律责任。
纳税人（法定代表人）签名（盖章）：
年　月　日</td><td>授权人声明</td><td colspan="2">本单位（本人）现授权______为本纳税人的代理申报人，其电话为__________，任何与申报有关的往来文件，都可寄此代理机构。
授权人签名（盖章）：
年　月　日</td><td>代理人声明</td><td colspan="2">本纳税申报表按照国家税法和税务机关有关规定填报，我确信是真实的、合法的、如有不实，我愿承担法律责任。
代理人（法定代表人）签名：
年　月　日</td><td>特别声明</td><td>本单位（本人）同意按照税务机关登记的本单位（本人）车辆信息申报纳税。
纳税人（法定代表人）签名：
年　月　日</td></tr>
</table>

填表人：　　　　受理税务机关（盖章）：　　　　　受理录入日期：受理录入人：

项目小结

行为税中的城市建设维护税、教育费附加、印花税、车辆购置税，资源税中的资源税、城镇土地使用税，财产税中的房产税、车船税等，这些税是我国税制体系的有机组成部分，起着配合主体税种调节社会经济的补充作用。通过学习本项目，需要重点掌握以上各个小税种的征收范围、税率、应纳税额的计算及征收管理等内容。

自测练习题

一、单项选择题（在备选答案中只有一个是正确的，将其选出并把它的标号写在题干的括号内）

1. 进口时需征城建税及教育费附加的进料加工进口料件，以该料件（　　）的价格估定。

A. 申报进口　　B. 出厂价　　C. 成本价　　D. 海关核定

2. 城建税及教育费附加的代扣代缴以（　　）税率为准。

A. 委托方　　B. 市区　　C. 受托方　　D. 乡、镇

3. 资源税采用（　　）税率。

A. 从量定额　　B. 从价定额　　C. 复合税率　　D. 固定税率

4. 关于资源税扣缴义务人扣缴税款义务的发生时间，为支付首笔货款时或者（　　）。

A. 货款结算完毕　　B. 开具应支付货款凭据的当天

C. 合同截止日期　　D. 合同签订的当天

5. 购置的新车船，购置当年的应纳税额自纳税义务发生的（　　）起按月计算。

A. 当天　　B. 31 日以后　　C. 下月　　D. 当月

6. 车船税的法定纳税人，是在我国境内的车船的（　　）。

A. 所有人　　B. 付款人　　C. 销售者　　D. 生产者

7. 租赁合同、房产保险合同以及仓储保管合同的印花税征收税率为（　　）。

A. 1%　　B. 1‰　　C. 3‰　　D. 0.5‰

8. 契税的纳税时间为纳税人自纳税义务发生之日起（　　）内。

A. 5 日　　B. 10 日　　C. 15 日　　D. 30 日

9. 车辆购置税属于（　　）。

A. 流转税　　B. 直接税　　C. 地方税　　D. 价内税

10. 车辆购置税的税率为（　　）。

A. 5%　　B. 7%　　C. 10%　　D. 13%

11. 下列各项中，属于土地增值税纳税人的是（　　）。

A. 自建房屋转为自用

B. 出租房屋的企业

C. 转让国有土地使用权的企业

D. 将办公楼用于抵押的企业，处于抵押期间

12. 城市维护建设税的计税依据为（　　）。

A. 应缴纳的消费税、营业税和增值税税额之和

B. 发生的消费税、营业税和增值税税额之和

C. 实际缴纳的消费税、营业税和增值税税额之和

D. 实际缴纳的消费税、营业税和增值税税额与加收的滞纳金之和

13. 现行教育费附加的征收率为（　　）。

A. 1%　　B. 2%　　C. 3%　　D. 5%

14. 甲企业与乙企业签订一份建筑承包合同，合同金额为1 000万元。施工期间，乙企业将其中价值200万元的安装工程转包给丙企业，并签订转包合同。乙企业就上述合同应缴纳印花税（　　）万元。

A. 0.36　　B. 1.80　　C. 2.03　　D. 2.04

15. 下列选项中，不属于印花税的纳税义务人的是（　　）。

A. 立合同人　　B. 代理人　　C. 立据人　　D. 领受人

二、多项选择题（在备选答案中有2～5个是正确的，将其全部选出并把它的标号写在题干的括号内）

1. 关税按征税对象不同，可以划分为（　　）。

A. 进口关税　　B. 出口关税　　C. 出境关税　　D. 过境关税

2. 下列各项中，属于关税税收优惠的是（　　）。

A. 法定减免　　B. 特殊减免　　C. 临时减免　　D. 永久减免

3. 如遇下列（　　）情况，关税可以退还。

A. 在境内运输途中或在起卸时，遭受损坏或损失的

B. 因海关误征，多纳税款的

C. 海关核准免验进口货物，在完税后，发现有短缺情形，经海关审查认可的

D. 已征收出口关税的货物，因故未将其运送出口，申报退关，经海关查验属实的

4. 下列各项中，属于资源税征收范围的是（　　）。

A. 原油　　B. 煤炭

C. 天然气　　D. 有色金属矿原矿

5. 凡是缴纳资源税的纳税人，都应当向应税产品的（　　）主管税务机关缴纳。

A. 纳税人注册地主管税务机关　　B. 开采地主管税务机关

C. 任意主管税务机关　　D. 生产地主管税务机关

6. 车辆购置税的征收范围包括（　　）。

A. 汽车　　B. 摩托车　　C. 自行车　　D. 农用运输车

7. 下列关于契税的税收优惠政策的说法中，正确的是（　　）。

A. 国家机关、事业单位、社会团体、军事单位承受土地、房屋用于办公、教学、医疗、科研和军事设施的，免征契税

B. 城镇职工按规定第一次购买公有住房的，免征契税

C. 因不可抗力灭失住房重新购买的，酌情减免契税

D. 土地、房屋被县级以上人民政府征用、占用后，重新承受土地、房屋权属的，由省级人民政府确定减免契税

E. 承受各种荒地的土地使用权，用于农、林、牧、渔生产的，免征契税

8. 印花税的纳税方法有（　　）。

A. 自行贴花　　B. 汇贴　　C. 汇缴　　D. 代扣

9. 下列各项中，属于印花税征收范围的有（　　）。

A. 合同　　B. 书据凭证　　C. 账簿　　D. 证照

10. 下列不包括在车辆购置税计税价格中的是（　　）。

A. 支付的控购费

B. 销售单位开给购买者的各种发票金额中包含的增值税税款

C. 凡使用委托方票据收取，受托方只履行代收义务和收取代收手续费的款项

D. 支付的车辆装饰费

11. 下列各项中，按件贴花、税额为每件5元的印花税应税凭证有（　　）。

A. 权利、许可证照　　B. 营业账簿中记载资金的账簿

C. 营业账簿中的其他账簿　　D. 合同类凭证

12. 适用于印花税的有（　　）。

A. 定额税率　　B. 比例税率

C. 超额累进税率　　D. 全额累进税率

13. 某房地产公司出售一幢商用写字楼，获得6 500万元。根据税法的有关规定，该公司此项售楼业务应缴纳的税种有（　　）。

A. 契税　　B. 营业税　　C 印花税　　D. 增值税

14. 下列各项中，实行定额税率计算应纳税额的有（　　）。

A. 印花税　　B. 城镇土地使用税

C. 资源税　　D. 车船税

15. 纳税人在计算土地增值税时，允许从收入中扣减的税金及附加的有（　　）。

A. 印花税　　B. 营业税　　C. 城建税　　D. 教育费附加

三、名词解释题

1. 房产税
2. 车船使用税
3. 城市维护建设税
4. 土地增值税
5. 印花税
6. 车辆购置税
7. 城镇土地使用税
8. 契税
9. 关税
10. 教育费附加

四、判断题（请在题后的括号内正确的画“√”，错误的画“×”）

1. 出口退税的，不退城建税及教育费附加。（　　）

2. 对经国家税务总局正式审核批准的当期免抵的增值税税额，应计算城建税及教育费附加，进口环节缴纳的增值税及消费税同样计入计税依据。（　　）

3. 内销来料加工进口料件或其制成品的完税价格，以料件申报内销时的价格估定。（ ）

4. 资源税的纳税人为在我国境内开采应税资源的矿产品或生产盐的单位和个人，在自用或销售时一次性征收。（ ）

5. 凡是缴纳资源税的纳税人，都应当向应税产品开采地或者生产地的主管税务机关缴纳。（ ）

6. 已向交通航运管理机关上报全年停运或报废的车船，当年仍发生车船税的纳税义务。（ ）

7. 同一凭证记载两个或两个以上不同税率的经济事项，分别记载金额的，按税率高的计税贴花。（ ）

8. 运往境外修理的货物，出境向海关报明，在规定期限内又复运进境的，以海关审定的境内修理费和料件费为完税价格。（ ）

9. 跨省开采的油田，下属生产单位与核算单位不在一个省的，生产的原油在核算单位所在地纳税。（ ）

10. 以成交价格为基础的完税价格由海关以该货物向境外销售的成交价格为基础确定。（ ）

五、论述题

1. 试述城建税的纳税地点。
2. 试述印花税的纳税人。
3. 试述印花税的征税范围。
4. 免征印花税的凭证有哪些？
5. 试述车辆购置税的征税范围。
6. 试述车辆购置税的税收优惠。
7. 试述资源税的税目。

六、计算题

1. 某装修公司 2013 年 12 月份取得全部工程结算收入 1 000 万元，其中应支付给其他分包单位分包工程款 200 万元。

要求：计算该装修公司 12 月份应纳的地方各种税费。

2. 某企业 2013 年 12 月的有关资料如下：

（1）签订销售合同 5 份，总金额为 1 000 万元。

（2）签订购货合同 7 份，总金额为 270 万元。

（3）签订专利权转让合同 1 份，总金额为 100 万元。

（4）签订贴息贷款合同 1 份，总金额为 100 万元。

（5）该年度记载资金的账簿中，“实收资本”科目的账面金额为 1 200 万元，“资本公积”科目的账面金额为 400 万元。

要求：计算该企业应纳的印花税额。

图书在版编目（CIP）数据

税收实务/吴海霞，钮进生主编．—北京：中国人民大学出版社，2015.9
21 世纪高职高专会计类专业课程改革规划教材
ISBN 978-7-300-21525-9

Ⅰ．①税…　Ⅱ．①吴…②纽…　Ⅲ．①税收管理-中国-高等职业教育-教材　Ⅳ．①F812.423

中国版本图书馆 CIP 数据核字（2015）第 144973 号

21 世纪高职高专会计类专业课程改革规划教材
税收实务
主　编　吴海霞　钮进生
Shuishou Shiwu

出版发行　中国人民大学出版社

社　址	北京中关村大街 31 号	**邮政编码**	100080
电　话	010－62511242（总编室）		010－62511770（质管部）
	010－82501766（邮购部）		010－62514148（门市部）
	010－62515195（发行公司）		010－62515275（盗版举报）
网　址	http://www.crup.com.cn		
	http://www.ttrnet.com(人大教研网)		
经　销	新华书店		
印　刷	北京东方圣雅印刷有限公司		
规　格	185 mm×260 mm　16 开本	**版　次**	2015 年 9 月第 1 版
印　张	14.5	**印　次**	2015 年 9 月第 1 次印刷
字　数	316 000	**定　价**	29.00 元
